KB181766

구충록

크로마뇽 시리즈 06

구충록
기생충의 흥망성쇠로 본 한국 근현대사

1판 1쇄. 2023년 4월 3일
지은이. 정준호

펴낸이. 안중철·정민용
책임편집. 정민용
편집. 윤상훈, 최미정, 이진실

펴낸 곳. 후마니타스(주)
등록. 2002년 2월 19일 제2002-000481호
주소. 서울 마포구 신촌로14안길 17, 2층(04057)

전화. 02-739-9929, 9930
이메일 humanitasbooks@gmail.com
네이버 블로그 /humabook
𝐟 ◎ 𝕐 /humanitasbook

인쇄. 천일인쇄 031-955-8083
제본. 일진제책 031-908-1407

값 18,000원

ISBN 978-89-6437-431-3 04080
      978-89-6437-220-3 (세트)

이 저서는 2021년 대한민국 교육부와 한국연구재단의 지원을 받아 수행된 연구임
(NRF-2021S1A5C2A02086985)

구충록

기생충의 흥망성쇠로 본 한국 근현대사

정준호 지음

후마니타스

차례

일러두기

- 인명의 경우 본문의 가독성을 위해 원어를 책 뒤쪽 찾아보기에 병기했다.

- 직접 인용의 경우, 원문의 철자 오기나 문법적 오류들을 살리기 위해 의도적으로 맞춤법을 틀리게 한 곳들이 있다.

- 단행본·정기간행물에는 겹낫표(『 』)를, 소제목·논문 제목 등에는 큰따옴표(“ ”)를, 법률명 등에는 홑화살괄호(< >)를 사용했다.

들어가며
그 많던 기생충은 어디로 갔을까?

해가 뉘엿한 저녁 무렵, 섬에 있는 유일한 식당이자 숙소에서 염소 고기 튀김을 뜯고 있었다. 한국에서 온 기생충학 교수님들이 고생하는 조사단원들을 위해 염소 한 마리를 쾌척하신 덕분이었다. 빅토리아 호수 남단에 위치한 코메 섬은 인구 5만 명의 규모로 호수에서는 다섯 번째로 큰 섬이었다. 근처 대도시인 므완자에서 페리를 두 번 갈아타고 들어가야 하는 이 섬에는 전기가 공급되지 않았으며 수도 시설도 없었다. 이곳 주민들은 호숫가에서 물을 길어다 먹었기 때문에, 물과 접촉해 감염되는 주혈흡충+의 감염률이 매우 높았다. 나는 한국국제협력단KOICA의 지원으로 시행되어 벌써 5년차에 접어든 주혈흡충 관리 사업에 참여하고 있었는

+ 주혈흡충Schistosoma spp.은 전 세계 약 2억 명이 감염되어 있는 대표적인 열대 질환 중 하나로, 일본주혈흡충, 만손주혈흡충, 방광주혈흡충 등 6종이 인간을 감염시킨다. 방광이나 장 주변의 혈관 속에 기생하며, 감염이 지속되면 간 손상이나 방광암을 일으킨다. 달팽이를 중간숙주로 하며 달팽이에서 성장한 유충이 물속으로 나와 사람과 접촉하면 피부를 통해 침투해 감염이 일어난다. 일본에서는 마지막 감염 환자가 1977년 보고된 이후 박멸되었으며, 한국에는 매개 달팽이가 없어 유행하지 않는다.

데, 섬에서 검사와 투약, 우물 및 화장실 건축을 담당하고 있었다.

낡은 플라스틱 탁자에 둘러앉은 식사 자리에서는 그날 낮에 채집해 온 달팽이 이야기가 한창이었다. 주혈흡충의 매개체인 달팽이를 작은 물통에 넣어 두자 달팽이의 몸속에서 기생충 유충들이 빠져나왔다. 0.5밀리미터 크기의 이 유충은 프로펠러처럼 생긴 꼬리를 휘저으며 떠올랐다 가라앉기를 반복했다. 그래도 크기가 작은 편은 아닌데 어떻게 사람의 피부를 파고들어 혈관까지 이동할 수 있는지 신기했다. 혹시 유충이 들어 있는 물방울이 눈에 튀어도 감염될까 기대 반 걱정 반 생각하고 있는데, 교수님 한 분이 "정 사무장은 고도 근시라 현미경으로 기생충 보는 데 유리하겠네."라며 농담을 던졌다. 이들은 중국, 라오스를 거쳐 탄자니아까지 이어진 해외 기생충 관리 사업에서 경력만 벌써 20년 가까이 되어 가는 분들이었다. 자연스럽게 화제는 고도 근시에서, 내일 근처 학교에서 진행될 현미경 대변 검사로 이어졌다.

한참 동안 이야기를 나누던 중에, 문득 주혈흡충 관리를 둘러싼 한국 기생충학자들의 이 대화가 기묘하게 느껴졌다. 한국에는 주혈흡충이 없다. 주혈흡충을 매개하는 달팽이 종이 서식하지 않기 때문이다. 간흡충*이나 폐흡충** 같은 다른 흡충류가 존재하기는 하지만, 이들은 민물

✦ 간흡충*Clonorchis sinensis*(간디스토마, 간지스토마)은 인간을 포함한 포유동물을 종숙주로 해 기생하는 기생충이다. 간흡충의 제1 중간숙주는 왜우렁이며, 제2 중간숙주는 민물고기다. 사람이 간흡충의 유충에 감염된 민물고기를 먹으면 그 유충은 간 내 작은 담관으로 올라가 성장해 성충이 된다. 이들은 담관에서 수년에서 30년까지도 기생하며 주변 정상 조직을 손상시킨다. 이런 감염이 만성화되면 황달, 간 비대, 간농양, 간경변, 복수, 심지어는 간과 담관의 악성종양 등을 일으킬 수 있다.

✦✦ 폐흡충*Paragonimus westermani*은 다슬기를 첫 번째 숙주로, 참게나 가재를 두 번째 숙주로 삼는다. 사람은 참게나 가재를 날 것으로 섭취하는 과정에서 감염된다. 과거 아이들이 민물

고기나 게, 가재를 먹어서 감염되는 기생충으로, 피부를 통해 감염되는 주혈흡충과는 그 생태가 사뭇 다르다. 한국 내에서 주혈흡충에 대해 전문적인 경험을 쌓기란 어렵다는 말이다. 그렇다면 이들은 어디에서 이런 지식을 축적했을까? 또한 어떻게 한국의 학자들이 지구 반 바퀴를 돌아 여기 아프리카의 빅토리아 호수에서 기생충 관리 사업과 연구 활동을 하게 됐을까? 다른 나라에 비해 한국 기생충학자들이 해외에서 활발하게 연구와 활동을 하는 경향이 있는 것일까? 좀 더 근본적으로, 한국의 기생충학자들은 기생충 관리 사업에 대한 정보와 자원을 어떤 경로로 얻은 걸까?

이런 의문들은 다시 자연스럽게, 기생충을 통해 내가 맺을 수 있었던 다양한 관계를 되돌아보게 했다. 영국에서 기생충학을 전공한 이후 나는 아프리카 에스와티니 왕국(구舊스와질란드 왕국)의 작은 클리닉에서 자원봉사자로 보건사업 지원 업무를 담당했다. 이후 탄자니아에서 민간 비영리단체인 굿네이버스가 한국국제협력단의 지원을 받아 진행 중인 소외 열대 질환 퇴치 사업을 담당했다. 이후에는 학위 과정을 통해 한국 현대 기생충 박멸 사업의 역사를 연구해 왔다. 이 모든 경험은 기생충 덕분이라고밖에는 설명할 수 없을 것 같다. "모든 개별 인간이 하나의 역사학적 성과"¹라는 드로이젠의 말처럼, 나 또한 내 경험을 역사적 맥락 속에 위치시켜 보고 싶었다.

영국은 기생충학, 그리고 기생충학을 중심으로 하는 열대 의학의 본산인데, 이런 영국의 구식민지 중 하나인 탄자니아에서, 기생충 관리 사

홍역과 같은 열병에 걸리면 생으로 가재를 갈아 먹이는 민간요법이 있어 소아들의 폐흡충 감염률이 높아지는 원인이 되기도 했다. 감염 후에는 주로 폐에 기생하며 각혈과 같은 증상을 일으키지만, 뇌나 다른 장기에 기생해 치명적인 합병증을 일으키기도 한다.

업의 후발 주자인 한국의 연구자들이 사업을 전개하고 있는 과정을 어떻게 해석해야 할까? 영국에서 공부했지만 한국 연구자들과 탄자니아에서 함께 활동한 내 경험에는 한국 기생충학과 관리 사업의 역사가 일부 녹아 있다. 해외에서 수행한 사업의 일부는 분명 기생충 박멸 사업 시기 한국의 경험을 바탕으로 했으며, 그 당시 활동했던 한국의 기생충학자들이 기획한 것이었기 때문이다.

기생충 관리 사업을 둘러싼 지식과 경험들은 어떻게 형성되고 변형되며 전파되는 걸까. 이 책에서 나는 기생충을 둘러싸고 뭉쳤다가 흩어지며, 정착하고 이주하는 사람들의 모습을 그리고자 했다. 결국 기생충이라는 미물이 얼마나 많은 사람들을 연결시킬 수 있었는지를 이야기하고, 그럼으로써 사회를 구성하는 주요 행위자 중 하나로서 기생충의 모습을 보여 주는 것이 이 책의 목적이다.

이 책은 20세기에 진행된 한국의 기생충 박멸 사업을 큰 줄기로 한다. 하지만 이를 단순히 한반도라는 생태적 공간을 점유하려는 인간과 기생충 간의 치열한 대립으로만 보는 것은 기생충이라는 생태적 존재가 미친 영향을 절반만 이해하는 셈이 된다. 결국은 기생충과 같은, 인간이 아닌 다양한 존재를 사회적 행위자로 인정하고, 이들이 인간에게 부여하는 독특한 행위성을 파악할 필요가 있다. 사회란 인간들 사이의 관계뿐만 아니라 생태계와 같은 물리적 공간과 요소들로 말미암아 존재할 수 있기 때문이다. 그래서 나는 조금 다른 시각, 즉 인간이 아닌 기생충에 초점을 맞추어, 기생충을 중심으로 모였다 흩어지기를 반복하는 사람들의 모습을 보여 주고자 한다.

한편 기생충 '박멸'이라는 익숙한 표현 역시 역사적인 설명을 필요로 한다. 인류가 직접적인 노력을 통해 박멸에 성공한 인간 감염병은 두창(천연두) 하나뿐이다. 이 때문에 특정 질병을 완전히 사라지게 만든다는

'박멸'이라는 표현보다는, 주로 감염 수준을 일정 수준 이하로 계속해서 억제하는 '통제'나 '관리'라는 표현이 주로 사용된다. 하지만 한국의 기생충 관리 사업 참여자들은 의도적으로 특정 감염병 유행의 완전한 종식을 뜻하는 '박멸'을 선택했다. 그리고 실제로 주요 기생충을 인간의 서식 공간에서 거의 완전히 몰아내는 데 성공했다. 보건부 기생충 방역 담당자로 일했던 김사달은 기생충박멸협회 활동을 회고하며 "그냥 한국기생충예 방협회라고 했어도 좋으련만 하필이면 박멸이라는 거친 어휘를 썼을까?" 라는 질문을 던지기도 했다. 그는 "박멸이란 글은 짓두드려서 없앤다는 뜻이요, 박살과도 상통하는 뜻인데, 어딘지 어휘의 뉘앙스와 뒷맛이 개운치 않다."라는 의견을 피력했다. 당시 협회 담당자들은 사업 추진의 강력한 의지를 보이기 위해 박멸이라는 단어를 선택했던 것으로 회고했다.[2]

　　기생충 관리 사업이란, 당시 한국을 둘러싼 거시적이고 지정학적인 맥락에서 의학자와 활동가, 대중뿐만 아니라 기술과 도구, 기생충과 같은 다양한 행위자들 간에 이루어진 상호작용이다. 이런 상호작용은 한 국가의 경계에 머물지 않고 새로운 지역, 환경, 기생충으로 그 범위를 확대하면서 지속적으로 재구성되어 왔다. 의학적 지식이 만들어지는 과정은 인간의 활동만으로 이루어지지 않는다. 연구의 대상이 되는 자연과 생태는 끊임없이 변화하며 지식 생산의 과정에 개입한다. 관찰자와 관찰 대상을 매개하는 기술적 요소들 역시 어떤 지식이 만들어질 것인지에 부단히 영향을 미친다. 이처럼 과학적 지식 생산의 과정은 인간의 활동뿐만 아니라 비인간적 요소들의 영향을 함께 받는 것이다.[3]

　　또한 현장 활동을 위해서는 인간 행동에 대한 이해가 반드시 필요하다. 기생충을 수집하기 위해 사람들을 설득하려면 해당 지역사회의 문화·언어·풍습 등을 충분히 숙지해야만 가능하기 때문이다. 이런 학문적 특성 때문에 기생충학자들은 과거의 경험을 바탕으로 국제 개발 사업을 빠르게 확장해 나갈 수 있었다.

기생충 관리에 대한 지식은 실험실이나 대학 내에서 연구하는 것만으로는 얻어지지 않는다. 기생충학자들이 지속적으로 기생충 관리 사업에 참여하면서 관련 지식과 기술들을 축적해 온 것은 현실에 적용하고 실천하기 위해서다. 실험실에서 만들어진 지식이 외부 현실과 만나는 과정에서 연구자들은 사회적·문화적·생태적 요인에 따라 그 지식의 실천 형태를 바꾼다. 기생충 관리 지식과 기술의 적용은 이런 외부 환경의 반발과 저항에 대응하면서 만들어졌다. 한국의 전 국토, 전 국민, 나아가 여러 개발도상국을 대상으로 진행되어 온 기생충학과 기생충 관리 사업은, 이런 지식들이 다양한 행위자와 조응하며 어떻게 구성되어 왔는지를 보여주는 하나의 창이다.

개인적으로 품은 또 하나의 목적은, 기생충에 대해 가지고 있는 내 안의 오래된 모순을 해결할 방법을 찾는 것이었다. 『기생충, 우리들의 오래된 동반자』를 쓰고 나서 많은 질문을 받았다. 그중 하나는 어떻게 기생충을 '사랑'한다면서 기생충을 박멸하는 일에 참여할 수 있느냐는 것이었다. 분명 기생충학은 인간의 몸과 질병을 다루는 의학의 한 분과이면서도 사람보다 기생충에 더 관심을 가지며, 기생충 학자들은 기생충의 매력에 빠져 있으면서 동시에 기생충을 퇴치하는 방법을 연구한다. 결론부터 말하자면 나는 이 간극, 혹은 모순을 메우는 데 실패했다. 하지만 내 나름대로 내놓은 대답은, 그 간극과 모순이야말로 바로 기생충과 기생충학을 이해하는 핵심이며, 그것이 이 학문 분야를 매력적으로 만든다는 것이다.

이 책은 그 해답을 찾는 일련의 과정을 역사학의 방법으로 탐구한 기록이다. 한편으로는 기생충학을 만난 이후 지나온 나의 경험들에 역사적 의미를 부여하기 위한 개인적 작업이라고 볼 수도 있을 것이다.

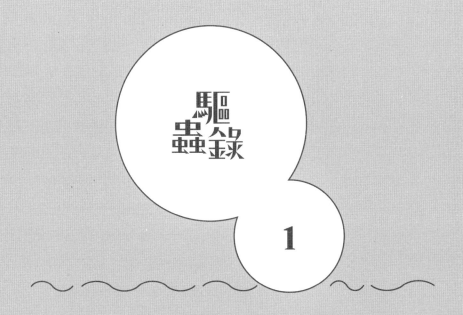

사회적 행위자로서의 기생충

보편적 경험으로서의 기생충

해방 후 한국사를 기생충의 입장에서 바라본다면 어떤 모습일까. 대부분의 기생충들에게는 아마도 짧은 황금기 이후 찾아온 기나긴 암흑기로 기억될 것이다. 20세기 후반 한반도의 기생충들은 거대한 생태적 변화를 경험했다. 안타깝게도 기생충은 직접 기록을 남길 수 없기 때문에 우리는 인간들이 남긴 채변 검사의 기록이나 기생충 감염의 경험담을 통해 기생충의 입장을 간접적으로만 이해할 수 있다.

일제강점기와 한국전쟁을 거칠 무렵에는 인구의 90% 이상, 한 종류 이상의 기생충에 감염된 사례들까지 고려하면 100% 이상의 사람들이 기생충을 가지고 있었을 것으로 추정된다. 한반도에서 살던 사람이라면 누구든 기생충 한 마리쯤은 가지고 있었던 셈이다. 명실공히 기생충은 인간과 함께, 또 인간이라는 생태적 공간 속에서 한반도를 점유하던 대표 생물군 중 하나다. 하지만 '기생충 왕국'은 영원하지 않았다. 해방 후 한반도에서 일어난 기생충 분포의 급격한 변화에는 격동하는 사회도 영향을 미쳤지만, 동시에 기생충 감염을 통제하기 위한 인간의 적극적인 개입도 함께했다. 그 흔했던 기생충은 1983년 8.4%, 1989년에는 0.8%로 그 규모가 급격히 줄었다. <기생충질환예방법>에 따라 1969년부터 1995년까지 이어진 전국 단위 검진 및 투약 사업으로 누적 연인원 3억 명 이상, 연간 1000만 명 이상의 사람들이 동원되었다.[1] 1970~90년대 전반까지 한국에서 학교를 다녔던 사람이라면 누구나 기생충, 혹은 그와 관련된 기술들(채변 봉투, 구충제 등)에 대한 경험담 하나쯤은 가지고 있을 것이다. 특정 보건 사업에 대해 이처럼 많은 사람들이 공통의 경험과 기억을 형성하는 일은 흔하지 않다.

기생충에서 주목할 점은 바로 이런 보편성이다. 생태계라는 물리적 공간, 공통의 경험이라는 사회적 공간 속에서 기생충은 항상 그 존재감을 과시했다. 심지어 기생충의 실체가 사라진 오늘날에도 우리는 기생충 약을 습관적으로 챙겨 먹고 기생충에 대해 이야기한다. 비유적인 차원에서만이 아니라, 실제로 기생충은 한국 사회에서 다양한 자원들을 동원·조직하고 사람들의 행동을 추동해 온 하나의 '행위자'이자 '매개자'였다.

역사학자 찰스 로젠버그는 "질병은 사회적 행위자이자 매개자로서 기능한다."라고 주장했다.[2] 그는 질병이라는 현상을 통해 사회를 이해하고자 했던 대표적인 연구자로, 콜레라 대유행을 사례로 미국 사회를 연구했다. 이 연구는 한 사회에서 질병이 갖는 의미와 환자들의 경험, 그리고 질병이 도시의 성격, 물질적 환경과 제도를 구성한 방식에 초점을 맞추었다. 그는 19세기 뉴욕시에서 발생한 세 차례의 대규모 콜레라 유행과 이에 대한 사회적·도덕적·정치적·의학적 대응을 분석해, 이런 질병 경험이 의학과 의학적 지식, 나아가 사회 전반에 대해 무엇을 이야기해 줄 수 있는지를 보여 주었다.

특정 시공간에서 질병이 어떻게 경험되는지, 질병이 문화와 사회에 어떤 영향을 미치는지, 역으로 문화와 사회가 질병에 어떤 영향을 미치는지, 질병을 정의하고 대응하는 데 국가가 어떤 역할을 하는지 등은 질병의 사회사를 연구하는 사람들의 주요 관심사였다. 로젠버그는 개인의 사회적 정체성이 구성되듯 질병 역시 사회적으로 구성된다고 주장했다.[3] 나아가 의학적 지식과 실천, 기술 또한 사회와 문화의 제약 속에서 구성되는데, 이는 질병이 사회로 하여금 각 질병에 대한 고유한 태도와 반응을 이끌어 내도록 한다는 점에서 사회를 구성하는 능동적 행위자로 여기게 한다. 기생충 역시 하나의 사회적 존재라는 말은, 기생충의 정체성이 사회적으로 구성되어 온 과정을 우리가 되짚어 살펴볼 수 있음을 의미한다.

기생충과 같은 비인간 행위자를 초국가적 관점으로 바라보는 방식은 질병사 연구에서 일찍부터 활용되어 왔다. 1976년 출간된 윌리엄 맥닐의 『전염병과 인류의 역사』는 전염병을 통해 인간의 역사를 재구성했다는 점에서 기념비적인 저서인 동시에, 질병이 사회와 인간의 역사에 얼마나 큰 영향을 미쳐 왔는지를 잘 보여 준다.[4] 그는 스페인이 아메리카 대륙으로 진출한 역사를 연구하던 중, 수백 명에 불과한 스페인 군사들이 한 대륙의 거대한 문명을 정복할 수 있었던 이유를 인간의 행위만으로는 설명하기 어렵다고 보았으며, 전염병이 변화의 주요 원인이 되었다고 결론 내렸다.

특히 인간은 병원체가 상존하는 자연계의 균형 속에서 항상 변화해 왔다는 점을 설명하기 위해, 맥닐은 병원체의 생물학적 특성인 '기생' 개념을 사용했다. 즉 눈에 보이지 않는 병원체의 기생인 미시 기생과, 다른 인간 집단에 의한 수탈이나 전쟁 같은 거시 기생의 두 층위가 있는데, 이런 병원체와 인간의 상호작용을 통해 인구 및 사회변동이 발생했다는 것이다. 맥닐의 연구는 인간을 넘어 병원체와 같은 자연적 요소로까지 역사적 연구의 대상을 확장했으며, 자연적인 것과 사회적인 것의 밀접한 연관관계를 보여 주었다.

코로나 팬데믹을 지나며 우리는 사회와 질병이 얼마나 긴밀한 상호작용을 맺고 있는지를 몸으로 경험하고 있다. 인류를 휩쓴 가공할 역병의 공포는 역사책 속에만 있는 것이 아니라 우리가 경험하는 현실이 되었다. 인간뿐만 아니라 병원체들 또한 사회에 막강한 영향력을 발휘할 수 있는 주요 행위자라는 주장 역시 추상적인 가설에 머물지 않고 직관적으로 경험할 수 있는 현상이 되었다. 코로나 바이러스는 미시적으로는 마스크를 쓰고 모임을 줄이는 일상적인 행동의 변화를 가져왔으며, 거시적으로는 국제사회의 정치경제적 위기를 심화시키며 세계 질서를 뒤흔들고 있다. 국경 봉쇄에 따른 글로벌 공급망의 위기는 경제 불황으로 이어졌으며, 팬데믹 상황에서 나타난 자국 우선주의는 20세기를 관통하는 화두였던 세계화의 시대를 넘어 탈세계화의 시대를 고민하도록 만들었다. 사람들은 코로나 이전으로 돌아가기를 강하게 원하고 있지만, 아마 코로나 이후의 세계는 결코 이전과 같지 않을 것이다.

역사학에서는 일찍부터 인간이 아닌 존재들의 중요성을 인지해 왔다. 우리가 주목하는 행위자는 주로 인간들이지만, 그 인간들의 행동은 다양한 요소들에 의해 결정된다. 또한 그들이 살아가는 사회 역시, 인간 혹은 인간들이 만들어 낸 요소들뿐만 아니라 다양한 생태적 존재들로 구성된다. 여기서 기생충은 해방 후 한국에서 극적으로 그 존재감을 드러내고는 극적으로 사라졌다. 한때 한국에서 가장 번성한 공생체였던 기생충이 불과 사반세기 만에 사라진 것은 생태학적으로도 놀라운 변화이다. 우리가 주목할 것은 이런 변화들이다. 기생충이 우리 눈에 가시화되고 또한 사라져 간 과정은 우리에게 어떤 영향을 미쳤을까.

기생충에게는 국경이 없다

기생충학이 가지는 특징 중 하나는 학문적 발전과 실천적 발전이 밀접하게 연관되어 있다는 점이다. 한국의 기생충학은 국가 단위의 기생충 박멸 사업과 공동으로 성장해 왔다. 기생충 박멸 사업을 추동한 것은 기생충학자들, 그리고 국제적 네트워크로 맺어진 민간단체 및 활동가들이었으며, 이를 통해 기생충학계는 풍부한 연구 자료와 자원을 얻을 수 있었다. 한국의 초기 기생충학자들 중에는 기생충 관리 사업을 통해 자원을 획득하고 학문적 성취를 얻는 경우가 많았다. 이처럼 실천적 활동과 학문적 활동이 분리되지 않고, 그 변화들이 본국에서의 경험뿐만 아니라 주변과의 교류 및 상호작용 속에서 이루어졌다는 사실은, 기생충학과 기생충 박멸 사업을 한국이라는 한 국가의 경계를 넘어 분석해야 한다는 것을 의미한다. 기생충과 인간의 역사적 관계를 이해하기 위해서는 통상적인 지리적 구분, 즉 국경선에 따른 구분을 넘어설 필요가 있다.

예를 들어 기생충학자 캘빈 슈와베는 단방조충*이라는 기생충을 평생에 걸쳐 연구했다.[5] 그는 단방조충을 단순히 인간의 건강을 위협하는 존재로만 보지 않고 중요한 생태계의 구성 요소 중 하나로 간주했다. 즉 단순한 박멸의 대상이 아닌, 하나의 독립적 생활사를 이루는, 흥미로운 연구 대상으로 삼았다. 그는 베이루트, 캘리포니아 등 여러 지역적 경계를 넘나들며 수의학·생태학·역학·기생충학 등 다양한 학문을 단방조충이라는 대상으로 결집시켰다. 단방조충은 슈와베를 비롯한 여러 국가의 학자들로 하여금 학문적으로 성장하고 국경을 넘어 이동해 여러 지역으로 확산될 수 있도록 하는 핵심적인 동력이 된 것이다.

수의학자들은 단방조충을 추적하면서, 기존 수의학 분야에서 인간에게 중요한 것으로 간주되고 주요 관심의 대상이었던 인간 자신, 양·돼지·소 등의 가축, 개·고양이와 같은 반려동물 등을 넘어, 기생충까지도 동

✦ 단방조충Echinococcus은 촌충의 일종으로 중간숙주가 소·양·말·염소 등의 가축이며, 그러므로 목축업을 주로 하는 지역에서 흔히 발견되는 인수 공통 감염병이다. 감염 시 주로 폐나 간에 포낭이 생기는데, 대개는 증상이 없으나 포낭이 파열되면서 호산구증, 과민증 등을 유발해 사망에 이르기도 한다.

등한 생태적 구성원으로 바라보는 시야의 확장을 경험했다. 이는 생태계 전반의 건강이 인간의 건강과 밀접한 연관을 가지고 있다는 원헬스One Health 개념의 탄생으로 이어졌다. 이 시각은 기생충을 질병과 동일시했던 기존의 접근과는 다른 것으로서, 오히려 이들을 고유한 생태적 관계를 갖는 '동물'의 하나로 본다.

　이처럼 기생충학자들이 여러 지역으로 이동해야 했던 주요 요인은 기생충의 분포였다. 몇몇 기생충은 전 세계적으로 유행했지만 대규모 박멸 사업이 진행되고 생활환경이 개선되면서 일부 국가, 특히 고소득 국가에서는 완전히 자취를 감추었다. 유럽을 중심으로 한 고소득 국가에서는 집중적인 박멸 사업 없이 생활수준의 향상만으로 기생충이 사라지기도 했다. 그 결과 기생충의 분포가 변화하면서 기생충학자들도 함께 이동했다.

　예를 들어 1970년대 일본과 미국은 이미 기생충학 교육을 위한 회충 표본들을 내부적으로 구하기 어려워 한국에서 이를 수입했다. 이는 기생충 감염률이 줄어들면서 일어난 변화였다. 그런가 하면 파동편모충의 감염으로 일어나는 수면병은 체체파리에 의해 전파되는데, 이를 매개하는 체체파리는 아프리카 중부에만 서식한다. 따라서 수면병을 연구하기 위해서는 아프리카에 가야만 한다. 또한 기생충은 실험실에서 배양하고 유지하기 어렵다는 기술적 특성도 갖는다. 일반적으로 미생물들은 적절한 배양 조건을 갖추면 현지에서 채집한 이후 실험실에서 계속 배양할 수 있다. 그에 반해 기생충은 고유한 숙주를 필요로 한다. 인간에게 감염되는 회충이나 촌충의 성충을 얻기 위해서는 인간 숙주가 필요하다. 기생충학자들이 개인적으로 자신의 몸에 기생충을 배양하는 일도 있었으나, 충분한 양의 표본을 얻기는 힘들었다. 당연하지만 인간 숙주를 실험용 기생충의 배양 장소로 쓰는 것은 윤리적으로 많은 문제가 있었다. 드물게 쥐나 개, 고양이 등의 다른 실험동물로 대체할 수 있는 경우도 있으나, 이런 실험동물을 유지하는 일 역시 많은 자원과 예산을 필요로 한다.

기생충 감염은 국경과 대륙을 넘어(혹은 걸쳐) 일어났다. 기생충학자와 활동가들은 그런 기생충의 생태적 영역을 좇으며 살아왔고, 그 과정에서 새로운 기술과 과학, 지식이 만들어지고 적용되었다. 이들이 지역적으로 만들어 낸 지식은 국제적인 것이 되었고, 국제적 기준이 된 지식은 다시 지역의 지식과 실천에 영향을 미쳐 왔다.[6] 이처럼 기생충을 따라 만들어지는 다양한 행위자들의 이동과 교차는 국가로 구분된 지리적 공간을 가로지른다. 그에 따라 의학적 지식이 만들어지고 실천되는 과정은 여러 시공간에서 일어난다. 기생충을 좇아 움직이는 기생충학자들의 이동은 기생충의 시공간을 찾아 떠나는 이주의 과정이기도 하다.

기생충 박멸은 완결되었는가?

해방 후 본격화된 전국 단위의 기생충 관리 사업은 한국기생충박멸협회(기협)를 중심으로 1969년부터 1995년까지 집중적으로 이루어졌다.[7] 한국에서 집중적인 관리 대상이 되었던 회충·편충·구충 등의 토양 매개성 선충+은 현재는 거의 사라진 것으로 알려져 있다. 인간들의 활동과 산업화에 따른 생태계의 변동이 한국의 기생충을 박멸로 몰아넣은 것

+ 토양 매개성 선충은 기생충 알에 오염된 토양을 통해 전파되는 기생충을 일컫는다. 현재 전 세계 약 20억 명이 감염되어 있는 것으로 추산된다. 주로 위생 시설이 부족한 지역에서 인분이 적절히 처리되지 못해 주변 토양이 대변 안의 충란(기생충 알)으로 오염되고, 이렇게 오염된 토양에서 키운 농산물을 섭취해 감염된다. 단기적으로는 큰 증상을 일으키지 않는 경우가 많으나, 장기적으로 영양부족을 일으켜 아동의 성장 발달을 저해하기도 한다.

이다. 한국 기생충 박멸 사업이 성공할 수 있었던 요인은 다음과 같다. ① 사업의 지속성과 정부 부처의 협조를 얻기 위한 법적 기반이 확보되었고, ② 기생충박멸협회와 같은 민간 조직의 활동이 있었으며, ③ 학생을 중심으로 한 집단검진, 집단 투약 사업과 전 국민 대상 감염률 실태 조사를 병행하면서 전반적인 사업의 효과를 실시간으로 평가할 수 있었고, ④ 해외 원조 기관으로부터 시의 적절한 지원을 받았다.[8]

기생충 감염은 한국전쟁 직후 국민 모두가 가지고 있던 공통의 질병이었지만, 오늘날 전체 감염률은 2.6%, 회충 0.03%, 구충 0%, 편충 0.41% 정도로, 이제는 거의 찾아볼 수 없게 되었다.[9] 그야말로 한국 보건의료사의 빛나는 한 장면이다. 이렇게 보면 기생충 박멸 사업의 역사란 이미 '종결된 역사'처럼 보일 것이다. 분명 토양 매개성 선충의 박멸과 함께 한국 기생충 관리 사업은 커다란 변화를 겪었지만, 아직 종결된 것은 아니다. 간흡충증은 여전히 한반도 남부 주요 강 유역에 널리 유행하고 있으며, 한때 완전히 사라진 줄 알았던 말라리아는 1993년 휴전선을 넘어 북한에서 남한으로 재유입 및 토착화되었다.[10] 기생충은 드문 질병이 되었지만, 봄가을이 되면 여전히 많은 가정에서 구충제를 사먹는 모습에서도 기생충이 남긴 흔적이 아직 우리 사회에 깊게 뿌리 내리고 있음을 볼 수 있다.

또한 한국의 기생충 관리 경험은 한국형 개발 사업 모델로 선정되어 해외에서 한국 정부가 수행하는 국제 보건 사업의 일환으로 계속 추진되고 있다.[11] 이런 경험을 토대로 현재 한국은 국외에서 다양한 기생충 관리 사업을 진행 중이다. 21세기 해외에서 활동한 한국의 기생충학자들은 새로운 기생충 연구 자원을 찾아 이주한 사람들이었다. 그리고 이들이 해외로 진출할 수 있었던 주요 경험적·기술적 자원들은 20세기 후반에 진행된 한국 기생충 박멸 사업에서 얻은 것들이다.

21세기를 살아가는 한국인의 입장에서 한국 기생충의 역사는 종결된 것처럼 보인다. 때마다 구충제를 먹는 사람들도 있지만 실제로 회충·편충·구충과 같은 기생충에 감염될 것을 크게 걱정하지는 않는다. 오히려 누군가의 체내에서 기생충이 발견된 것이 기사 거리가 될 정도이다. 그런 면에서 한국의 기생충 박멸 사업은 커다란 성공을 거두고 이미 지나간 과거라 볼 수도 있을 것이다.

그러나 아시아 권역에서 한국의 경제적·정치적 지위가 부상하면서 초국적 인구 이동이 폭발적으로 증가하고, 이에 따라 새로운 기생충이나 열대 질환의 유입이 늘고 있다. 동시에 기생충 박멸 사업과 같은 한국의 주요 개발 경험이 여타 중저소득 국가에 하나의 모델이 되면서 이를 재구성하고 재현하려는 시도도 늘어났다. 즉 기생충 관리 사업은 현재 진행형이며, 기생충과 관련된 지식의 형성과 전파, 실천 역시 여전히 유의미한 현재성을 갖는다.

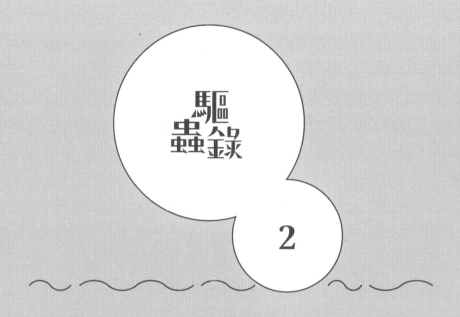

인룡에서 수치로:
기생충을 보다

인간의 중심, 회충

영조 37년(1761년) 『승정원일기』에 따르면 영조가 회충을 토한 뒤 이렇게 말했다고 한다. "회충은 사람과 함께하는 인룡人龍이다. 천하게 여길 것이 없다."[1] 조선시대 왕의 몸은 나라를 대표하는 가장 존귀한 존재였지만, 그런 몸에도 회충은 존재했다. 회충 감염에는 왕후장상의 씨가 따로 없었던 것이다.

1940년대 말, 기생충학자 소진탁이 농촌 지역에서 진료를 보고 있을 때였다. 마을에는 위경련으로 배가 아파 찾아오는 환자가 꽤 많았다. 그중 노인들이 진료실에 들어와서 꼭 당부하는 말이 있었는데, 바로 "선생님! 횟배입니다. 원회元蛔는 안회安蛔시키고 가회假蛔만 떨어지는 약을 주시오!"라는 주문이었다. 소진탁은 도대체 원회와 가회가 무엇이냐고 물었다. 노인들은 "원회는 몸 한가운데 있으면서 사람이 생각하고 말하며 행동하는 모든 기능을 지배하는 중추적 역할을 하는데, 그 원회가 지금 노怒했나 봅니다. 그러니 진정을 시켜야지 약을 먹어 떼어 내 버리면 내 활동에 지장을 받게 됩니다."라고 답했다.[2]

회충은 주변 환경에 변화가 일어나면 다른 장기로 이동하는 특성을 보이는데, 테트라클로로에틸렌✦을 사용할 때, 마취할 때, 혹은 고열이 발

✦ 테트라클로로에틸렌tetrachloroethylene은 1960년대까지 사용된 십이지장충 구충제였다.

생할 때가 그렇다.⁺ 고열을 동반하고 치사율이 높은 다양한 열성 질환이 유행하던 한반도에서 회충이 몸 밖으로 기어 나오는 모습을 보기란 어렵지 않았을 것이다. 고열을 앓는 사람의 체내에서 다수의 회충이 빠져나온 뒤 얼마 지나지 않아 환자가 사망하는 모습은, 회충의 제거를 사망과 연결해 "사람은 회충을 전혀 없애면 죽는"다(『동아일보』 1939/04/12)는 인식을 심어 주었을 것이다.⁺⁺

과거 인간의 중심, 몸 한가운데에 있는 것이 바로 '회충'蛔蟲이었다. 사람들은 회충이 체내에서 생각하고 말하며 행동하는 모든 기능을 지배하는 중추 역할을 한다고 믿었다. 따라서 진짜 회충인 '원회'는 노하게 해서는 안 되고, 절대 약을 먹어 떼어 내도 안 되는 존재이며, 문제를 일으키는 것은 회충이 아니라 흉내일 뿐인 가짜 회충, '가회'일 뿐이라고 생각했다. 그래서 사람들은 배가 아프면 으레 횟배라 자가 진단을 내리고, 성난 회충을 멸하는 대신 조용히 잠재울 방도를 찾았다.

농업이 산업의 대부분을 이루고 있던 1960년대까지 한국인에게 회충, 구충,⁺⁺⁺ 편충으로 대표되는 장내기생충증⁺⁺⁺⁺은 일상이며 보편적인 현

⁺ 특히 마취 시 일어나는 회충의 이동은 기관 폐쇄에 따른 저산소증 등을 유발할 수 있으므로, 유행 지역에서는 고열 발생 시, 혹은 마취 이전에 구충할 것을 권고하고 있다. Gordon Cook et al., *Manson's Tropical Diseases*(Saunders/Elsevier, 2009).

⁺⁺ 영조의 사례처럼 회충을 입으로 토해 낸다는 기록 역시 장외 회충증에 속한다. 만성 위염 등으로 위산 분비가 줄어드는 사람의 경우 회충이 위로 이동하기도 하는데, 위로 진입하면 대부분 구토를 통해 입으로 배출된다. 채종일, 『우리 몸의 기생충 적인가 친구인가』(자유아카데미, 2015), 306쪽.

⁺⁺⁺ 십이지장충, 채독벌레 등 다양한 이름으로 불려 왔으며, 1960년대에는 주로 십이지장충이라는 용어를 사용했다. 현재 구충으로 명칭을 통일해 사용하고 있다.

⁺⁺⁺⁺ 장내기생충 가운데 회충 암컷은 길이 20~49센티미터, 두께 3~6밀리미터, 수컷은 길이 15~31센티미터, 두께 2~4밀리미터 가량으로 장내기생충 중에서도 크기가 큰 편이다.

상으로, 전 국민의 질병이었다. 해방 후 미군이 실시한 장내기생충 감염률 조사 결과는 회충 82.4%, 편충 81.1%, 구충 46.5%로 대부분의 인구가 최소 1종 이상의 기생충에 감염되어 있음을 보여 준다.[3] 기생충학자들은 한국을 자조적으로 '기생충 왕국'이라 부르기도 했다.[4] 소진탁이 진료를 하던 당시만 하더라도 기생충은 그다지 부끄러운 것이 아니었다. 오히려 몸에서 중요한 역할을 담당하고 있는 신체의 구성 요소 중 하나로서, 적극적으로 보호해야 할 존재로 여겨졌다.

하지만 이런 관념은 불과 십수 년 사이 급격히 변했다. 기생충에 대한 인식이 바뀐 이유는 무엇일까? 이 장에서는 "사람이 생각하고 말하며 행동하는 모든 기능을 지배하는 중추적 역할"[5]을 하는 회충이 어떻게 "한국민의 수치"[6]로 바뀌어 갔는지 살펴보자.

한국전쟁과 회충

한국전쟁을 전후해서는 80% 이상의 한국인들이 회충에 감염되어 있었던 것으로 추정된다.[7] 회충에 감염되는 일은 흔했지만, 사람들이 직접 회충의 모습을 볼 수 있는 것은 대변이나 구토를 통해서였다. 장내에 존재하는 회충의 수가 적으면 자각 증상이 거의 없다. 다른 장내기생충들과 달리 회충은 장 점막에 직접 부착하지 않기 때문이다. 하지만 회충의

비교적 크기가 작은 편충(30-50밀리미터)이나 구충(5-9밀리미터)에 비해 눈에 쉽게 띄어 예부터 많은 기록이 남아 있으며, 장내기생충을 대표하는 경우가 많았다. Gerald D. Schmidt, Larry S. Roberts, *Foundations of Parasitology*(McGraw Hill, 2009), p. 433.

수가 늘어나면 소장 점막에 염증 반응이 일어나 복통과 설사가 나타난다. 이때는 성충이 설사와 함께 배출되는 증상도 드물지 않다. 또한 영양 상태가 좋지 않은 어린이가 여러 마리의 회충에 감염되면 심한 영양 손실로 발육 장애나 인지능력 발달 저하가 동반된다.[8] 회충이 일으키는 간접적인 증상 외에 회충의 모습을 직접 목격할 수 있었던 것은 체외로 회충이 기어 나오는 경우나 외과적 회충증을 통해서였다.[*] 하지만 이런 증상을 회충 감염과 연계해 시각화하려면 몇 가지 조건이 선행되어야 했다.

한국전쟁을 겪으면서 사람들은 실제 배 속에서 위해를 가하는 회충을 본격적으로 목격하게 되었다. 제2차 세계대전 이후 대량 살상 무기의 발달로 복부에 외상을 입는 군인들이 급증했는데, 복부에 관통상을 입을 때면 어김없이 회충이 모습을 드러냈다. 장에 관통상을 입은 환자의 경우 예외 없이 기생충이 있었다. 크기는 10~30센티미터까지 다양했고, "비온 뒤 길 옆의 웅덩이에 보이는 지렁이처럼 천천히 꿈틀대고" 있었다. 8055 이동 외과 병원에서 근무했던 외과 간호사 제네비에브 코너스는 "수술 시작 후 10분 내에 7~8마리 정도는 나왔다. 기생충들이 기어 나올 때면, 그대로 집어 들어 양동이에 던져 넣고 수술을 계속했다."고 증언했다. 존 베스윅은 이동외과병원 회의에 참여했던 기억을 더듬어 이렇게 말했다. "그곳에서 기생충에 대한 지식을 처음 습득하게 되었죠. 인구 중에서 90~100% 가량이 기생충에 감염되어 있다고 들었어요. 거의 모든 사람이죠. 사람들은 강인하고 튼튼해 보였어요. 그런데도 기생충이 있었던

---

[*] 회충 성충이 담관, 췌관, 충수 돌기 등 신체 각 조직 및 기관으로 이행해 담석, 담도 폐쇄, 천공 등의 외과적 문제를 일으키는 것을 외과적 회충증이라 한다. Cook et al., *Manson's Tropical Diseases*.

거죠."[9]

"기생충들이 기어 나올 때면, 그대로 집어 들어 양동이에 던져 넣고 수술을 계속했"던 한국전쟁 시기에 '눈으로 볼 수 있었던' 회충의 존재는 사람들의 뇌리에 깊숙이 자리 잡았다. 또한 한국전쟁을 거치며 외과술이 빠르게 발달해 기존에는 치료가 힘들었던 외과적 회충증도 치료할 수 있게 되었다. 외과적 회충증을 치료하는 과정에서 사람들은 대변에 섞여 나오거나 종종 구토를 통해 입으로 튀어나오던 회충이 아닌, 체내에 있던 대량의 회충을 직접 보게 되었다. 이는 회충 감염이 사람들의 눈에 본격적으로 드러나는 시각화의 계기가 되었다.

회충들의 금수강산

한국과 같이 농사를 지을 때 인분을 비료로 사용하는 지방에서는 전 국토가 우리 회충 알로 덮여 있다고 해도 지나친 말은 아닐 겁니다. 예를 들어 한국 사람의 50%가 우리 회충을 가지고 있다 하면, 약 1500만 명이 될 것입니다. 한국 사람이 배 속에 기르고 있는 우리 회충의 수는 평균 20마리라 했으니 암컷의 수를 그 반으로 잡아 10마리라 할 때, 한국 내 여성 회충의 총수는 1억5000만 마리가 될 것입니다. 암회충 한 마리의 산란 수를 하루 10만 개라 치더라도 하루에 한국에 뿌려지는 우리 회충 알의 총수는 15조 개나 됩니다. 이처럼 천문학적 숫자의 우리 회충 알이 단 하루 분만 한국에 뿌려진다 해도 끔찍스러울 터인데 1년 365일 하루도 쉬지 않고 일요일이나 국경일도 없이 뿌려지며, 이렇게 하기를 이미 단군 개국 이래 수백, 수천 년을 계속해 왔으니 한국의 금수강산이야말로 우리 회충들의 고향이 아닌가 생각합니다. 그러므로 한국 안에 우리 회충 알이 없는 땅은 한 치도 없을 것입니다.[10]

"한국 안에 우리 회충 알이 없는 땅은 한 치도 없다."라는 말처럼, 대한민국 인구수보다 많은 회충 수는 사람들에게 회충 감염을 '당연한 일'로 만들었다. 오히려 감염되지 않은 사람이 드물었기 때문이다. 1950년 제6회 33차 국회정기회의에서 이영준 의원은 세계보건기구WHO의 보조금 사용처에 대해 설명하며 "대한민국 어른, 아이로부터 아마 국회의원 우리까지라도 다 기생충이 많"다고 발언했다.[11] 회충 감염에는 남녀노소도 빈부 격차도 없었던 것이다.

한국에서는 식단의 대부분이 인분 퇴비를 주어 기른 곡물과 채소로 이루어져 있어 회충의 생활사가 유지되기 쉬웠다. 회충은 인간의 소장과 대장에 기생하면서 하루 최대 20만 개의 알을 산란해 대변과 함께 밖으로 내보낸다. 알은 배출 이후 분변과 함께 흙 속에 섞여 자라며 인간을 감염시킬 수 있는 상태가 된다. 이후 오염된 채소 등과 함께 유충이 들어 있는 알을 섭취하면 소장에서 소화액에 껍질이 터지며 유충이 나온다. 알에서 나온 유충은 소장 벽에 침입해 혈관을 통해 간으로 이동한다. 약 일주일 후면 간을 통과해 폐로 이동하는데 이 과정에서 두 번 변태해 제3기 유충으로 자란다. 제3기 유충은 폐모세혈관을 지나면서 혈관을 찢고 폐포 안으로 옮겨 간다. 이후 기관지와 기관을 거슬러서 식도로 이동해 소장으로 내려간다. 여기서 두 번 더 탈피하면 성충이 된다. 이렇게 알 섭취부터 산란기 성충에 이르기까지는 10주가량 소요되며, 사람에 기생하는 성충의 수명은 약 1년 6개월쯤 된다. 회충의 알을 먹어 사람이 감염된다는 사실은 1879년부터 알려져 있었지만, 폐를 거쳐 가는 단계까지의 생활사가 온전히 밝혀진 것은 1922년에 들어서였다.[12]

2011년, 서울 시내를 발굴하던 중 조선시대 사대문 안의 토양 시료에서 기생충 알이 다량 확인되었다. 기생충 알은 개천 바닥이나 골목 배수구뿐만 아니라, 육조거리(현 세종로)나 종묘 광장 등 예부터 번화하고 개방된 곳까지 다수 관찰되었다. 이를 통해 조선시대부터 토양에 다량의 기생충 감염 위험이 누적되어 있었음을 알 수 있다.[13] 1931년 의사 민병기는 매일 종묘를 지나 병원으로 출근하는 길에 "누구든지 길 가운데 대소변이 즐비하게 잇는 것을 볼 수 잇으며, 좀 주의해 본다면 나가티 직업적 안목 이외라도 회충이나 촌백충이 대변에 군데 석겨 잇는 것을 잘 볼 수가 잇"다고 기록했다.[14] 촌백충(촌충) 역시 3만~5만 개의 알을 담고 있는 마디가 떨어져 나와 대변과 함께 배출되는 경우가 있다. 각 마디는 약 2센티미터쯤 되고 운동성을 가지고 있어서 사람들의 눈에 자주 띄었을 것이다. 크기가 회충에 비해 상대적으로 작아 회충만큼 중요하게 취급되지 않았지만, 1960년대 이후 환경 개선 사업이 이루어지기 전까지 이처럼 분변이 제대로 처리되지 않아 주변 환경이 기생충 알에 오염되는 일이 지속되었다.

회충 알은 다양한 환경에서 살아남을 수 있다. 높은 염도에서도 오랫동안 살아 있으며, 가정에서 흔히 사용하는 세척제와 살균제에도 별 다른 영향을 받지 않는다. 따라서 식재료를 끓이거나 가열하는 방법 이외에 일반적인 세척과 염장 같은 조리법으로는 회충 알을 제거하기 어려웠다. 겨우내 절인 야채를 많이 먹는데다가 회충 알에 오염된 환경이 개선되지 않아 감염의 순환이 일어나는 상황에서는, 구충제를 복용해 몸 밖으로 회충을 내보낸다 해도 재감염이 반복될 확률이 높았다. 1960년대 이전 한국의 환경은 회충의 전파와 재생산에 최적화되어 있었던 것이다.

몸 안에 으레 없어서는 안 될 회충

이 같은 생태적 요인 때문에 한국에서 회충은 흔한 기생충이었으며,

사람들은 회충이 복통을 비롯한 여러 가지 질병을 일으킬 수 있다는 사실을 알고 있었다.[✦] 회蛔는 회충을 의미하기도 했지만,[✦✦] 배 아프면 '횟배'라고 해 막연하게 진단하는 증상이기도 했다.[15] 그럼에도 불구하고 사람들이 회충을 생존에 필수적인 존재로 인식했던 것은, 장내 회충의 숫자가 많지 않을 때는 대부분 별다른 증상이 없었으며, 외과학이 발전하기 전에는 다양한 급성 증상들이 회충 감염 때문이라는 사실을 알아차리기 어려웠기 때문이다. 또한 회충에 대한 사회적 인식의 형성에는 기존 의학 이론의 영향도 컸다.

1950년대 이전까지 체내에 존재하는 기생충은 주로 인간의 생사나 길흉과 관련된 존재로 인식되었다.[16] 17세기 한국의 대표적인 의서인 『동의보감』도 기생충을 자세히 다루고 있다. "충부"蟲部에서 가장 먼저 등장하는 기생충은 삼시충三尸蟲이다. 이 기생충은 실제로 존재하는 기생충이 아니라 도교적·신화적 성격을 띠는 상상의 존재다. 삼시충은 인간이 태어나는 순간부터 몸에 살고 있다가 경신일이 되면 몸을 빠져나와 하늘에 올라가 그 사람이 행한 악한 일을 하늘의 신에게 낱낱이 고해바친

✦ 회충은 고대부터 인류에게 잘 알려져 있는 기생충이었다. 대변에 섞여 나오는 회충에 대한 기록은 기원전 이집트·로마·그리스·중국의 의술서에 등장한다. 로마 시대 저술가인 켈수스는 "때때로 벌레들이 배 속을 차지하기도 한다. 그리고 항문을 통해 기어 나오기도 하며, 더 심하게는 입으로 나올 때도 있다."라고 기록했다. David Grove, *Tapeworms, Lice and Prions: A compendium of unpleasant infections*(OUP, 2013), pp. 6-7에서 재인용.

✦✦ 회충은 사람들의 눈에도 잘 띄었던 만큼 다양한 이름을 가지고 있다. 회충蛔蟲, 회蛔, 거위, 고충蠱蟲(기생충을 의미하기도 함), 공이(경상 방언), 꺼갱이(경상 방언), 꺼꾸(강원 방언), 회(충북 방언), 우충蚘蟲(북한어) 등 여러 이름으로 불려 왔다. 곽충구, "어휘의 의미분화와 명칭의 분화, '지렁이'와 '회충'의 단어지리학," 이종철 편, 『한일어학논총』(국학자료원, 1995).

다. 『조선왕조실록』에도 경신일에는 삼시충이 몸 밖으로 빠져나가 상제上帝에게 그동안의 죄과를 고해 수명이 단축된다고 여겼다는 기록이 있다. 이에 대비해 잠을 자지 않고 밤을 새워 삼시충을 지키는 행사인 수경신守庚申에 왕까지 참여했다고 한다. 현대 의학에서 이야기하는 기생충과는 다른 존재이나, 신화적 성격이 강한 기생충이 가장 먼저 등장하는 것으로 보아, 기생충을 길흉화복이나 신화와 연계해 생각하는 인식이 질병으로서의 기생충이라는 인식과 혼재되어 있음을 짐작할 수 있다.

기생충학자 소진탁은 중국 의서인 『황제내경』黃帝內經을 인용해 "사람 몸엔 8만의 벌레가 있는데 이들이 없으면 사람 몸이 성립될 수 없다. 그러므로 기생충은 꼭 필요하며 없애서는 아니된다."[17]라고 1940년대 대중의 인식을 설명했다. 사람들은 기생충을 해로운 것으로만 생각하지 않고 오히려 운수나 숙명론적·신화적 입장에서 풀이했으며, "그 사고방식이 20세기 중반까지도 일반 대중 마음바탕에서 떠나지 않았다."[18]

여기서 한걸음 더 나아가, 사람들은 회충을 인간의 생존과 기능에 필수적인 요소로 보았는데, 회충은 "사람이 생각하고 말하며 행동하는 모든 기능을 지배하는 중추적 역할"[19]로서, 이것이 "없으면 병신으로까지 인정을 하게 되"는 정도였다.[20] "몸 안에 으레 없어서는 안 될 것처럼 생각해서 회가 동하면 안회를 시킬지언정 내몰아서는 못"쓰는 것이며,[21] "사람이 말을 하는 것은 회가 있기 때문"이기도 했다.[22] 1937년 『동아일보』 기사는 "재래로 이상한 인식이 우리 머리에 남아 있으니 사람의 배속에서 회를 근절 식히면 죽는다는 이상스런 생각을 가지고 있어 마치 회가 많은 덕에 살고 있는 것 같은 생각들을 하는 이"들의 인식을 비판하고 있다.[23] 이처럼 당시 사람들의 인식에서 "사람은 회충을 전혀 없애면 죽"게 되니,[24] 회충은 생존의 필수 단위에 준하는 것이었다.*

『동아일보』에 따르면 정부와 의학계는 사회 전반의 인식, 즉 기존의 의학 이론과 경합하며 "회충이 얼마나 무서운 일을 배속에서 하는 것은 전혀 모르고"[25] 있는 상황을 타개하기 위해 노력했다. "한방의생은 [회충이] 어떤 사람에게든지 다 잇다."고 말했다며 이런 회충을 꼭 구충해야 하느냐는 독자의 질문에, 내과 의사 이갑수는 "아주 해로운 기생충임으로", "어리석은 한의漢醫의 말을 듯지 말고 속히 치료하라."[26]고 답하기도 했다.

1935년부터 군산 지역 농촌 보건 사업을 진행한 의사 이영춘은 결핵·매독·기생충을 3대 민족독民族毒으로 규정하고 퇴치하는 데 앞장섰다.[27] 의학계를 중심으로 회충 감염의 위험성을 강조하는 기사들은 일제강점기 동안 계속해서 등장했지만, 외과술의 한계와 효과적인 약품의 부재로 몸 속 기생충들을 사람들에게 직접 보여 주기도 어려웠다. 즉 체내의 기생충이 생존에 필수적인 존재가 아니라 질병을 일으키는 병의 근원임을 사람들에게 시각적으로 보여 줄 수 없었던 것이었다. 또한 회충은 폐흡충이나 말라리아처럼 급성 증상을 일으키지 않아 정부가 적극적으로 개입하는 경우도 적었다.++ 따라서 회충을 생존에 필수적이라 여기는 '정상'적 통념을 '비정상'으로 전복시키기 위한 노력에도 불구하고, "뱃속

✦ 대중이 남긴 기록이 많이 남아 있지 않으므로 회충이 사람의 생존에 필수적이라는 인식은 대부분 대중의 인식을 비판하는 신문 기사나 전문가의 글에서만 드러난다. 이런 글들은 대중의 인식을 온전히 드러내는 데 한계가 있으나, 대중과 전문가 집단, 그리고 국가의 인식이 경합하는 모습을 보여 준다.

✦✦ 1886년 제중원 일차년도 보고서는 한반도에 기생충 감염이 만연한데도 불구하고 외래 환자 중 기생충 감염 환자가 적은 이유를 "회충과 촌충 같은 장내 기생충증은 매우 크게 고통을 받거나 의사가 묻지 않으면 별 치료를 하지 않는다."라고 설명했다. 일제강점기 당시 시행한 장내기생충 감염 전국 조사는 1924년 검사가 유일하며, 다른 조사는 한국인과 일본인의 감염률을 비교한 논문이나 한국에 파견된 일본의 기생충학자들이 일부 지역만을 대상으로 조사한 결과들에 그친다. 박형우 외, "제중원 일차년도 보고서," 『연세의사학』 3(1), 1999, 28쪽.

에다 회충을 많이 배양하면서 회 일어나는 것만 극력 방지"[28]하는 대중의 인식은 쉽게 달라지지 않았다.

위생동물협회와 기생충 관리 사업의 태동

1961년 서울 시민 중 "육 개월 동안에 아무런 증세를 가지지 않은 사람은 63퍼센트고 나머지 36.4퍼센트는 일 내지 그 이상의 증세를 가졌는데 가장 빈번히 발생한 10개 증세" 가운데 세 번째가 항문이나 입으로 회충이 나오는 증상이었다.[29] "항간이나 병원에서 횟배를 앓는 어린이를 흔히 볼 수 있었고 회충을 토출하거나 회충으로 인한 장폐색[+] …… 등 이루 헤아릴 수 없는 각종 합병증과 후유증을 목격할 수 있었으나" 당시에는 너무 흔한 질환이었으므로 특별히 기록을 남길 필요가 없었기 때문에 자세한 학술 기록이 많이 남아 있지 않다.[30] 따라서 실제 임상에서 만날 수 있는 외과적 회충증 사례는 더욱 많았을 것으로 추측된다. 그럼에도 불구하고 1955~89년 사이에 한국에서 보고된 외과적 회충증은 35년간 총 1299건에 달한다. 1903년부터 2001년까지 보고된 전 세계 외과적 회충증이 총 4793건이었음을 고려하면,[31] 이 가운데 27.1%가 한국에서 보고된 셈이다. 그만큼 당시 한국의 회충 감염 문제가 심각했음을 알 수 있다.[++]

[+] 회충성 장폐색의 사망률은 5%가 넘고, 10세 미만 아동에서 가장 흔하게 일어나는데, 이는 어린이의 장관이 작은 데 비해 회충의 개체 수가 많기 때문으로 추정된다.

[++] 1932년 경성제국대학 이와이岩井 내과 김동익 박사는 외과적 회충증 "증세로 인하야 복부 수술을 아니치 못 하게 된 것을 일 년에도 평균 삼사 인을 보게"된다고 말했다. 의사들은

해방 직후부터 한국전쟁 시기까지 한반도에는 기생충학자가 한 손에 꼽을 만큼 적었고, 그중 많은 수가 전쟁 중 실종되거나 납북되어 남한에는 기생충 관리 사업을 수행할 수 있는 전문적인 인력이 턱없이 부족했다. 하지만 미국의 원조를 통해 서울대학교 의과대학의 서병설, 세브란스 의과대학의 소진탁이 미국에서 기생충학을 전공하고 돌아와 각 대학에 기생충학교실이 창설되었다. 전문 인력이 확보되고 한국 내에서 보건 의료 체계도 점차 안정되자 기생충 관리에 대한 좀 더 구체적인 논의가 시작되었다.

1958년 11월 12일 김포공항검역소 회의실에서 한국위생동물협회가 발족했다. 기생충과 위생곤충(파리·모기 등), 위생 동물(쥐 등) 연구자와 보건 의료계 관계자들을 중심으로 구성된 조직이었다. 이듬해 1월에는 대한기생충학회가 창립되었다. 이렇게 기생충과 연계 분야 단체들이 생겨나면서 이들을 매개로 한 사업들도 전개되기 시작했다.

1959년 4월에는 보건사회부(보사부)와의 협의하에 기생충학회, 위생동물협회, 보사부가 공동 사업으로 기생충 예방 기간을 추진하기로 했다. 1959년 9월 14일부터 9월 말일까지 이어진 활동은 라디오 방송 좌담과 일간지에 논설을 싣는 정도였지만, 민관 협동으로 기생충 예방 운동을 전개한 것은 처음이었다. 더불어 국가 차원에서도 기생충 관리에 대한 관심이 점차 높아지기 시작했다.[32] 하지만 대규모의 검사나 투약 사업이

신문에 관련 증례를 기고하며 "사십여 세 된 여자를 해부하니까 입 속에 오십 마리, 코 속에 십이 마리, 식도에 이십팔 마리, 바른편 그관지에 두 마리, 위 속에 열 마리, 십이지장에 십팔 마리, 담도에 여섯 마리, 창자에 사백칠십구 마리의 회충"이 있었다며 회충의 모습을 시각적으로 표현하고자 노력했다. 하지만 여전히 대중들은 보통 "회충을 그다지 무서워하지 아니하"였다. 『동아일보』 1930/10/14.

본격적으로 시행되지는 않았다.[33]

　이후 1959년 8월 13일에는 보사부 산하에 기생충예방대책위원회
가 구성됐다. 기생충학회에서 국가 차원의 기생충 관리 사업을 계획할 필
요가 있다고 설득했기 때문이다. 위원장은 보사부 차관이 맡았으며, 산하
에 조사 분과와 치료 분과를 두었다. 하지만 재정이나 장비가 부족해 적
극적인 활동을 펼치기는 어려웠다.

　위생동물협회는 기생충을 포함해 쥐·파리·모기 등 건강에 영향을
미칠 수 있는 매개 동물들의 관리를 포괄적으로 담당했다. 하지만 제한적
인 인력과 전문성, 대중과 국가의 미미한 관심 속에서 이렇게 다양한 생
물들을 포괄하기는 어려웠다. 워낙 넓은 영역을 다루기에 협회 조직 초기
에는 대학 연구자들뿐만 아니라 국립 연구소나 검역소 등 다양한 인력들
이 참여할 수 있었지만, 사업 방향이 명확하지 않다는 점이 문제였다. 말
라리아 전파의 매개체인 모기는 미국과 세계보건기구의 지원을 통해 광
범위한 디디티 살포가 이루어지고 있었으며, 그 사업 규모도 민간단체에
서 다루기 어려울 정도로 컸다. 더욱이 디디티 살포로, 파리처럼 생활 속
에서 마주할 수 있는 대다수의 질병 매개 곤충들은 관리가 가능했다. 결
국 사업의 중심은 구서(쥐잡기)와 구충(기생충 관리)에 초점을 맞출 수밖에
없었다.

　1961년 미국 대외원조처USOM를 통해 와파린 같은 효과적인 쥐약
이 도입되면서 농림부 차원의 시범 사업들이 1960년대 초반부터 광범위
하게 전개됐다. 1960년대 중반에 들어서는 정부 주도의 쥐잡기 운동
이 전국 차원에서 이루어졌다. 사업이 국가 주도로 전개되면서, 민간단체
가 활동할 수 있는 영역은 점차 줄었다.[34] 결국 1960년대 중반까지 위생
동물협회는 대부분 기생충 관리 사업에 활동을 집중했으며, 1964년 '발
전적 해체' 이후 한국기생충박멸협회로 통합되었다.[35]

1950년대 후반 미국 대외원조처와 보건사회부, 위생동물협회가 공동으로 제작, 배포한 기생충 질환 예방 홍보 전단.

1964년 4월에 발족한 한국기생충박멸협회는 독특한 반민반관半民半官단체였다. 기생충학회와 위생동물협회를 주축으로 한 민간 주도의 조직이기는 했으나, 각 시도의 부시장, 부지사 혹은 보건사회국장이 지부의 부지부장을 담당했다. 이는 보사부와 내무부 장관 공동 명의로 발송된 공문에 의거한 것이었다.[36] 이를 기반으로 기협은 각 지역에서 상당한 정치적·행정적 지원을 얻어낼 수 있었으며, 때에 따라 민간단체로서의 자율성 혹은 정부 조직으로서 행정력을 동원하고 활용할 수 있었다.

1063마리의 회충 보따리

기협이 발족하기 전인 1963년, 대중에게 회충 감염을 시각적으로 각인시킨 사건이 일어났다. 1963년 10월 24일 오후 10시 30분, 병원 문 앞에 보호자도 없이 버려진 9세 아동이 심한 복통을 호소하고 있었다. 아이는 급하게 전주예수병원 응급실로 옮겨졌다. 복통은 병원을 찾기 하루 전부터 계속되었는데, 복통이 시작될 때 이미 회충을 입 밖으로 토하고 있었다고 했다. 외과적 회충증이 의심되는 상황이었다. 10월 25일 오전 1시 30분, 전주예수병원 원장인 폴 크레인(한국 이름 구바울)의 집도하에 응급 개복술이 시행되었다. 예상대로 아이의 소장 대부분은 회충으로 가득 차 있었고, 심지어 과도한 회충 감염으로 소장 일부가 괴사한 상태였다. 집도의는 소장의 절단 부위를 통해 아동의 장 속에 자리 잡고 있던 회충 대부분을 제거했다. 아이의 배 속에서 꺼낸 회충은 양동이 하나를 가득 채웠다. 수술 후 집계된 바로는 총 1063마리, 4킬로그램에 달했다.* 회충 제거 수술은 성공적이었지만, 이미 장시간 영양부족과 장폐색에 시달려 왔던 아이는 회복하지 못하고 수술 후 9시간 만에 숨을 거두었다.[37]

1000여 마리의 회충으로 말미암아 사망한 아동을 보고 가장 큰 충격을 받은 사람은 아마도 해당 수술을 집도했던 폴 크레인이었을 것이다. 이 사건 이후 그는 논문 발표, 신문 연재, 사회 활동 등을 통해 한국 기생충 박멸 사업을 적극적으로 홍보했다.

한편, 사건이 일어난 시점은 1963년 10월이었지만, 처음 기사화된 것은 1964년 2월 24일, "작년 9월 장폐색증에 걸린 아홉 살 난 한국인 소녀를 수술한 결과 무려 1062마리의 회충을 긁어냈다."라는 『동아일보』 사설을 통해서였다.[38] 더불어 1965년 발표된 증례 보고는 국제적으로 저명한 외과학 잡지인 『외과학연보』*Annals of Surgery*에 실렸다. 비록 폴 크레인 박사가 제1저자였으나, 당시 한국인이 공동 저자로 참여해 한국의 사례를 해외 학술 잡지에 실을 수 있었던 것은 이례적인 일이었다. 전주에서 이런 수술과 증례 보고가 가능했던 것은 전주예수병원의 외과 수술 기술 수준이 높았기 때문이다. 당시 전주예수병원은 처음으로 수련의 제도를 도입한 병원 중 하나로, 크레인을 비롯해 미국에서 수련받은 다수 외과 전문의들이 상주하고 있었다. 논문의 공동 저자로 참여한 박영훈과 이현관은 세브란스 의과대학을 졸업해 전주예수병원에서 외과 수련을 받고 있었다. 의료 선교사들을 통해 도입된 의학적 기술들은 기생충을 효과적으로 시각화할 수 있는 기반을 제공했다.

✦ 『외과학 연보』에 실린 원 논문에는 1063마리로 명시되어 있으나, 이후의 기록물들에서는 작성자에 따라 1062마리에서 1600마리까지 다양하게 기술하고 있다. 이는 기억의 오류에 의한 것으로 보인다.

제2의 보사부 한국외원단체협의회

『동아일보』의 사설은 1964년 2월 19일 한국외원外援단체협의회 KAVA의 지원으로 기생충박멸협의회를 결성하기로 한 직후에 실렸다. KAVA는 한국전쟁 중인 1952년, 한국에서 활동하고 있던 다양한 민간 해외 원조 단체, 선교사, 활동가들이 모여 조직한 협의체였다. 주된 목적은 회원 단체 간의 정보 교환을 활성화하고 상호 조정을 통해 중복 사업을 최소화하며, 미군 및 한국 정부와의 사업 제안, 협의 등을 원활하게 하는 것이었다.✦ 출범 당시 7개 회원 단체로 시작했던 KAVA는 1964년에 미국·독일·프랑스, 스칸디나비아 3국 등의 70개 단체가 가입해 있을 정도로 성장했다. 그뿐만 아니라 1960년대에는 회원 단체들의 전체 예산이 당시 보건사회부 예산의 30%에 달했으며, 만성적인 재정 부족에 시달리던 보사부를 대신해 폭넓은 긴급 구호, 보건, 교육, 사회복지, 지역개발 사업 등 전국에서 사업을 진행해 '제2의 보사부'로 불릴 정도였다.[39]

외원 단체들은 미군이나 한국 정부가 예산 및 행정력 부족으로 다루지 못했던 의제들을 발굴하고 문제화했다. 사회사업 부분에서는 고아 문제나 장애인 구호 등이 다루어졌으며, 보건 의료에서는 결핵 문제와 함께 기생충 감염이 중요한 의제로 다루어졌다.[40] 이처럼 외원 단체들은 당시

✦ KAVA는 일원화된 조직망을 통해 지원 대상의 누락이나 중복 지원 등 비효율적인 분배 체계를 개선하고, 분산되어 있던 외원 단체들을 조직화함으로써 이들의 활동을 크게 강화했다. 1955년부터 매년 개최된 KAVA 연차 회의에는 회원 단체를 비롯해 한국 정부, 미국 경제조정관실, 미국 대사관 등 관계자 200여 명이 참석했는데, 이 행사는 다양한 보건 의료 및 사회사업의 의제를 제시하는 장이기도 했다. 특히 보건 의료 부분에서는 일제강점기부터 지역사회에서 의료 서비스를 제공해 온 의료 선교사들의 활동이 두드러졌다.

여타 급성 전염병에 비해 크게 주목받지 못하던 기생충을 주요 보건 의료 의제로 격상하는 역할을 했다.

1964년 연차 회의에서는 폴 크레인의 주도로, KAVA가 역량을 집중해야 할 주요 사업 주제 가운데 하나로서 기생충이 제시되었다. 크레인은 1948년 미군에 의해 실시된 통계자료를 바탕으로 90% 이상의 한국인이 기생충을 보유하고 있으며, 이에 따른 경제적 손실이 심각하다고 주장했다.[41] 당시에는 구충에 효과적인 약품이 제한적이었으므로, 주로 인분 사용을 억제하거나 안전한 식수를 공급하는 등 지역 개발 사업과 위생 개선을 병행해 나갔다.

마침 KAVA에 소속된 단체들은 전국 곳곳에서 오랫동안 지역사회 개발 사업을 진행해 오고 있었으므로 이런 위생 개선 사업을 전개하기에 용이했다. 그렇게 1964년 연차 회의 이후 총 30개 단체에서 각 단체별로 3개 마을을 시범 선정해 기생충 관리 사업을 시작했다. 각 마을은 대조군, 인분을 퇴비화해 사용한 마을, 인분에 화학적 처리를 한 마을로 구분했다. 또한 기독교세계봉사회를 통해 총 107개 마을 4만여 명에게 약품과 인분 처리용 화학약품을 공급하는 시범 사업을 시작했다.[42] 1965년부터 1966년까지 KAVA는 약 1만 달러의 예산을 투자해 104개 마을의 화장실 개선 공사, 215개 학교에 대한 시범 투약 사업, 139개 마을 12만 명에 대한 기생충 관리 교육 사업을 진행했다.[43]

활동가와 대중을 상대로 진행된 홍보 활동뿐만 아니라, 정부의 지원을 얻기 위해 크레인은 정치 지도자들과도 지속적으로 접촉했다. 그는 대통령 정상회담에서 통역을 맡았던 친분을 이용해 대통령에게 서한을 보내 장내기생충 관리의 필요성을 주장하기도 했다.[44] 이런 노력들을 바탕으로 1959년 보사부 산하 기생충예방대책위원회가 구성되었지만 예산 부족 등의 이유로 제한적인 활동에 그쳤다.

이후 1964년, KAVA 보건분과 위원장인 폴 크레인이 기생충예방대책위원회의 부위원장을 맡으며 상황은 달라졌다. 그는 임명과 동시에 KAVA를 통해 약 10만 명분의 구충제 피페라진piperazine을 무상으로 원조받았으며, 미 대사관 공보부를 통해 기생충 예방 홍보물 인쇄도 가능하게 했다. 또한 KAVA와 연계된 66개 기생충 예방 시범 부락들을 참여시켜 다양한 활동을 전개했다. 1964년 2월 19일, KAVA 주최로 열린 회의에는 보사부 장관과 미국 대사 및 기생충학자들이 초청되었다. 여기서 폴 크레인은 발표를 통해 한국 기생충 감염의 심각성을 알렸다. 그렇게 해외 주요 기관장들이 참석한 자리에서 한국의 기생충 문제가 전면적으로 대두됐고, 보사부 장관은 그다음 날 바로 기생충예방대책위원회 기능의 전면 강화를 지시했다.[45]

동시에 폴 크레인은 언론을 통해 한국의 기생충 관리 문제를 적극적으로 의제화하기 시작했다. 당시 『한국일보』에서 발행한 영자 신문 『코리아 타임스』의 고정 칼럼니스트로 활동하던 그는 전주 여아의 사례를 언급하며 기사와 사설을 통해 한국 기생충 감염의 심각성을 관련 단체들에 알렸다.[46] 그는 사망한 여아에서 발견된 회충의 수가 충격적이지만 이런 사례가 드물지 않다며, 지금까지 이런 중대한 보건 의료 문제에 대해 눈에 띄는 활동이 없었다는 사실을 지적했다. 또한 인분을 적절히 퇴비화함으로써 충분히 충란을 사멸시킬 수 있으며, 보사부와 농림부의 협조를 통해, 지역 주민 및 당시의 농촌 계몽운동 단체인 4-H클럽 등을 참여시켜 효과적인 박멸 사업을 진행할 수 있을 것이라고 해결책을 제시했다. KAVA의 조직망을 활용해 지역개발 사업과 연계한 이런 방식은 1967년 전국적인 활동으로 전개되어, 이후 총 270여 개 마을에서 주민 40여만 명을 참여시키는 대형 사업이 되었다.[47] 또한 크레인의 기고를 계기로 『한국일보』에서는 1965년부터 "회충 0% 운동"을 전개하기 시작했다.[48]

이듬해에는 증례 보고에 실린 사진을 전면에 내걸고, "정양의 뱃속에서 나온 1천63마리의 회충"이라는 제목의 『경향신문』 기사가 보도되었다.

어안이 벙벙한 외국인 의사는 무게를 달아봤다. 5킬로그램(정양의 체중이 20킬로그램). 이 회충의 연장 길이가 무려 1백60미터. 정양은 회복을 못하고 장폐색증으로 끝내 죽고 말았다. 비단 정양뿐만 아니라 거의 모든(95%) 한국인, 그중에서도 농민들은 전부가 이런 회충 등 기생충 보따리를 뱃속에 두고 음식을 함께 나눠 먹고 있는 셈이다.[49]

『경향신문』에 실린 사진은, 수술을 통해 몸에서 제거한 회충을 보따리 위에 쌓아 두고 의료진이 수를 세고 있는 모습을 보여 주었다. 사진과 함께 제시된, 연장 길이 160미터에 5킬로그램이라는 구체적인 수치는 사람들로 하여금 배 속의 회충 '보따리'를 충분히 상상할 수 있도록 했다. 기사를 본 대중은 '전 국민의 질병'인 회충이 내게도 저렇게 많을 수 있으며, 우리 역시 기생충 보따리를 뱃속에 두고 음식을 나눠 먹고 있을 수 있다는 동질감을 느꼈을 것이다. 기사는 또한 사건이 일어난 지 이미 1년 6개월이 흐른 1965년 4월 10일에 발행되었음에도 "얼마 전 전주예수병원에서 일어난 일"이라며 현재 진행형임을 강조했다. '지금 우리 안에 이렇게 많은 회충이 있음'을, 그리고 '그로 인해 사망할 수도 있음'을 시각화해 드러내 보이고자 한 것이다. 그러고는 기사 하단에 구충제 광고를 전단 광고로 실었다.[50]

『동아일보』 사설은 "예로부터 회충이 좀 있어야 어린애들이 밥을 잘 먹는다든가 또는 순하게 자란다는 말이 있거니와, 이 이상 무책임하고 무식한 말은 없을 것이며, 우리 문화의 후진성을 그대로 토로하는 부끄러운 표현이라 아니할 수 없다."라며 회충 감염에 대해 과거의 인식 그대로 방치하는 것이 얼마나 '무책임하고', '무식하며', '후진적인' 개념인지를 강조했다.[51] 회충은 더는 체내의 필수적인 요소가 아니라 무고한 아동의 목숨을 앗아간 존재이자 한국 사회의 후진성을 드러내는 요소가 되었다.

이후 회충성 장폐색으로 사망한 아동의 이야기는 여러 기사에서 반복적으로 사용되면서 사람들에게 널리 알려졌다. 이제 회충은 개인의 무책임함과 무식함을 노출하는 요인으로 지목되었다.

약장수도 떠들던 말

회충성 장폐색 사건은 워낙 충격적이어서 "어린 소녀의 뱃속에서 회충이 1069마리 나왔다는 사실은 돌팔이 약장사도 떠들던 말"[52]이 되었다. 여기서 약장수들은 지금으로 말하자면 의사의 처방 없이도 제조, 구매할 수 있는 일반의약품인 '매약'을 판매하는 사람들이었다. 일제강점기 당시 민간에 유통되기 시작한 매약은 주로 일본에서 수입된 제품들이었으며, 많은 경우 만병통치약으로 과대 포장되어 시중에 유통되었다. 당시 일반의약품인 매약 판매에는 특별한 규제나 처벌이 없었으므로 누구나 이 업종에 뛰어들 수 있었다. 하지만 의사는커녕 마땅한 약사도 존재하지 않는 지방의 열악한 의료 상황에서 이런 매약은 근대 의료의 빈자리를 채워 주는 역할을 했다.

일제강점기 약장수들의 주력 품목은 기생충 약이었다. 당시 말라리아에 효과적이었던 금계랍, 즉 키니네Quinine는 선풍적인 인기를 끌고 있었다. 말라리아가 흔했던 한국에서 키니네는 열병에 특효라는 소문이 돌았고, 이를 넘어 진통제나 강장제 같은 만병통치약으로까지 여겨졌다. 금계랍의 인기가 폭발적이었기 때문에 무료로 약품을 제공하던 제중원에 서조차 금계랍만큼은 돈을 받을 정도였다. 하지만 약장수들이 판매하는 금계랍은 많은 경우 진짜 금계랍이 아닌 밀가루 덩어리였다.[53]

차력 같은 눈요깃거리를 보여 주며 호객을 하는 약장수들도 있었지만 여러 방법으로 폭리를 취하거나 약품을 강매하며 불법 판매 행위를 일삼는 약장수들이 더 많아서 점차 사회문제가 되었다. 이들은 시골 마을을 돌아다니며 빈 집에 약 봉투를 던져두고, 몇 주 후에 다시 찾아가 나라에서 나눠준 약이라며 비용을 지불해야 한다고 공권력을 사칭하며 약값을 뜯어내기도 했다.

1960년대 들어 의료 시설이 점차 늘어나고 약품을 구입할 수 있는 경로도 다양해지면서 약장수의 인기도 과거와 같지 않았지만, 의료 시설이 취약한 지역을 돌며 약의 효과를 과대 포장해 폭리를 취하는 사례는 남아 있었다. 여전히 기생충 약은 인기 있는 품목 가운데 하나였는데, 약장수들은 시각화의 전략을 가장 극적으로 활용하는 사람들이었다.

이들은 "기생충 때문에 죽었다는 사람의 내장을 프라스코에 담아 선전에 침을 튕기"고 있었고, 그 표본은 서울 시내 어느 병원에서 직접 빌려 온 것이라고 강조했다.[54] 약장수들이 흔히 쓰는 방법은, 그 자리에서 기생충에 감염된 아동에게 약을 먹인 후 곧바로 기생충을 꺼냄으로써 자신들이 판매하는 구충제가 특효임을 보여 주는 것이었다. 1976년 한 기사에서는 얼마 전 검거된 '악덕 거리 약장수'의 수법을 고발하고 있다. 구경꾼 중 어린아이를 골라 구충제를 먹이고는, 야바위꾼처럼 5분쯤 지난 뒤 미리 감춰 놓고 있던 소의 요충이나 회충을 약을 먹은 어린이의 속옷 안에서 끄집어내는 것처럼 속임수를 쓰는 방식이었다. 구충제를 먹자마자 몸 안에서 회충들이 기어 나온 것처럼 속이는 방식은 사람들에게 강력한 시각적 자극으로 다가왔고, 약장수들은 약국에서 30원이면 살 수 있는 구

충제를 500원씩 받고 팔았다.[55]

"기생충도 수출했나?"

1960년대 수출 기반 경제성장이 당면 과제로 떠오르면서 기생충이 걸림돌이 되었다. 1966년 KAVA에 참석한 어느 인사는 "한국 사람들은 기생충을 먹여 살리기 위해 일하는 것 같"으며, "지금까지의 미국 원조를 다 합쳐도 한국인이 뱃속에 기르는 기생충의 피해를 보상하지 못할 것"이라고 발언했다.[56] 1966년 『경향신문』 기사는 기생충박멸협회 관계자의 말을 인용해 "40여 종의 각종 기생충으로 우리나라가 직접 간접으로 입은 연간 피해는 놀라운 숫자이다. 회충만으로 일 년에 약 2천 명이 죽고 12지장충에 빨리는 피가 매일 5백60드럼, 연간 약 1백16억8천만cc, 이로 인한 노동 생산 능률의 감소가 돈으로 해마다 약 4백80억 원이 된다니 우리나라가 부흥하는 길은 이 마(魔)의 기생충 박멸에서부터"[57]이며 "치료비, 노동력 저하 등, 이것을 따지니까 연간 무려 2천5백50억 원의 해를 입고 있음이 드러났다."[58]라고 주장하기도 했다. 1966년 대한민국 수출 총액은 2억5000만 달러였다.[59] 경제성장을 제1목표로 달려가고 있던 한국이 오히려 기생충을 먹여 살리고 있다는 '사실'은 공공연한 수치심을 안겼다.

1960년대에는 독일 광산의 인력 수요가 컸다. 여기서 한국 광부를 통해 인력 부족 현상을 해결하고자 하는 독일의 필요와, 인력 수출을 통해 외화 획득을 노린 한국의 이해관계가 맞아떨어져 '서독 파견 한국 광부 임시 고용 계획'이 탄생했다.⁺ 그러나 파견 이후 예상과 달리 광부들을 갱내에 투입하는 것은 순조롭지 않았다. 기생충, 특히 회충과 구충(십이지장충) 감염 때문이었다. 갱도 내부는 온도가 높고 토양이 습해 기생충 알이 부화하고 잔류하기 쉬운 환경이었다. 또 광부들이 외부로 나오기 어려워 갱내에서 생리 현상을 해결하는 것도 기생충 알 오염을 심화하는 원인이었다. 따라서 갱내 투입 노동자의 기생충 감염 관리는 민감한 문제였다. 그런데 한국에서 파견된 "광부 2백50명 중 80% 이상이 회충 보유자이며 30%가 십이지장충 보유자로 판명되"었다.[60] 파견된 광부들은 숲에 격리되어 잡무를 하며 "전원이 본국에 송환될지도 모른다는 탄광 당국의 발표에 초조감이 없지 않았고 이역에서 기생충 환자라는 이름 아래 심리적 고충도 적지 않았다."[61] 기생충 감염을 이유로 독일은 한국 광부의 2차 파견을 중지시켰고, 한국 정부에 대해 철저한 검진을 요구했다.

당시 독일에서 의학박사 학위를 얻고 뒤스부르크 시 병원에서 근무 중이던 한국인 의사 이종수는 현지의 반응을 생생하게 전달했다. 1964년 4월 17일 독일에서, "그날 신문들은 한국인은 격리되어 로베르그의 숲에서 일한다, 한국인은 전부 기생충 환자 등등의 제목으로 시작해 우리 광부들의 십이지장충 이환에 대하여 대서특필"했다. 더군다나 "한국에서 실시한 신체 검사표에는 이 질환이 없는 것으로 되어" 있었기 때문에, "탄광에서는 한국 의료 기관은 신임할 수 없으니 서독 의료인을 파한하여 앞으로 도독할 광부들의 신체검사를 맡게 하자는 주장"도 있었다.[62] 이제 장내기생충 감염은 단순히 한국 내부의 문제가 아니라 대외적 수치

✦ 협정은 1963년 12월 7일 발효되었다. 해외 출국 규제가 엄격했던 시기에 해외로 나갈 수 있는 드문 기회였으므로 많은 사람들의 관심을 모았다. 100여 개의 자리에 2500명이 몰렸으며, 고등학교 및 대학교 졸업자가 60% 이상이었다. 윤용선, "1960-70년대 광부·간호사의 서독 취업: 신화에서 역사로," 윤해동 편, 『트랜스내셔널 노동이주와 한국』(소명출판, 2017), 179-184쪽.

이자 문제점으로 대두되었다. 이런 상황이니 국내 언론에서 "기생충도 수출했나?"라는 제목 아래 "한국인에게 기생충이 많다는 것은 널리 알려진 얘기지만 인력수출에 덧붙여 기생충을 수출한 당국의 서독 파견 광부에 대한 보건 관리가 나라 망신을 시켰"다며[63] 기생충 감염이 국가적 수치임을 다시 한 번 상기시킨 것도 무리는 아니었다.

　이후 파견부터 검사 결과까지 기생충이 발견되는 자는 출국을 취소했다.[64] 그러면서 파독 광부와 지원자들에게 기생충 감염은 부끄러운 일이라는 인식이 퍼져 갔다. 하찮은 기생충 때문에 삶의 기회를 놓치게 된 사람들은 기회의 박탈과 기생충 감염이라는 이중의 수치심을 느껴야 했을 것이다. 이미 파견된 사람들 또한 비위생적인 고국에 대한 부끄러움을 끊임없이 떠올려야 했다.[65] 그들은 "의사 입회하에 회충약을 먹어야 했는데 이때 느꼈던 부끄러움을 기억"하게 되었으며, "약을 먹을 때마다 충을 가졌다는 열등의식으로 기가 죽"어야 했다. 파견 과정에서 가장 문제가 된 기생충은 '구충'이었지만, 광부들은 추후 '회충'으로 기억했다. 아마 한국에서 장내기생충 가운데 가장 흔한 종이 회충이었으며, 사람들이 기억하기도 쉬웠기 때문일 것이다. 이렇듯 수치심의 대상은 구충에서 회충으로, 그리고 장내기생충 전반으로 퍼져 갔다.[66]

　한국의 높은 회충 감염률은 후진성을 상징하는 부끄러운 기록이 되었는데, 이는 선진국으로 나아가기 위해 넘어야 할 또 하나의 벽이었다. "문화 발달과 기생충 보유율은 반비례 하"며, "선진국일수록 보유율은 낮아지는 것"으로 여겨졌다. 언론에서는 "미국서는 길거리 약국에서 회충약을 구한다는 것은 거의 불가능한 현실이며, 이웃 일본의 수도 동경 인구의 기생충 보유율은 0.5프로에 불과"[67]하다는 사실을 강조해 선진국, 특히 한국인의 수치심을 자극할 수 있는 일본의 사례를 언급했다.

　그래도 수치심보다 외화 획득이 중요했다. 1970년대 한국에서는 실제로 회충까지 수출해 외화 벌이의 수단으로 삼기도 했다. 조정래의 소설 『한강』에는 회충의 표본을 만드는 과정이 상세하게 묘사되어 있다. 회충을 만지며 역겨움과 징그러움을 참아 내는 일은 돈 앞에서 장애물이 아니었다.

> 지금 우리는 국가적 차원에서 1센트의 딸라라도 벌어들이는 데 눈을 부릅떠야 해. 똥통에서 그냥 썩어 버릴 회충 한 마리에 1딸라씩, 그게 얼마나 기막힌 자원 발굴이야. 창피하다? 체면이 있다? 그런 건 다 센치멘탈이야. 회충은 우리의 현실 아닌가.[68]

1978년 일본을 방문한 서울의대 기생충학 교수 이순형 역시 "지금 일본에서는 거의 회충을 볼 수 없어 의대생들의 실습에 필요한 회충알을 우리나라에서 얻어 가고 있는 실정"이라고 언급했다.[69] 회충이 하나의 외화 벌이 수단이자 주요 생물자원 중 하나가 된 셈이었다.

산업 발전을 위해 외화 획득이 절실했던 시기에 진행된 서독 광부와 간호사 파견 사업이 기생충 감염 때문에 취소될 뻔한 사건은 정부와 대중 모두가 회충 감염을 국가적 문제로 인식하게 만들기에 충분했다. 특히 산업 역군의 상징처럼 여겨지던 파독 광부가 회충에 감염되어 있었다는 소식은 많은 사람들에게 깊은 인상, 나아가 수치심을 남겼다.

"회충 왕국은 한국민의 수치!"

한국전쟁 중, 그리고 이후 한국 사회가 겪은 다양한 기생충의 경험은 사람들의 인식을 점차 바꾸어 놓았다. 1960년대에 들어서 한국 사회

1970년대 학교에서 교사의 감독하에 학생에게 구충제를 투약하는 모습.

는 과거와 달리 회충을 적극적인 치료와 개입이 필요한 존재로 인식하기 시작했다.+ 회충약을 먹는 것이 일상이 되었으며, 개인 차원에서 적극적으로 구충에 참여하기 시작했다. 그 과정에서 회충이 아이들의 성장 발달에 심대한 영향을 미친다는 사실도 알게 되었다. 지역 단위로 실시된 집단 투약 사업은 학령기 학생들의 인식에도 영향을 미치기 시작했다.

특히 학교를 중심으로 한 집단 투약 사업은 수치심을 내재화하는 강력한 장치로 기능했다. 집단검진을 통해 기생충 보유 여부가 확인된 아동들은 교탁 앞으로 불려 나가 모두가 보는 앞에서 구충제를 먹어야 했다. 심지어 기생충이 '몇 마리'가 있는지까지 고스란히 공개되었다. 사실 검변 결과만으로는 정확히 체내에 기생충이 몇 마리 있는지 알 수 없다는 점에서 이는 부정확할 뿐만 아니라 불필요한 절차라고 볼 수 있지만, 수치심의 강화라는 측면에서는 더할 나위 없이 효과적인 방법이었다.

더불어 1955년부터 시행된 제1차 교육과정 가운데 국민학교 교과과정에서는 전염병과 위생 관련 교육을 대폭 확대했다. 6학년 자연 과목에서는 '전염병과 기생충은 어떻게 예방할 수 있나?'라는 주제로 "전염병과 기생에 대해 이해케 하고 그 예방에 힘쓰도록" 하는 내용을 교육했고, 보건과 과목에서는 '위생' 부문에 1·2학년에는 '회충 구제'를, 3·4학년에는 '전염병 예방'과 '기생충의 구제'를, 5·6학년에는 '기생충의 구제'와 '학교의 전염병' 등을 반복해서 교육했다.++ 이는 회충을 '다스리던' 일상

+ "벌써 가을이라 애들 회충약 먹을 때가 되었군. 내일은 약방에 가서 회충약을 사와야겠다. 그러려면 또 몇 천환은 날라가는 판이로구나." 『마산일보』 1960/10/02.

++ 일제강점기 당시 조선교육령에 따른 교과과정에는 체조과 혹은 체련과에 위생 교육이 포함되어 있었다. 이 시기에는 기생충 감염 관리를 '신체의 청결'이라는 세목 아래 간략히만 다루었다. 해방 후에도 1차 교육과정 이전까지는 초중등학교 과학 5학년 교과의 소주제 중

에서 회충을 '제거하는' 일상으로 변화하는 모습을 보여 준다.

이런 인식의 변화는 광고에서도 잘 나타난다. 1956년까지 구충제 광고는 한 해 최대 14건(1929년)에 불과했다. 이후 회충약 광고 건수는 1957년 27건, 1959년에는 84건을 거쳐 1962년에는 『경향신문』과 『동아일보』에만 총 132건이 게재되었다.[70] 또한 기존에는 주로 소형 광고였으나 점차 1면 전단 광고가 많아졌는데 이는 1960년대 들어 회충약에 대한 수요가 높아졌음을 보여 준다.

1960년대 이전 구충제인 마구닌의 광고 문구는 "회충을 속히 업새시요!"[71] "회충 구제는 건강의 광명"[72] 같은 단순한 구호였다. 가장 강력한 문구가 "회충 사형, 마구닌 먹는 날이 회충의 사형 받는 날"[73]이었다. 즉 회충의 위험성을 강조하고, 이를 물리쳐 건강을 회복할 수 있다는 부분에 중점을 두었다. 하지만 1960년대부터 광고 문구는 점차 수치심을 강화하는 방향으로 바뀌었다. 1960년에 실린 유한양행 구충제 '유피라진시럽'의 광고 문구는 "문화인은 연 이회 기생충을 구제합니다"였다.[74] 1961년 1월 1일 서울약품은 4면에 "회충 왕국은 한국민의 수치!"라는 제목의 새해맞이 전단 광고를 실었다.[75] 즉 구충제를 먹어 체내에서 기생충을 제거하지 않는 사람은 문화인도 근대화된 사람도 아니며, 나아가 국가적 수치를 양산해 내는 존재가 된 것이다.

수치심을 자극하는 구충제 광고는 이후 신문에서 텔레비전 광고로까지 이어졌다. 1971년 방영된 한일약품의 회충약 유비론 광고에는 인기 코미디언인 서영춘이 등장해 회충을 가지고 있는 것이 얼마나 "챙피

하나로서 '전염병과 기생충'만 한 번 다루는 데 그친다. 국가교육과정정보센터, "우리나라 교육과정 1차 시기," http://www.ncic.re.kr/mobile.index2.do(검색일: 2020/06/19).

한 노릇"인지를 역설했다.[✦]

에이 에이, 챙피해. 네? 뭐가 창피하냐고요. 으유, 전 국민의 80%가 회충이 있다니, 에이, 이거 정말 챙피한 노릇입니다. 에이, 저리 들어가 들어가. 헤헤헤, 하지만 여러분께서야 설마. 헤헤, 있을 겁니다. 에, 나요? 나 없습니다. 나 없어요, 없어요. 잉, 난 한일약품의 유비론을 먹었단 말씀이야. 잉, 좌우간 회충 요충이 싸악 빠집니다. 온 가족이 잡숴 보세요. 에이고, 잡숴서 남 주나요. 에, 회충, 요충엔 유비론. 한일약품의 유비론. 물약 말고도 또 알약이 있습니다. 잊지 마세요. 정말 싸악 빠져요. 에이, 빠져서 남 주나요. 회충, 요충엔 한일약품의 유비론.[76]

1966년 『동아일보』 기사에서는 "거위(회충)가 없으면 말을 못한다, 거위가 없으면 밥맛이 없고 거위가 하나도 없으면 죽는다는 등 옛날 오해는 이제 거의 없어져 간다."라고 언급했다. 이 시기에 대중의 두드러진 인식 변화가 일어나고 있음을 알 수 있다.

1969년 기사에서는 "1967년의 조사에 의하면 한국인의 기생충 감염률은 회충 80%"로 "회충 하나를 두고 외국의 그것과 비교해 보면 미국의 5%, 일본의 15%와는 아예 이야기도 되지 않지만 태국, 타이완 등 다른 동남아 제국의 40%에 비해도 2배나 된다. 실로 수치스런 '세계 제일'이라 할 수밖에 없다."라며 회충 감염이 국가적 수치라는 사실을 공공연히 언급하고 있다.[77] 1960년대 중반을 지나며 회충 감염은 당연한 것에

✦ 서영춘을 시작으로 1990년대 초반까지 구충제 광고에 배우 김수미, 코미디언 심형래 등 인기 연예인이 출연할 정도로 구충제는 인기 있는 약품이 되었다.

서, 비정상이자 경제성장의 걸림돌로, 치료의 대상으로, 나아가 근대화되지 못한 국민들의 몸에 대한 부끄러운 치부로 바뀌어 갔다.✦

회충과 수치심
정상과 비정상의 전복

동일한 질병이라도 각 시기 사회 구성원들이 가진 지식·가치·문화 등에 따라 이를 인식하고 경험하는 바가 달라진다.[78] 한국 사회의 영양분을 갉아먹고 복통을 일으키던 회충의 생물학적 본질이 1960년대에 들어서 갑자기 바뀐 것은 아니다. 하지만 같은 시기 회충 감염에 대한 한국 사회의 인식과 질병 경험은 정상과 비정상의 전복이라 해도 좋을 만큼 급진적인 변화를 겪었다.

인류학자 루스 베네딕트는 일본을 비롯한 동아시아권을 '수치의 문화'로, 미국을 '죄의식의 문화'로 분류했다.[79] 그는 1944년 제2차 세계대전 당시 일본인의 가치관과 행동 양식의 배후에 자리하고 있는 문화적 특성을 연구하며 일본 문화에서 나타나는 온恩과 기리義理에 주목했다. '온'은 호의를 받았을 때 느끼는 감사의 마음이자 부채 의식을 갖게 하는 감정이며, '기리'는 '온'을 베푼 사람에게 꼭 답례를 해야 하는 외면적 강제성을 말한다. 베네딕트는 '온'과 '기리'에 따른, 그리고 집단을 의식한 수치심이 일본 문화의 규범을 유지하며 수치의 문화를 형성한다고 분석한

✦ 1970년대에는 기생충 감염의 경제적 문제가 강조되고 기생충박멸협회의 적극적인 홍보 사업이 이루어지면서, 기생충에 대한 담론은 수치를 넘어 혐오의 감정으로 이어졌다. 박영진, "한국과 일본의 기생충 질환 퇴치의 역사," 서울대학교 대학원 석사 학위논문, 2016, 43쪽.

것이다.

　수치의 문화와 죄의식의 문화 간의 차이는 곧 집단주의 문화와 개인주의 문화의 차이로 이어진다. 자기중심의 정서에 기반한 죄의식과 달리, 수치심은 타인 중심의 정서가 발달된 집단주의 문화권에서 주로 나타나며, 위반 사실 자체가 아니라 그것이 타인에게 알려지는 것과 관계를 갖는다. 그 예로 미국의 정치학자인 새뮤얼 헌팅턴은 중국의 문화대혁명 시기에 추문을 폭로하는 것이 정치적으로 중요한 장치가 되었음에 주목한다. 문화대혁명을 이끈 홍위병들은 자발적으로 과오를 고백했으며, 강박적으로 타인의 추문을 폭로하는 데 참여했다. 결과적으로 수치심은 과오에 대한 교정과 더불어 대중 동원의 기능을 수행해 문화대혁명의 동력으로 작용했다.[80]

　한편 법철학자 마사 누스바움은 사회의 법체계 중 많은 부분이 수치심이나 혐오 같은 '감정'에 기반하고 있음에 주목한다. 수치심은 사회적 '정상'으로 규정되는 평가에서 벗어나면서 나타나는데, 이때 '정상'은 통계적으로 빈번하다는 의미(대부분의 사람들이 갖고 있거나 행하고 있는 것), 혹은 바람직하거나 규범적이라는 관념(적절한 것, '부적절'하거나 '나쁘'거나 '수치'스럽지 않은 것)을 담고 있다. 즉 대부분의 사람들이 하는 대로 행동하지 않는 사람은 수치스럽거나 나쁘거나 '비정상'인 것으로 치부되며, 여기서 '정상'의 개념은 철저히 규범적으로 작동한다. 이처럼 누스바움이 여러 감정의 범주 가운데 혐오와 수치심에 주목한 이유는, 이것들이 다른 감정과 달리 인간의 근원적 나약함을 숨기려는 욕구로 말미암아 타자를 '비정상'으로 규정하고 배척하는 데 사용될 가능성이 크기 때문이다. 자신을 완전무결한 존재로 간주하려는 심리적 경향에서 인간은 타인의 부족함을 혐오하게 되고 이는 차별과 배제, 억압이라는 사회적 행동으로 표출된다는 것이다.

즉 수치심은 이상적인 상태에 도달하지 못한다는 생각에 반응하는 고통스러운 감정으로 정의될 수 있다. 모든 사회는 특정 유형의 사람을 정상으로 지정하는데, 이 '정상적인 것'에서 벗어난 모든 것은 수치심을 일으킬 수 있는 이유가 된다. 자신의 모습이 규범에 부합하지 않을 때 수치심이 뒤따를 가능성이 크다. 이 때문에 사회적 수치심을 초래하는 많은 경우는 눈에 띄기 쉬운 신체적인 것과 직접적으로 연관되어 있다.[81] 즉 수치심은 타인에게 보이는 '시각화' 과정이 핵심적인 역할을 한다. 특히 한국에서는 국가 주도로 보건 의료 의제가 형성되지 않고 민간 외원 단체들에 의해 주도되면서 회충과 수치심이 밀접한 연관성을 갖게 되었다. 또한 이런 인식은 한국전쟁과 파독 광부들의 초국적 이주 노동을 거치면서 사람들의 인식에 뿌리 깊이 자리하게 되었다.

특히 전주 아동의 회충성 장폐색 사망 사건은 우리 배 속에도 저 많은 기생충이 들어 있을 수 있다는 생각과 수치심을 대중이 공유하는 계기가 되었다. 이전에는 회충을 몸 안에 갖고 있는 상태가 '정상'으로 간주됐지만 몸 안에 회충이 있는 것이 '한국민의 수치'가 되면서 정상과 비정상이 전복되었다. 1960~80년대를 배경으로 하는 조정래의 소설 『한강』에는 1960년대 당시 구충제를 복용한 뒤 대변을 통해 빠져나온 회충을 보고 아들과 어머니가 대화를 나누는 장면이 나온다.[82]

"워매, 요것이 뭐시다냐!"
막내 옆으로 다가서던 월하댁은 질겁을 하며 물러섰다.
큰 감만한 것, 그것은 회충의 덩어리였다. 희읍스름한 회충들은 서로 뒤엉켜 느리게 꿈지럭거리고 있었다.
"어찐가? 비암보담 더 무섭제?"
어머니도 놀란 것에 만족한 선진이는 어머니를 올려다보며 쌕 웃었다.

"워따, 시상에나 징허고 징해라. 저것이 다 니 속에서 나왔다는 것이여? 글 안 해도 잘 묵도 못하는 속에 저런 잡것들이 들앉어 진기럴 뽈아내니 항시 히눌눌해갖고 지대로 크기럴 허냐, 지대로 피기럴 허냐, 개잡녀러 것들!"

월하댁은 저주하듯 세차게 침을 내뱉고는 돌아섰다.

……(중략)……

"나넌 회가 시물네 마리나 나왔는디 누나는 멧 마리나 나왔냐 말여."

"워메, 징상시럽고 드러라. 니 시방 고것 자랑허잔것이여? 빙신이 넘세시런 지도 몰르고."

이런 인식의 변화와 더불어 한국 정부는 1966년 <기생충질환예방법>을 제정하며 적극적으로 '정상'을 규정했다.＋ 동시에 전국적 박멸 사업을 도입해 시민들을 수치심으로부터 보호하는 보루를 제공했다. 회충 감염의 수치심이 시각화되던 초기에는 국가의 개입이 적었다. 하지만 사람들이 수치심을 공유하기 시작한 이후, 국가는 대중을 박멸 사업에 참여시키기 위해 수치심을 주요 장치로 사용했다. 1970년대 새마을운동에서는 수치심의 시각화를 통해 '정상'과 '비정상'의 전복을 적극적으로 전개했다. 1973년 새마을 학교의 보건 강좌에는 기생충 "실물 표본 공람을 통하여 얼마나 무서운 것인가를 계몽하고", 기생충이 현대 문명사회에서는 수치스러운 것임을 교육하는 과정이 있었다.[83]

이처럼 1950년대 이후 한국전쟁의 경험과 위생 관념의 내재화, 약

＋ 국가 주도의 대규모 박멸 사업은 1960-70년대 이어진 쥐잡기 사업에서도 사례를 찾을 수 있다. 쥐잡기 운동은 정치권력의 의지와 이해가 깊이 담긴 사업이었으며, 당시 사회 정화 운동과 연계해 이를 강화하는 기제로 쓰이기도 했다. 김근배, "생태적 약자에 드리운 인간권력의 자취," 『사회와역사』 87(2010), 121-124쪽.

품의 발달 등을 거치면서 한국인들은 점차 회충을 '비정상'으로 여기며 수치심과 연결 짓기 시작했다. 수치심은 자신의 약점이 노출되었을 때 생기는 고통스러운 감정으로, 사람들은 일찍부터 약점을 숨기는 법을 배워 대부분의 시간을 '정상'으로 보이려고 노력하며 살아간다. 따라서 수치심을 느끼게 하기 위해서는 초기에 누군가에게 '알려지고', '노출되고', '경멸받는' 경험들이 중요하다.[84]

1960년대 초반 한국에서 일어난 일련의 사건들은 다양한 경로로 회충 감염 사실을 시각적으로 노출했다. 초국적인 인구 이동을 통해 강제된 노출과 외부에서 가해진 경멸은 회충에 대한 인식을 확연히 바꾸어 놓았다. 1964년 '기생충박멸협회'가 설립되고 1966년 <기생충질환예방법>이 국회를 통과해 전국적인 기생충 박멸 사업이 시행되자 장내기생충의 감염률은 빠르게 낮아졌다. 광범위한 대중 동원과 홍보 활동은 사람들의 뇌리에 기생충에 대한 인식을 박멸의 대상으로, 배 속에 기생충을 가지고 있다는 사실은 더럽고 징그럽고 수치스러운 일로 깊이 새겨 놓았다.

요컨대, 1950년 한국전쟁과 1960년대 초반 파독 광부 기생충 감염 사건, 전주예수병원 장폐색 아동 사망 사건 등을 지나며, 회충은 당연한 일상의 동반자에서 수치스럽고 "징상시럽고 드러"우며 "넘세시런" "개잡녀러 것들"로 변화했다. 1940년대 후반까지 정상으로 여겨지던 회충 감염이 불과 20여 년 뒤에는 극복해야 할 질환이 되었으며, 1969년에는 전국 규모의 기생충 감염률 조사와 투약이 진행되었다. 그때 409만9502명의 검사자들이 이를 수용하고 참여할 수 있었던 배경에는 국제사회에 부끄럽게 드러난 한국인들의 몸과 기생충이 있었다.[85]

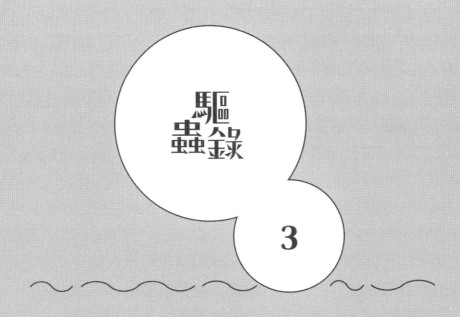

"대변을 마치 황금처럼 생각하며":
아시아적 기생충 관리 사업의 형성

금쪽같은 기생충

2017년 5월의 도쿄는 벌써 한여름 같았다. 신주쿠의 이치가야 역 근처에는 방위성과 일본 굴지의 대기업인 일본제지가 위치하고 있었다. 역 앞에는 고즈넉한 운하가 흐르고 있었지만 마음은 좌불안석이었다. 일본기생충예방회에서 활동했던 분들의 구술을 채록하겠다고 무작정 일본에 도착했지만, 의사소통이 쉽지 않아 하루 전에야 인터뷰 일정이 잡혔기 때문이다. 한일 협력 사업이 시행된 때로부터 벌써 수십 년이나 흘렀고, 일본기생충예방회 역시 일부는 예방의학협회로, 일부는 가족계획 사업으로 분리되어 있었다. 과연 옛날 일을 기억하는 사람들이 남아 있을까? 자료들은 얼마나 남아 있을까?

다리를 건너 약속 장소인 보건회관 건물로 들어서자마자 걱정은 기우였음이 밝혀졌다. 1층 로비에는 기생충예방회 설립자인 구니이 조지로의 초상이 걸려 있었고, 기생충예방회에서 받은 상패와 기념품들이 한쪽에 가지런히 정리되어 있었다. 방 한 편의 책장에는 기생충예방회에서 발간했던 소식지와 자료집들이 빼곡히 들어차 있었다.

담당자의 안내를 받아 둘러본 기생충예방회의 후신, 예방의학협회와 일본가족계획국제협력재단JOICFP의 규모는 생각보다 거대했다. 시내 한복판인 신주쿠에 일본가족계획국제협력재단이 위치한 10층 규모의 보건회관 별관이 자리 잡고 있었고, 바로 뒤에는 5층 규모의 거대한 병원이 두 동이나 위치해 있었다. 이 병원은 기생충예방회의 업무를 이어받은 예방의학협회가 건강검진 센터로 이용하고 있었다. 병원 1층 로비에서도 어김없이 구니이의 흉상이 우리를 맞이해 주었다.

놀랍게도 1980년대 기생충예방회에서 일했던 사람들 중 적지 않은 인력이 여전히 두 단체에서 현역으로 활동하고 있었다. 한 가지 특이했던 점은, 이들과 이야기를 나눌 때 마치 구니이가 옆에 아직 있는 것처럼 그를 언급했다는 것이다. 그만큼 설립자의 영향력이 강했고 많은 사람들에게 깊은 인상을 남겼다는 의미일 수도 있다. 또한 인터뷰 내내 그들이 강조했던 것은, 자기 단체든, 현재의 활동이든, 해외에서의 국제 협력 사업이든 경제적 자립이 중요하다는 점이었다. 이를 행동으로 증명이라도 하듯, 기생충예방회의 사람들은 혹시 몰라 준비해 간 2만 엔씩의 인터뷰 사례금을 거절하지 않았다.

일본기생충예방회에서 활동했던 분들을 인터뷰하면서 흥미로운 표현을 들었다. 구충제를 투약한 후 대변으로 나온 회충을 채반에 걸러 사람들에게 시각화해 보여 주는 것이 효과적인 홍보 방식이었다며, 기생충을 마치 '사금' 다루듯 했다고 말했다. 하긴 기생충박멸협회에서 발간한 잡지를 봐도 동네 사람들이 "그 속에서 금이 나옵니까?"라고 묻고 있긴 하다. 한국과 일본에서 기생충박멸협회가 남긴 유산의 규모를 생각하면 실제로 기생충은 이들에게 '금'이나 다름없었겠다 싶다. 그리고 한국과 일본의 기생충 관리 사업을 특징짓는, 경제적 자립을 위한 집단검진과 집단 투약 역시 기생충이라는 '사금'을 채취하는 고도의 기술이나 마찬가지였다.

뒤에서 자세히 살펴보겠지만 일본기생충예방회는 성공적으로 살아남아 지금까지 번성하고 있으며, 이는 한국도 마찬가지다. 과연 이들은 기생충을 통해 어떻게 성공적인 사업 모델을 만들어 낼 수 있었을까. 결정적으로 그들이 대상으로 하는 질병이 사라졌음에도, 핵심 인력이 흩어

투약 이후 대변에 섞여 나온 기생충 성충들을 모으는 것 역시 중요한 일과 중 하나였다.

지지 않고 여전히 한데 뭉쳐 살아남을 수 있었던 이유는 무엇일까?

한때 온라인에 기생충박멸협회를 다룬 네 컷 만화가 소소하게 유행한 적이 있다.

"기생충박멸협회는 기생충을 박멸하기 위해서 애썼습니다. 덕분에 기생충이 많이 박멸되었습니다. 그리고 기생충박멸협회는 완전히 박멸되었습니다."

"성공하면 스스로 박멸되는 협회가 있다는 것이 재밌습니다."[1]

기생충박멸협회가 기생충을 박멸하기 위해 애써 왔지만, 덕분에 기생충이 박멸되어 협회 스스로 박멸되는 모순적인 상황을 맞이했다는 것이다. 이는 절반만 사실이다. 과연 전국에 17개 시도 지부를 가지고 수억 건에 달하는 검사를 수행하며 기생충 박멸을 이끌어 냈던 조직이 한순간에 사라질 수 있을까.

기생충박멸협회는 기생충이 사라진 새로운 환경에 성공적으로 적응해 한국건강관리협회라는 조직으로 살아남았다. 살아남은 정도가 아니라, 기존 기생충박멸협회의 자원을 바탕으로 현재 연 매출 3800억 원에 달하는 대규모 조직이 되었다. 기생충을 중심으로 형성된 네트워크는 오늘날에도 살아남아 영향을 미치고 있는 것이다. 더불어 이런 현상은 한국에서만이 아니라, 비슷한 시기 기생충 관리 사업을 전개한 일본·타이완에서도 공통적으로 나타나고 있다.

1969년 한국에서 전국적인 기생충 박멸 사업이 전개될 당시 조사에 따르면 전 국민의 충란 양성률은 90.5%였으며, 회충·구충·편충 등 각 기생충 감염률을 모두 더하면 149.6%에 달했다.[2] 1966년 <기생충질환 예방법>이 제정되면서 관리 사업의 법적 기반이 마련되었으나 실제 사업을 수행할 수 있는 능력은 매우 제한적이었다. 이런 상황에서 한국이 기생충 관리 사업의 기술을 습득하고 전개할 수 있도록 해준 것은 일본의 지원이었다. 제2차 세계대전 직후부터 민간단체를 중심으로 기생충 관리 사업을 수행해 온 일본은 사업에 필요한 기술적·행정적 경험을 축적하고 있었다. 하지만 1965년에 이르러 일본 내 기생충 감염률이 10% 미만으로 낮아졌고, 1969년의 회충 감염률은 2%에 불과했다.[3] 일본 내 기생충 분포의 급격한 변화로 관리 사업의 동력이 낮아지면서 일본의 기생충학자들과 활동가들은 새로운 활동 영역을 찾게 되었다. 이런 가운데 1965년 한일 협정 체결로 국교가 정상화되는 등 지정학적 변화가 생겨나면서, 아시아에서 전개되고 있던 다양한 네트워크에 양국이 편입할 수 있는 기회가 열렸다.[4]

현재 한국의 건강관리협회, 일본가족계획국제협력재단, 타이완의 중화민국위생보건기금회는 모두 기생충 관리 사업에서 기원했다. 한국건강관리협회의 전신은 한국기생충박멸협회이며, 타이완의 위생보건기금회는 기생충방치회寄生蟲防治會, 일본가족계획국제협력재단의 기원은 일본기생충예방회로 거슬러 올라간다. 또한 세 기관 모두 현재 주요 활동 내용이 기생충 관리와 큰 연관이 없음에도 불구하고 여전히 기생충 관리 사업에 뿌리를 두고 있는 사람들이 지도부에서 활발하게 활동하고 있다.✦

✦ 한국건강관리협회 회장직은 1977년부터 1991년까지는 서병설(서울대학교 기생충학교실 교수), 1994년부터 2000년까지는 임한종(고려대학교 기생충학교실 명예교수), 2005년부터 2009년까지 이순형(서울대학교 기생충학교실 명예교수), 2015년부터 2021년까지 채종일(서울대학교 기생충학교실 명예교수)이 역임했다. 한국기생충박멸협회가 한국건강관리협회로 완전히 전환된 1986년 이후로도 기생충학 전문가가 회장직을 수행해 왔음을 알 수 있다. http://www.kahp.or.kr/cms/doc.php?tkind=6&lkind=28&mkind= 50&skind=620 (검색일: 2020/06/19).

이 세 단체는 상호 의존적으로 발전해 왔으며, 그 기반 역시 기생충뿐만 아니라 가족계획 등 다양한 네트워크의 동원을 통해 마련된 것이었다.

1967년 8월부터 기협 회장을 맡아 전국 단위 검진 사업을 본궤도에 올려 둔 이종진은 1971년부터 10년이 넘도록 대한가족계획협회 이사장으로 함께 활동했다. 타이완의 경우, 1959년부터 난터우南投에서 시행된 가족계획 시범 사업 지구의 행정 담당자이자 기생충방치회를 창립했던 후후이더가 1975년부터 2015년까지 40년에 걸쳐 위생보건기금회와 기생충방치회의 이사장직을 유지하고 있었다.[+] 일본가족계획국제협력재단의 창립자이자 일본기생충예방회를 조직한 구니이 조지로는 이를 두고 "모든 것은 기생충에서 시작되었다."라고 표현하기도 했다.[5][++] 현재는 비록 성격이 서로 다르긴 하지만 이 세 단체는 1960~80년대 일본과 한국, 타이완 사이의 긴밀한 기생충 관리 네트워크 속에서 성장하고 변화해 왔다.

[+] 타이완의 기생충방치회는 1990년 위생보건기금회를 설립하고 한국건강관리협회와 유사하게 건강검진 사업을 주로 하고 있다. 기생충방치회 역시 현재 존속하고 있으나, 위생보건기금회의 건강검진 사업의 일부로 운영되고 있다. 『自由時報』 2015/03/12; "關於我們," 財團法人中華民國衛生保健基金會附設醫事檢驗所, https://www.cfoh.org.tw/about.html #eng (검색일: 2017/06/25).

[++] 일본기생충예방회는 이후 도쿄예방의학협회, 일본가족계획협회, 일본가족계획국제협력재단 등의 단체들을 파생시켰다. 이들의 본부는 모두 도쿄의 보건회관 건물에 있는데, 이 건물 역시 1964년 일본기생충예방회의 자금을 이용해 구니이 조지로가 건립했으며, 운영진들은 모두 구니이 조지로와 함께 1970년대 후반부터 기생충 사업과 가족계획 사업 속에서 고락을 함께했던 사람들이다. 이처럼 위 조직들은 행정적으로는 분리되어 있으나 여전히 구니이 조지로를 중심으로 한 인적 네트워크로 구성되어 있다. 다카하시 인터뷰, 2017/05/15; 곤 인터뷰, 2017/05/15; 오가와 인터뷰, 2017/05/16; 임원 등 명부, JOICFP, https://www.joicfp.or.jp/jpn/wp-content/uploads/2015/10/93d22ca9e1079b757549c4e0ca555879.pdf (검색일: 2020/06/19).

이 장에서는 기생충 협력 사업을 통해 일본의 경험이 한국과 타이완에서 재현되고, 이 경험을 바탕으로 일본·한국·타이완이 함께 아시아적 보건 사업 네트워크를 형성하는 과정을 살펴보고자 한다. 특히 이런 사업의 성공적인 전파와 안착이 당시 동아시아를 둘러싼 독특한 지정학적 배경에서 가능했음에 주목했다.

또한 이 네트워크의 기원을 찾기 위해서는 제국과 식민지라는 배경으로 거슬러 올라가 기생충학이라는 학문과 기생충 관리라는 실천이 어떻게 형성되었는지, 해방 이후 한국에 어떠한 유산을 남겼는지를 검토해야 한다. 기생충학은 기초의학으로 분류되지만, 실제 기생충 관리 사업에 적극적으로 참여하는 실천적인 학문이기도 하다. 본질적으로는 기생충이나 매개체에 대한 생물학적 이해를 추구하지만, 동시에 환자를 진료하고 진단하는 역할도 담당하며, 의학의 한 분야이지만 인간이 아닌 다른 생물체에 더 많은 관심을 둔다. 기생충학자들은 기생충을 탐구하지만 동시에 기생충의 박멸을 목적으로 하는 모순적이면서도 흥미로운 위치에 있다. 기생충 박멸 사업 과정에서 국가와 민간단체의 역할만큼이나 이들의 역할이 중요했다. 특히 동아시아에서는 초기 일본의 기생충 연구 전통이, 추후 기생충 관리 네트워크의 형성에 중요한 기반을 제공했다. 여기에서는 짧게나마 기생충학이라는 학문이 형성되는 과정과 동아시아로의 전파, 나아가 한국에 정착하는 과정을 살펴보고자 한다.

해방 직후 미국의 원조를 통해 도입된 서구식 모델은 지역 엘리트가 막대한 자금 원조를 바탕으로 연구 조사 사업을 진행하는 수직적 특징을 갖는다. 이에 반해 아시아적 모델은 지역의 기생충 사업 활동가들을 중심으로 재정 자립성을 보장하는 수익 구조를 만들고 '집단검진, 집단 구충'의 방식으로 활동한다. 한국과 타이완 역시 일본과의 협력을 바탕으로 진행했던 기생충 사업의 경험을 아시아적 원조 모델로 바꿔 다른 개발도상국으로 전파하는 능동적인 역할을 수행해 왔다. 요컨대, 아시아의 개발도 상국들은 '수혜자'로서 공여국의 원조와 보건 의료 사업 모델을 그대로 수용한 것이 아니라, 아시아 내부의 협력 사업 경험과 서구의 원조 자원을 함께 활용해 현재까지 이어지는 아시아적 보건 의료 사업 모델과 네트워크를 형성했다.

제국과 기생충

1890년대 후반, 세계열강들 사이에 경제적·정치적 경쟁이 심화되면서 식민지가 중요한 시장이자 원자재 공급처로 부각되었다. 이에 따라 열대 식민지에서의 질병 문제는 제국의 주요 관심사 중 하나가 되었다. 이전까지 식민지에서 유럽인들이 열병을 앓거나 죽는 것이 어쩔 수 없는 일로 여겨졌다면, 이제 생산성과 경쟁력 향상을 위해서라도 파견자들, 그리고 현지 노동자들의 위생과 건강을 관리하는 일이 중요해졌다. 한편 1879년 사상충, 1880년 말라리아, 1883년 콜레라, 1894년 페스트의 원인 병원체가 발견되고, 1897년 말라리아의 전파 경로가 밝혀지면서 '열병'tropical fever과 같은 모호한 용어가 사라졌다. 대신 각 기생충과 병원체에 대한 연구들이 나타났고 마침내 이 열대의 질병들을 정복할 수 있으리라는 기대도 높아졌다. 곧이어 "아프리카 기생충 쟁탈전"the Scramble for African Diseases이라 불릴 만한 치열한 연구 경쟁이 벌어졌다.[6]

초기 기생충학을 포함한 열대 의학은 기존 의학 교육이나 의료 기관에 편입되어 정규 의학의 한 분야가 될 것이라 생각됐다. 식민지의 확장에 따라 열대 의학과 기생충학의 중요도도 높아지고 있었고, 열대에서 활동하는 서구 열강의 의사도 많아졌으며, 식민지와의 교류가 늘어나면서 본국에 기생충이 유입될 가능성도 높아질 것이 분명했기 때문이다. 그럼에도 불구하고 세균학과 달리 기생충학은 병원이나 의과대학에서 하나의 분야로 자리 잡지 못했다. 가장 큰 이유는, 기후적 요인과 생활수준의 향상이 겹쳐 기생충은 더는 유럽 및 미국 북부 지역에서 주요 감염성 질병이 아니게 되었기 때문이다. 또한 실천적인 차원에서 기생충학이 기여할 수 있는 것은 기생충 자체에 대한 지식보다는 기생충을 매개하는 곤충학적 지식이었다. 박테리아에 의해 일어나는 콜레라나 페스트 같은 질병은 혈청이나 백신을 통해 치료하고 예방할 수 있게 되었다. 그에 반해 기생충은 백신이나 효과적인 치료제가 존재하지 않았고, 이를 매개하는 모기 등을 통제하는 매개체 관리법이 주를 이루었다.[7]

그럼에도 불구하고 열대 지역에서 식민지가 확장되고, 이곳에 파견되는 사람도 늘어나면서, 기생충과 열대 질환에 특화된 교육의 필요와 수요는 분명히 존재했다. 20세기 초반에는 영국의 의과대학 졸업자 중 20%가 열대 지역에서 활동하고 있었을 정도였다. 이에 따라 열대 의학과 기생충학을 전문적으로 다루는 별도의 학교들도 생겨났다. 결과적으로 기생충학에는 기존 의학이 다루지 않는 주제들, 즉 원충학·곤충학·윤충학과 더불어 현미경 조작법과 같은 실험 방법들, 그리고 하수도 관리, 모기장 설치, 파리 및 곤충 처리와 같은 열대의 공중보건학적 문제들을 다루는 분야들까지 포함되었다. 즉 기생충학은 실천적 차원에서의 필요가 종합된 분야라고 볼 수 있다.

기생충학 발흥의 또 다른 중요한 동기는, 20세기 초반의 기생충학이, 기존 생물학 분야에서 활동하던 동물학자들로 하여금 자금을 확보하도록 하는 주요 수단 중 하나였다는 점이다. 초기 기생충학에서는 새로운 기생충을 발견하고, 분류하며, 매개체를 밝혀 생활사를 확인하는 작업이 학문적으로나 공중보건학적으로나 중요한 문제였다. 이런 분야에서 동물학이나 곤충학은 의학자들에 비해 확실한 강점을 지니고 있었다. 뒤에서 살펴보겠지만, 이런 경향은 초기 일본 기생충학의 형성 과정에서도 나타나며, 일제강점기 한국의 기생충학에도 영향을 미쳤다.

일본에서 기생충학의 태동은 1876년 도쿄 의학교(현 도쿄 대학 의학부)에 독일인 의사 에르빈 발츠가 교수로 초빙되면서 시작됐다. 당시 일본은 대학 기반의 실험실 연구를 강조하는 독일 의학을 적극 도입하고 있었다. 발츠는 1876년부터 1902년까지 다양한 분야의 근대 의학을 학생들에게 가르치면서도, 일본에 분포하는 다양한 기생충의 현황을 확인하고 기록하는 작업을 함께했다. 이후 발츠의 근대적 기생충 연구 방법이 도입되면서 일본에도 기생충학의 기초가 마련되었다. 그러다 동물학을 전공한 이지마 이사오가 1885년 도쿄 대학에 기생충학 교수로 임명됨에 따라 기생충학이 하나의 정식 연구 분야로 등장했다. 이후에도 일본의 초기 근대 기생충학 형성 과정에서 동물학 출신의 연구자들이 두각을 나타내곤 했다. 훗날 경성제국대학 기생충학교실 교수가 되어 일제강점기 한반도 기생충 연구를 주도한 고바야시 하루지로 역시 이지마의 제자 중 한 명이었다.[8]

다른 서구 열강과 마찬가지로 일본 역시 식민지의 확대와 함께 기생충학과 열대 의학에 대한 필요가 커졌다. 일본 식민정책학의 창시자로 일컬어지는 니토베 이나조는 "식민지 경영의 방법이 반드시 위생에 바탕을 두어야 하고, 또 의학의 원조를 받지 않으면 안 된다."라고 강조했을 정도로 식민 통치에서 의학과 위생에 대한 일본의 관심은 컸다.[9]

1895년 일본이 타이완을 점령한 직후, 타이완은 일본인들에게 '전염병의 땅'으로 불렸으며 모두들 발령을 기피하는 곳이었다.[10] 특히 말라리아 문제가 심각했기 때문에 1899년에는 타이완지방병급위생병조사위원회가 설치되었고, 일본에서 다수의 기생충 연구자들이 파견되어 말라리아의 생태와 방역에 관한 연구를 수행했다. 특히 동물학 전공자들이 다수 파견되었는데, 당시 말라리아를 가장 효과적으로 통제할 수 있는 수단은 주로 매개체인 모기를 관리하는 것이었기 때문이다.

20세기 초반 말라리아 통제에는 크게 세 가지 방법이 제시되었다. 영국식은 수로를 개선하거나 서식처를 없애는 방법으로 모기 개체 수를 줄이는 것이었고, 독일식은 말라리아 치료제인 키니네를 투여해 기생충을 직접 목표로 하는 방법이었다. 이탈리아의 경우에는 주거 환경을 개선해 사람과 모기의 접촉을 줄이는 방법을 쓰고 있었다.[11] 결국 기생충 질환 관리의 수단은 크게 환경 개선과 투약이라는 두 갈래로 나뉘게 되었고, 어떤 방법이 더 효과적인지에 대해서는 이후 타이완뿐만 아니라 일본과 한국에서도 계속해서 논쟁거리가 되었다.

결과적으로 타이완에서는 예산 문제로 키니네를 통한 치료제 투약보다는 환경 개선을 통한 모기 관리가 더 현실적이라는 결론이 내려졌다. 여기에는 일본에서 파견된 고이즈미 마코토나 모리시타 가오루 같은 기생충학자들의 연구가 큰 영향을 미쳤는데, 뒤에 언급하겠지만 이들은 이후 1960년대 한국 기생충 박멸 사업에도 영향을 주었다. 타이완에서 축적한 지식들은 이후 도쿄를 포함해 일본의 주요 대도시들에서 진행된 대규모 파리 박멸 사업에서도 효과를 발휘했다. 식민지에서 축적된 곤충학적·기생충학적 지식들이 본국으로 파급된 것이다.[12]

1880년대부터 일본 본토에서도 기생충의 분포와 역학에 대한 지식이 크게 확대되었다. 1880년대부터 1900년대 초까지는 간흡충·폐흡충·사상충의 존재와 분포, 역학 등이 확인되었고 전파 경로가 서서히 밝혀지기 시작했다. 특히 1900년대 후반부터 제2차 세계대전에서 일본이 패전하기 전까지의 시기를 일본 기생충학자들은 '황금기'로 자평한다.[13] 이 시기 일본과 타이완, 한국의 주요 의과대학들에도 기생충학교실이 설립되었으며, 1929년에는 일본기생충학회가 조직되었다. 더불어 일본 본토를 중심으로 대규모 기생충 박멸 사업이 시도되었다. 학술적으로는 이전까지 밝혀지지 않았던 폐흡충과 간흡충의 중간숙주를 일본인 학자들이 밝혀내면서 일본이 자체적으로 상당한 연구 능력을 갖추었음을 증명했다.

한편 일본 기생충학의 국제화도 1910년대부터 가속화되기 시작했다. 1910년 마닐라에서 극동열대의학회가 열렸는데, 이는 필리핀에 상주하고 있던 미국 의학자들의 주도로 시작됐으며, 일본과 중국, 동남아시아 국가들이 참여했다. 기생충과 열대 의학에 관련된 정보 교환을 위해 마련된 이 학회는 점차 국제 위생에 있어 동아시아의 특수성을 확인하는 자리가 되었다. 이후 일본은 이 회의에서 주도적인 역할을 자처하며, 이전까지 서구 열강을 중심으로 형성되어 온 위생 조치에 변화가 필요하다는 점을 강조했다.

이 과정에서 한반도에서 얻어진 질병 관리 지식이 중요한 역할을 했다. 뒤에서 언급할 에메틴 중독 사건에서 볼 수 있듯이, 식민지의 전염병 관리는 본국과는 다른 형태로 진행되었다. 특히 일제강점기 한반도의 위생 업무는 경찰이 담당하고 있었다. 일본 식민 정부는 경찰력을 동원해 호구조사를 실시하고 대중의 거부와 관계없이 강압적인 투약이나 접종 조치를 시행할 수 있었기 때문에 효과적인 자료 수집이 가능했다.

예를 들어 콜레라 유행 시기 총독부가 시행한 주요 조치는 백신 접종이었다. 일본 본국에서도 광범위한 접종이 시행되고 있었으나, 많은 경우 민간 의료를 통해 접종이 이루어졌으므로 접종 이후 얼마나 많은 사람들이 감염되었는지 확인할 방법이 없었다. 그에 반해 한반도에서는 각 가구별로 접종자와 감염자를 경찰이 확인하고 보고하는 체계가 갖추어져 있었다. 이를 기반으로 수백만 명에 달하는 접종 결과를 축적할 수 있었다. 예를 들어 1920년 한반도에서 콜레라 유행이 정점에 달했을 때의 누

1919년 한반도에 콜레라가 유행할 당시 백신을 접종하는 모습. 경찰의 참관 아래 접종이
시행되고 있다.

적 접종 인원은 597만6333명에 달했다. 이런 조사 결과는 세계적으로도 유일한 것이었는데, 이를 바탕으로 일본은 국제적인 회의에서도 자신들의 과학적 성과를 강조하고, 식민지 통치의 정당성을 주장할 수 있었다.[14]

이처럼 식민지는 '제국의 실험장'으로 활용되며 기생충 및 전염병에 관련된 지식을 생산하는 주요 공간이 되었다.[15] 즉 일제강점기를 거치며 일본의 기생충학자들은 타이완과 한국 등 식민지에서 주요 기생충 질환에 대한 과학적 지식을 축적하는 동시에, 대규모 대중 동원으로 기생충 관리 사업에 대한 경험과 노하우를 얻을 수 있었다.

식민지 한반도의 기생충학

한반도에서 기생충에 대한 과학적 연구가 본격적으로 시작된 것은 1916년 고바야시 하루지로가 조선총독부의원에 부임해 오면서부터였다.[16] 고바야시는 동물학 전공으로, 간흡충의 두 번째 중간숙주가 민물고기이며, 주로 사람들이 조리하지 않은 민물고기를 섭취하는 과정에서 감염된다는 사실을 1910년 일본에서 밝힘으로써 유명세를 얻었다.

당시 조선총독부는 각 도의 전염병 및 지방병(풍토병)을 조사, 연구하기 위해 총독부의원 내에 연구 부서를 설치하기로 했고, 여기에 고바야시가 부임한 것이다. 그의 초기 연구 주제는 폐흡충에 집중되어 있어서, 그는 강화도에서 2주일 동안 체류하며 지역 내 중간숙주를 채집하고 전파 과정을 연구했다. 이후 후쿠오카 의과대학 미야지마 게이노스케와 함께 폐흡충 중간숙주 연구를 이어 갔다. 당시에는 중간숙주 간에 어떻게 감염이 일어나며 어떻게 다음 숙주로 침입할 수 있는지 그 기전에 대해 잘 알려져 있지 않았으므로 이에 대한 연구가 주로 이루어졌다.[17] 1919

년 고바야시는 경성의학전문학교 교수를 겸임하게 되었으나, 따로 실습을 하지는 않고 강의만 진행했다.

이후 1926년 경성제국대학의 설립과 함께 내과로 발령받은 고바야시는 기생충학교실을 설립했고, 이를 통해 한반도에서도 기생충학 전공자들이 배출되기 시작했다. 이 기간 동안 논문이 약 450편 발표됐으나 교실 내 조선인은 두 명뿐이었는데, 해방 전후 한국 기생충학자들에 대해서는 다른 장에서 다루고자 한다. 이후 고바야시는 한반도 남부 지역에서 자신의 박사 학위 주제인 간흡충에 대한 연구를 계속했다.[18] 그는 의학이 아닌 동물학 전공을 기반으로 하고 있었기 때문에 한반도에서 그의 기생충학 연구는 임상보다는 주로 매개체나 중간숙주에 초점을 맞추었다.

일제강점기에도 기생충 감염을 통제하려는 노력들은 산발적으로 이루어졌다. 학교를 대상으로 해인초海人草를 삶아 먹이거나 '마구닌'이라는 구충제를 배포하기도 했다. 마구닌은 해인초에서 추출한 물질이었다.[19] 주로 일본에서 수입된 마구닌은 1930년대에 들어 아이들이 먹기 좋도록 젤리 형태로도 출시되었다. 하지만 당시 약품을 구입해 먹을 수 있는 계층은 한정되어 있었고, 학교를 대상으로 한 집단 투약은 취학률이 낮아 큰 성과를 보기 어려웠다. 1935년 기준으로 보통학교의 한국인 아동 취학률은 20%에 불과했다. 게다가 예산의 한계로 투약이 정기적으로 이루어지지 못했으며, 주로 지역 유지들의 기부를 통해 약품이 제공되는 경우가 많았다.[20]

또한 고바야시 하루지로의 경우에서도 알 수 있듯이, 일제강점기 한반도의 기생충 연구자들은 회충·편충·구충으로 대표되는 일반적인 토양매개 기생충 감염보다는, 좀 더 심각한 임상 증상을 일으키는 간흡충이나 폐흡충에 관심이 쏠려 있었다. 또한 당시 간흡충과 폐흡충 연구는 식민지 지역에서 학문적 업적을 달성하기 쉬운 최신 연구 주제였다. 이에 따라 총독부 지방병 연구 역시 한국을 비롯한 식민지, 나아가 본국에서 주요 질병을 일으키는 이런 기생충에 대한 연구와 치료에 초점을 맞추게 되었다.

학문적 영역과는 별개로 총독부에서는 전염병과 기생충 질환 관리를 위한 실천적 지식, 즉 치료제에 대한 정보들을 모으고자 했다. 당시 말라리아에 사용하는 키니네, 회충에 사용하는 산토닌Santonin을 제외하면 효과적인 치료제가 많지 않았고 독성도 높았다. 약품에 대한 지식을 축적하기 위해서는 임상 시험이 필수적이었다. 하지만 다양한 부작용이 있는 약품을 본국에서 시험하기에는 위험성이 높았으며, 강압적인 추적 조사를 통해 약품의 효과를 확인하기도 어려웠다. 하지만 식민지에서는 호구조사를 통해 투약 대상자를 판별하고, 이들에 대한 지속적인 투약과 검사를 진행하며, 부작용이 발생하더라도 효과적으로 무마시킬 수 있는 경찰력을 투입할 수 있었다. 그 대표적인 사례가 영흥 에메틴 중독 사건이었다.

1920년대 들어 총독부에서는 한국의 폐흡충 문제에 관심을 갖기 시작했다. 중요한 문제였던 말라리아는 키니네가 도입된 이후 치사율이 감소하고 있었으나, 폐흡충은 결핵과 유사한 증상을 보일 뿐만 아니라 치사율도 높아 노동력 감소의 주요 원인으로 생각되었기 때문이다. 식민 당국은 1916년 4월 '전염병 및 지방병 연구과'를 신설하고, 1920년에는 '조선 전염병 및 지방병 조사위원회'를 설치했다. 비록 이 연구과가 콜레라 예방이나 재귀열, 이질, 성홍열 등 전염병 전반에 대한 연구와 예방을 담당하기는 했지만, 가장 직접적인 계기는 폐흡충 때문이었다. 하지만 여기에는 한 가지 문제가 있었는데, 1920년대 이전만 하더라도 폐흡충증에 적용할 수 있는 효과적인 치료제가 없었다는 점이다. 그래서 당시에는 폐흡충의 중간숙주가 되는 다슬기를 제거하는 방식이 주로 사용되었다. 1915년에는 여름 한 철 동안 폐흡충 감염이 심했던 함경남도에서만 8만 4000여 명을 동원해 다슬기 700석(12만 6000리터), 1916년에는 6만 7000여 명을

1927년 영흥에서 주민들을 대상으로 에메틴 주사를 시행하는 모습.

아시아적 기생충 관리 사업의 형성

동원해 350석(6만3000리터)을 채취했다.[21]

1915년 이후 염산에메틴acid emetine이 흡충류에 살충 효과를 보이는 것으로 알려지면서 연구자들은 화학요법을 좀 더 적극적으로 이용하기 시작했다. 에메틴 주사가 효과를 보기 위해서는 일회 요법이 아니라 지속적인 투여가 필요했다. 하지만 과다 투약에 따른 부작용은 심한 경우 심장마비로 사망에까지 이를 수 있었다.

함경북도 위생과에서는 폐흡충 치료를 위해 1927년 3월 1일부터 17일까지 약 100여 명의 주민들을 대상으로 에메틴 주사를 투여했다. 하지만 투여 받은 환자 중 절반이 중독 증상을 보였고, 이후에는 18일 4명이 사망했으며 20일에 2명이 추가 사망했다는 기사가 3월 22일자『동아일보』에 실렸다. 비슷한 시기 전남 해남에서도 에메틴이 투여되었는데, 3월 21일부터 26일 사이에 환자 48명 중 6명이 사망했다. 갑작스러운 환자들의 죽음에 가족들은 격분했으나, 경찰국에서는 갑작스러운 추위로 감기에 걸려 폐렴으로 발전해 사망한 것이라는 공식 입장을 발표했다. 당국에서는 약간의 위로금을 유족들에게 전달하고 사건을 마무리 지으려 했지만, 이에 유가족들은 더욱 격분해 경찰서를 습격하기도 했다.

유가족은 경찰국의 발표를 믿을 수 없다며 경성에 있던 조선인 의사 단체인 한성의사회에 진상 조사를 의뢰했다. 그동안 1명이 더 사망해 26일 사망자는 총 7명으로 늘어났다. 한성의사회는, 본래는 1회 1그램 미만이 최대 사용량인 에메틴을 환자에 따라 2그램에서 3그램까지 투여했다는 증거를 확보했다. 또한 본래 무료로 치료에 참가할 수 있다던 말을 바꿔, 중도에 포기하는 사람에게는 매일 70전씩 약값을 계산해 받겠다며 협박해 사람들의 이탈을 강제로 막은 정황도 발견되었다. 한성의사회는 '임상 진단한 결과 중독 증상이 현저함'이라고 정식 통보했다.

영흥 지역 주민들은 책임자 탄핵과 처벌을 강력하게 요구했으나 당국은 조선 통치에 해가 된다며 기자의 취재 활동부터 각종 강연회 및 집회를 모두 금지했다. 1928년 3월, 사망자의 유족 중 한 명이 위생과장, 의사 5명 등을 대상으로 손해배상 청구 소송을 걸었으나, 법원에서는 사건을 무혐의 처리하고 공판 비용까지 원고에게 청구함으로써 분란의 소지를 피했다.[22] 일본 본토에서는 오히려 내부적으로 에메틴 사용을 극도로 제한하며 1940년대까지 주로 중간숙주의 박멸에 계속 집중했다는 점에서 한반도의 사정과 극명하게 비교된다. 즉 식민 당국은 에메틴에 대한 위험성을 잘 알고 있었음에도 불구하고, 식민지 주민들의 인명을 경시해, 제국에 필요한 의학 지식을 쌓고자 투여를 강행했던 것이다.

동아시아 기생충 관리 사업의 태동

일본에서 학술 연구를 넘어 기생충 관리를 위한 본격적인 활동이 시작된 건 1918년부터였다. 일본 내무성 주관으로 전국 7개 지역을 선정해 기생충 감염률 조사를 진행했는데, 회충은 70.1%, 구충 28.6%, 편충 56.9%로 나타났다. 일본 본토에서도 기생충 감염이 매우 흔하다는 사실이 밝혀진 것이다. 일본의 기생충학자들은 일본을 '기생충국'이라 불렀다.[23] 여기에는 일본에서 기생충 연구가 활발하게 이루어지고 있다는 자부심과 더불어, 기생충 감염이 대단히 흔하다는 사실에 대한 부끄러움이라는 이중적인 의미가 담겨 있었다. 하지만 기생충이 흔하다는 것은 그만큼 많은 연구 자원과 재료를 얻을 수 있다는 뜻이기도 했다.[24]

일본에서 조사 대상 지역은 점진적으로 확대되어 1927년에는 전국 134개 마을 45만7337명을 대상으로 감염률 조사가 진행되었다. 이 조사에 따르면 전체 장내기생충 감염률은 68.2%, 회충 감염률은 55.1%였다.[25] 1920년대까지 일본 내에서 흡충류를 비롯한 기생충 대부분의 전파 경로와 생활사가 밝혀짐에 따라 1930년대부터 국가적인 차원의 기생충 관리 사업이 본격적으로 전개되기 시작했다. 본국 내 기생충 감염의 심각성을 확인한 일본 정부는 1931년 4월 2일 <기생충병예방법>을 공포했다.[26] 이 법안은 1966년 한국에서 제정된 <기생충질환예방법>과 많은 유사성을 가지고 있다.

<기생충병예방법>은 각 도도부현 장관이 필요에 따라 기생충 검사와 치료를 명할 수 있도록 하고, 기생충 치료에 소요되는 비용을 재무성이 지역 의료 기관에 지원할 수 있도록 했다.[27] 정책 수행으로는 크게 세 가지 사업이 진행되었는데, 첫 번째는 학교와 사무실을 중심으로 한 집단 검사와 투약, 두 번째는 인분 처리장의 확충, 세 번째는 학교를 중심으로 한 위생 교육의 강화였다. 당시 사용되었던 산토닌이나 마구닌 같은 구충제는 회충에만 효과를 보인 데다 대체로 독성이 높았기 때문에 어린이들에게 광범위하게 사용하기 어려웠다. 따라서 아동의 경우에는 입원 후 의료진의 관찰하에 투약을 받곤 했는데, 이런 이유로 지방에서는 집단 투약이 어려웠다.[28]

그럼에도 불구하고 전반적인 위생 상태의 향상으로 1941년의 감염률은 전체 충란 양성률 43%, 회충 34.7%, 구충 8.9%까지 낮아졌다.[29] 제2차 세계대전 이전 일본의 기생충 관리 사업의 성격은 법령 제정을 중심으로 한 국가 차원의 산발적 관리로 볼 수 있다. 하지만 구충제의 독성과 같은 기술적 한계로 광범위한 사업을 전개하기는 어려웠다.

한국에서 진행된 기생충 박멸 사업과 직접적인 연관을 맺는 일본과 타이완의 기생충 관리 사업, 즉 토양 매개성 선충(회충·구충·편충)을 대상으로 하는 집단검진과 집단 구충은 제2차 세계대전 이후 본격화되었다. 일본은 제2차 세계대전 직후 구충제 공급이 부족해졌고, 도심지에서 텃

밭을 일구는 사람들이 많아지면서 인분 비료 사용도 늘었고, 이에 따라 회충 감염이 급격히 증가했다. 전후 1949년 기생충 감염률이 반등해 73%에 달했으며, 그중 회충의 양성률은 62.9%였다. 정말이지 '기생충 국'이라고 자조할 정도의 감염률이었다.[30] 동시에 수백만 명의 일본인들이 식민지에서 본국으로 귀환하면서 말라리아와 같은 전염병도 증가하기 시작했다.

다른 한편, 일본의 패전은 역설적으로 기생충 연구자들이 본국으로 모일 수 있도록 했다. 한반도에서 기생충학을 연구하던 고바야시 하루지로는 교토대학으로 부임했으며, 전쟁 전 동북 지역을 포함한 중국 대륙, 동남아시아 등지에서 활동하고 있던 기생충학자들도 대거 귀국해 일본 내 대학과 연구소들에 자리 잡았다. 그 당시 기생충 연구자들은 한반도와 중국 동북 지역에서 간흡충과 폐흡충 등을, 동남아시아에서는 사상충을 활발히 연구했다. 이들이 대부분 일본으로 귀환하면서 연구를 위한 지리적 공간은 축소되었지만, 연구자들이 좁은 공간에 밀집된 덕분에 좀 더 조직적인 활동이 가능했다. 또한 자신들의 연구 성과를 사회에 적용하려는 실천도 적극적으로 시도되었다.[31]

전후 일본을 통치하던 미군정은 사회 안정을 위해 말라리아와 같은 주요 전염병의 관리가 시급하다고 판단했고, 대규모 조사 사업과 더불어 태평양 전선에서 크게 효과를 발휘한 살충제 디디티DDT를 광범위하게 살포했다. 여기에는 전염병 관리의 목적도 있었지만, 동시에 디디티라는 최신 기술에 기반한 미국의 기술력과 통치의 우월성을 보여 주기 위한 것이었다. 1947년에는 후생성 방역과에 회충예방협의회가 설치되었고, 이 협의회를 통해 집단검진과 집단 구충을 골자로 하는 기생충 관리 사업 매뉴얼이 처음으로 발간되었다.[32]

1955년 일본에서는 민간단체로 각 지방에 산발적으로 설립되었던

1948년 인천에서 전재민들에게 미군들이 디디티를 살포하고 있다. 제2차 세계대전 종전 직후 수백만 명에 달하는 사람들이 중국, 동남아시아, 태평양 군도에서 본국으로 귀환하는 전재민들이 되면서 질병 관리가 주요 문제로 떠올랐다. 이에 각 항구와 검문소마다 백신 접종과 디디티 살포가 이루어졌다.

기생충예방회가 일본기생충예방회로 통합되면서 민간 조직, 행정기관, 기생충학자의 협력 관계가 형성되었다. 이때의 기생충 대책을 이론화한 것이 1962년 국립예방위생연구소가 제창한 '회충 제로 작전'인데, 그 기본적인 개념은 이렇다. 지속적인 집단 구충을 실시해 집단의 회충란 양성률이 5%까지 낮아지면, 암수가 만나지 못해 수정되지 못한 알의 배출이 늘어나고 재감염 위험도 낮아진다. 이렇게 양성률을 5%까지 낮춘 상황에서 양성으로 확인된 사람만을 선별적으로 투약해 일시적으로나마 양성률을 0%로 만들 수 있다면, 전파 경로의 차단으로 회충을 완전히 근절시킬 수 있다는 생각이었다.[33] 정기적·집단적·지속적 투약으로 특정 기생충을 완전히 몰아낼 수 있다는 개념은 이후 동아시아 기생충 관리 사업의 근간이 되었다.

집단검진으로 감염자를 확인하고, 이후 선별적 투약을 통해 집중적으로 감염률을 억제하는 것을 주요 전략으로 삼는 이 기생충 관리 사업은 1965년에 이르러 일본기생충예방회 전국대회에서 전면적인 시행이 결의되었다. 19세기 후반에서 제2차 세계대전 종전 이전까지 일본과 한국, 타이완에서 진행되었던 기생충 연구와 관리 사업은 식민지 의학과 밀접한 연관을 맺고 있었다. 식민지라는 공간에서 일본의 기생충학자들은 한반도와 타이완, 동남아시아 등 광범위한 열대 및 아열대 지역 기생충 생태에 대한 지식을 축적할 수 있었다. 특히 식민지 시기 경찰력을 동원한 강압적 위생 행정은, 식민지를 제국의 실험장으로 부리며 본국에서는 시도할 수 없었던 임상 자료를 모을 수 있도록 했다. 앞서도 말했듯이, 이후 제2차 세계대전 종전으로 일본은 기존에 확보한 연구 공간을 잃었지만, 역설적으로 연구자들과 기존에 축적된 지식들이 본국으로 모여들면서 활발한 연구가 가능해졌다. 기존 식민지에서의 경험들은 다시 일본 내 기생충 관리 사업에 적용되었고, 밀집된 연구 자원을 통해 사회에 환원될 수 있었다. 제국 시기 형성된 이 연구자들의 네트워크는 이후 일본 기생충 관리 사업이 아시아 전역에 퍼져 나갈 수 있는 촉매가 되었다.

미군 기생충 열차

일제강점기 일본의 연구자들을 중심으로 한반도의 기생충에 대한 학문적 지식이 축적되었다면, 이것이 실천적인 차원에서 전국적인 감염 관리 사업으로 확장된 데에는 미국의 영향이 컸다. 특히 해방 후 미군정 기를 지나며 한반도에 주둔하는 미군의 기생충 감염률이 높아져, 인구 집단 전체를 대상으로 하는 관리 사업에 대한 관심도 높아졌다.

일제강점기에 기생충과 관련해 한반도에서 이루어진 전국적인 역학 조사는 1924년의 조선총독부 방역 통계가 유일한데, 회충은 54.96%(도에 따라 27.0~90.92%), 편충은 27.06%(도에 따라 6.66~93.49%), 구충은 0.04%(도에 따라 0~14.23%)로 나타났다.[34] 이후 개별 연구자들에 의한 조사가 이루어졌으나, 조사 대상이나 검사 방법에 따라 그 편차가 컸다.✦ 특히 일제강점기 조사 기록과 해방 이후의 기록을 비교해 보면 회충이 80~82.4%, 편충이 81.1~93%, 구충이 46.5~65%로 나타났는데, 일제강점기를 지나는 동안 기생충의 감염 양상에 커다란 변화가 없었음을 알 수

✦ 1969년 전까지 한국 내 기생충 알 검사 방법은 직접도말법, 부유법, 침전법 등이 다양하게 사용되었고, 검사 방법에 따라 검출되는 알의 종류에 차이가 있어 결과에 편차가 심했다. 1969년 집단검진이 시작되면서 통일된 검사법이 필요해졌고, 이에 따라 셀로판지를 사용해 준비 시간이 짧고 경제적인 셀로판후층도말법이 도입되었다. 한국기생충박멸협회, 『기협이십년사』(한국기생충박멸협회, 1984), 108-111쪽.

있다.[35] 이는 식민지인들의 장내기생충이 식민 당국에게는 관심의 대상이 되지 못했음을 의미한다.[+]

기생충 감염률에 대한 표준적인 조사는 해방 이후, 미군이 남한 각 지로부터 표본을 추출해 기생충 감염률을 조사한 1948년에야 이루어졌다. 이때 이루어진 조사는 한반도뿐만 아니라 일본과 오키나와를 포함한 미군의 주요 주둔 지역 전체를 대상으로 했다.

1947년 1월, 일본 내 미군 부대 가족이 거주하던 아파트를 중심으로 이질아메바가 유행했다. 이질아메바는 단세포 기생충에 감염되어 일어나는 설사병으로, 주로 오염된 식음료로 전파되었다. 당시 파견 장병들에게 감염병은 전투력 손실을 가져오는 주요 원인이었고, 미군은 토양 매개성 선충뿐만 아니라 장내기생충 전반에 대한 조사 사업의 필요성을 절감했다.[36]

1947년 상반기부터 1950년 상반기까지 미군은 오키나와, 홋카이도를 포함한 일본 열도 전체와 한반도에 대해 장내기생충 역학조사 사업을 진행했다.[37] 이 조사 사업에는 일본에 설립된 미 육군 406실험실[++]과

[+] 일본 식민 정부가 주로 관심을 기울인 것은 폐흡충·주혈흡충 등 병증과 치사율이 높은 지방병(풍토병)이었다. 고바야시 역시 주로 말라리아와 폐흡충, 그리고 주요 매개체인 게·모기·벼룩·파리 등을 연구하는 데 집중했다. 서홍관 외, "한국 장내기생충 감염의 시대적 변천과 그 요인에 대한 관찰," 『의사학』 1(1), 1992, 48쪽; 신규환, "지방병 연구와 식민지배," 『의사학』 18(2), 2009, 174-176쪽.

[++] 406실험실은 1943년 12월 10일 필리핀 루손에서 식수 및 수인성 전염병 연구 기관으로 창설된 26실험실에서 시작되었다. 제2차 세계대전 종전 이후 1945년 9월, 일본으로 주둔지를 옮겨가 1946년 406실험실로 이름을 바꾼 이후 극동 지역 군진의학 연구의 핵심 시설이 되었다. 주요 연구 분야는 외과적 손상에 대한 치료, 감염병에 대한 치료 및 백신 개발이었으나 그 외 정신의학적 연구도 이루어졌다. Robert Anderson et al., *Medical Department, United States Army, Preventive Medicine in World War II*. Vol.

일본 국립보건원, 기타사토 연구소 및 지역 보건소들이 참여했다. 특히 한국을 대상으로 한 조사에서는 고바야시 하루지로가 연구원으로 참여해 한반도의 기생충 유행과 관련된 선행 연구 자료 일체를 제공했다.✦ 미군 조사단은 하루지로의 기존 연구들과 전시체제 아래서 미처 발표하지 못한 자료들을 다수 확보해 한반도에 유행 중인 주요 기생충의 분포와 특성을 사전에 확인할 수 있었다.

　　미군정 조사단의 목적은 심각한 임상 증상에 따른 전투력 손실을 막기 위해 전략적 중요성을 가진 기생충의 분포를 파악하는 것이었다. 이런 기생충으로는 주혈흡충·간흡충·폐흡충·사상충이 꼽혔다. 장내기생충이 아닌 사상충은 표준 조사 대상에 포함되지 않았으나, 제주도처럼 기존에 유행 지역으로 알려진 곳에서는 별도의 채혈을 통해 유병률을 확인했다.[38] 한국에서의 조사는 9개 지역 919명을 대상으로 이루어졌고, 여기에는 제주도도 포함됐다. 조사 결과 장내기생충에 감염된 사람은 94.5%였으며, 그중 회충(82.4%)과 편충(81.8%)이 가장 흔했다. 사상충 감염을 확인하기 위한 혈액검사는 57명을 대상으로 진행됐는데, 이 중 2명이 양성이었으며 모두 제주도 출신이었다.[39] 특히 여기서 쌓인 사상충 감염률 자료들은 이후 4장에서 서술할 1970년대 제주도 사상충 연구 사업의 기초가 됐다.

IX, Special Fields, Office of the Surgeon General, 1969, p. 554.; Richard Mason, "Military Medical Research in a Theatre of Operation," *The Medical Bulletin of the US Army Far East* 1(7), 1953, pp. 106-108.

✦　고바야시 하루지로는 당시 한반도에 대한 자신의 연구 전체뿐만 아니라, 자신의 지도 학생들이 가지고 있던 미발표 자료도 함께 넘겨주었다. 일제강점기 당시 발간된 한국의 기생충 관련 논문 목록은 제목과 초록이 모두 영어로 번역되어 지휘부 내에 공유되었다. "Parasitological Report, 1950," RG 338. General Correspondence, 1950-60, Eighth U.S. Army, Medical Section, Entry A1, 206. Box 1560, pp. 13-14.

자체 조사 결과와 일본 연구자들의 선행 연구를 비교 분석하던 조사단은 충란 양성률이 연구자별로 크게 다르다는 점을 발견했는데, 그 원인으로 표준화된 조사법이 확립되지 않았다는 점이 지목되었다.[40] 당시 연구자들이 주로 사용하던 방법은 염산-황산나트륨으로 검체를 처리해 조사하는 방식이었던 데 반해 406실험실에서 제안한 방식은 포르말린을 이용하는 것이었다. 조사단은 수집한 검체 전체를 두 가지 방법으로 처리해 검사의 정확도를 비교해 보았다. 포르말린을 이용하는 방식은 주혈흡충란을 확인하는 데는 정확도가 떨어졌으나 나머지 장내기생충란에 대한 정확도는 더 높았다.[*] 이후 406실험실에서 개발된 검사 방법은 일본과 한국에서 표준화된 감염률을 확인할 수 있는 기반을 마련했다.

전후 보건 의료 체계가 복구되지 않은 상황에서는 지역별 조사 인력을 동원하기가 어려웠다. 이런 상황에서 일본 열도와 한반도 전체를 대상으로 조사 사업을 수행하기 위해 조사단은 별도의 이동 실험실을 만들어야 했다. 조사단은 오토클레이브, 인큐베이터, 냉장고, 원심분리기, 발전기 등 실험 장비 일체를 갖춘 실험 열차와 철도가 닿지 못하는 지역까지 갈 수 있는 실험 차량을 이용했다. 미군의 조사 사업 덕분에 일본 연구자들은 일본 열도뿐만 아니라 한반도 전체에 대한 역학적 데이터를 얻을 수 있었고, 표준화된 검사법과 같은 기술적 역량도 향상할 수 있었다.[**]

---

[*] 포르말린을 이용한 처리 및 침전법은 현재까지도 표준적인 장내기생충란 검사법으로 사용되고 있다.

[**] 406실험실을 통해 일본의 기생충학 연구자들은 학술적·기술적 역량을 얻었으며 다수의 기자재도 확보할 수 있었다. 이순형은 일본 측 연구자들이 미군 실험실의 여유분 혹은 폐기 기자재들을 활용해 전후 빠르게 실험실을 복구할 수 있었다고 보았다. 이순형 인터뷰 2019/07/08.

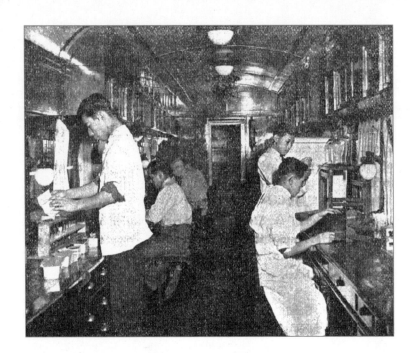

406실험실에서 편성한 실험 열차의 내부 모습.

조사 대상 지역 및 대상자는 지역 보건 당국에서 미리 제출한 주민 명단에서 무작위로 선정했고, 조사는 당일 소집된 대상자들에게 일괄적으로 시행하는 방식으로 이루어졌다.[41] 이 조사는 장내기생충의 분포뿐만 아니라 주둔 중인 미군의 건강에 영향을 미칠 수 있는 다양한 역학적 요인을 파악하는 것이 주목적이었기 때문에, 조사 대상자의 기저 질환, 몸무게, 신체검사와 식수원, 식습관 등의 생활환경 조사가 함께 이루어졌다. 조사 종료 시점까지 총 3만여 명의 데이터가 수집되었고, 다량의 데이터를 처리하기 위해 미군 최고사령부는 IBM 펀치 카드 기계까지 조사단에 공수해 주었다.[42]

한국에 주둔 중인 미군에 대해서도 같은 검사가 이루어졌다. 이 조사에서 밝혀진 바에 따르면 주둔 중인 미군들은 본토의 대조군과 비교해 토양 매개성 선충의 감염률이 26% 이상 높았다. 그뿐만 아니라 이들에 대한 생활환경 조사에서는 주요 감염 경로로 추측했던 현지 음식의 섭취 여부가 아닌 주둔 기간이 감염률에 가장 큰 영향을 준다는 점이 밝혀졌다.[43] 즉 기생충 감염을 예방하기 위해서는 미군 내로 반입되는 식품과 부대 내 위생을 강화할 뿐만 아니라, 이들이 주둔하고 있는 남한의 환경 전반에 개입할 필요가 있음을 의미했다.

한국의 기생충 감염 상황이 심각하다는 사실은 미군의 조사를 통해 다시금 확인되었지만, 본격적인 박멸 사업이 시작되기까지는 또 다시 10여 년을 기다려야 했다. 1950년대 전반에 걸쳐 콜레라나 티푸스처럼 사망률과 전염력이 높은 급성전염병들이 계속해서 유행했기 때문이다. 한국 정부가 가지고 있던 제한적인 보건 의료 자원은 대부분 이런 급성전염병 관리에 투입되었다. 하지만 1960년대에 들어 급성전염병의 위협이 점진적으로 감소하고, 질병 관리 사업의 주체가 국가에서 민간으로 이동함에 따라, 보건 의료 원조의 경로가 미국에서 일본이나 민간 자선단체

등으로 다변화되고 기생충이 새롭게 주목받기 시작했다.

한일 기술협력의 지정학적 배경

한국의 기생충 박멸 사업은 보건 분야의 대표적인 성공 사례로 손꼽힌다. 1964년 한국기생충박멸협회가 설립되었고 1966년에는 <기생충질환예방법>이 국회를 통과했다. 한국기생충박멸협회는 1969년부터 전국 학교를 대상으로 집단검진과 집단 투약을 실시해 불과 15년 만에 80% 수준의 회충 감염률을 1% 이하로 낮추는 데 성공했다.[44] 이런 성공의 기반으로 항상 등장하는 요소가 바로 일본의 물질적·기술적 지원이다. 1984년 발간된 『기협 20년사』[45]와 2011년 발간된 『한국형 기생충 관리 ODA✦ 사업 모델 개발』[46]에서는 모두, 1969년 기협의 안정적인 활동과 실질적인 기생충 관리가 가능해진 이유로 일본의 지원을 꼽고 있다. 일본 해외기술협력사업단OTCA✦✦을 통해 한국에 기생충 관리 사업이 제공된 것은 후속 지원 기간 2년을 포함해 1968년 4월부터 1976년 3월까지였다. 기생충 관리 사업 지원은 한일 의료 협력 사업 가운데 가장 처음 시행된 사업 중 하나이자 가장 오랫동안 지속된 사업이기도 했다. 1969년부

✦ 공적개발원조Official Development Assistance는 정부 및 공공 기관 등 국가 차원에서 개발도상국이나 국제기구에 원조를 제공하는 것을 의미한다.

✦✦ OTCA는 차관 등 유상 협력을 제외한 일본의 무상 협력 분야를 관장하는 조직으로 1962년에 설립되었다. 1974년 관련법 개정에 따라 일본이민사업단EMIS과 통합되어 현재까지 일본해외협력단JICA으로 활동하고 있다. 한승헌 외, "일본 ODA 정책결정체계의 통합과정에 나타난 정책변동 분석," 『한국사회정책』 22(3), 2015, 209-210쪽.

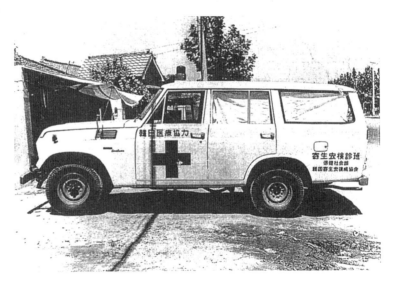

일본 OTCA를 통해 지원된 현미경 등 검사 장비와 차량.

터 OTCA가 차량·현미경·약품 등 기자재를 제공했으며, 1970년대에는 일본만국박람회기념사업회와 일본선박진흥회 등 민간단체가 한국 기협 시도 지부 건축 자금을 제공하는 등 일본의 각종 단체는 한국 기생충 사업을 위해 다양한 지원 활동을 벌여 왔다.✦

　한국에 대한 일본의 적극적인 협력은 당시 아시아가 가지고 있던 지정학적 특성과 연관되어 있다.[47] 1950년대까지 아시아는 주로 서구에 원조를 의존하고 있었으나, 일본 경제가 급속히 성장함에 따라 1960년대 중반부터는 일본이 새로운 원조 강국으로 떠올랐다. 지정학적으로 냉전 시기 서구 자본주의국가들과 아시아의 중간자로서 공산주의를 막아내는 위치에 있었던 일본은, 제2차 세계대전 패망 후 서구의 원조를 받았던 수원국의 경험에 바탕해 자신의 식민지였던 동남아시아 국가들의 원조국으로 탈바꿈했다. 이는 서구가 중심이었던 공여국의 원조 방법이 일본의 경험을 거쳐 아시아에서 재구성되는 과정이기도 했다. 제2차 세계대전 이후의 원조 사업은 냉전 시대 국제 관계와 밀접한 연관을 맺고 있었는데, 이런 배경에서 아시아적인 방법이라고 볼 수 있는 새로운 원조 형태가 일본을 중심으로 등장했다.

　1950년대 일본 외교정책의 목표는 국제사회에 복귀하는 것이었으며, 그러기 위해서는 아시아 내에서 신뢰 관계를 회복할 필요가 있었다.[48] 특히 과거 일본의 식민지였던 동남아시아 국가들에 대한 전후 배상이 그 핵심에 있었다.✦✦ 한국에 대한 일본의 의료 협력은 콜롬보 계획에 기반하

✦ 기협은 1973년부터 구니이 조지로를 매개로 일본 만국박람회기념사업회의 자금을 지원받아 7개 시도 지부 청사 건설을 완료했다. 한국기생충박멸협회, 『기협이십년사』, 170-172쪽.

✦✦ 전후 일본 개발원조 정책의 형성과 변화에 대해서는 냉전 시기 미국에서 받은 원조 경험,

고 있었다. 콜롬보 계획은 1951년 스리랑카의 콜롬보에서 개최된 영연방 회의에서 결정된 것으로, 자본 원조와 기술협력을 매개하는 일종의 플랫폼 역할을 했다.✦ 일본은 콜롬보 계획에 참여함으로써 제2차 세계대전 이후 배제되었던 아시아 지역 네트워크에 재편입할 수 있었다. 영연방을 중심으로 동남아시아에 국한되었던 회원국의 범위는 한국이 가입하면서 아시아 태평양 전반으로 확대되었으며, 미국만이 아니라 아시아 지역 네트워크에서 제공되는 다양한 기술협력과 원조에 접근할 수 있는 새로운 통로를 얻게 되었다.[49]

콜롬보 계획에 가입할 1954년 당시 일본은 '일본의 경험'을 강조하며 서구식 개발을 일방적으로 적용하는 데서 벗어나 아시아의 특수성을 반영할 필요가 있음을 언급했다.[50] 하지만 이처럼 '아시아의 특수성'을 강조한 것은 1950~60년대 일본의 원조가 전후 배상을 위한 것이었기 때문이다. 특히 1951년 일본의 전후 배상을 규정한 샌프란시스코 강화조약은 일본의 배상 조건을 '역무배상'役務賠償으로 규정하고 있다. 즉 금전이나 현물이 아닌 자본재나 서비스로 배상할 수 있도록 한 것이다. 이런 배상 조건은 제1차 세계대전의 전후 배상금 부담이 나치 독일의 등장을 불러왔다는 역사적 교훈과 더불어, 긴장이 고조되어 가던 냉전 체제에서 미

전후 배상 부담에 따른 원조 형태의 배상 지급, 아시아 내 자원과 시장 확보 욕구 등 다양한 요소들이 결합되어 있다.

✦ '계획'이 의미하는 바처럼 그 자체가 협정처럼 강제력을 지니지는 않지만 양자 간 협력을 촉진하는 느슨한 의미의 조직이었다. 일본은 1954년 구성원으로 참여했으며, 한국은 1962년에 가입했다. 본래 초기 콜롬보 계획은 수혜국을 영연방 국가로 한정하고 있었기 때문에 일본과 한국의 가입은 기존 콜롬보 계획의 범위를 다른 개발도상국들로 확대한다는 의미를 갖게 되었다. Jin Sato, *The Rise of Asian donors: Japan's Impact on the Evolution of Emerging Donors*(Routledge, 2013), pp. 169-171.

국이 가진 위기감을 반영한다.[51] 또한 한국전쟁으로 재정 부담이 심해지고 있었던 미국은 아시아 국가들의 원자재와 일본의 생산력을 결합해 아시아 지역 내 시장을 형성하고자 했다. 미국의 '지역적 경제통합안'은 일본이 원조를 매개로, 전후 잃어버린 식민지에 대한 '평화적 대외 진출'을 가능하게 했다.[52]

전후 일본은 경제 재건을 위해 안정적인 원재료 공급원을 확보하는 동시에 아직 국제 경쟁력이 낮은 설비 및 기계류 중심의 자본재를 수출할 수 있는 시장을 개척해야 했다. 이전에는 식민지들이 그 역할을 해주었으나 전후에는 이런 아시아 국가들이 배상 대상국이 되면서 일본의 원조 전략은 수출 진흥과 개발 수입을 연계하는 방식으로 진행되었다. 일본은 저개발국의 천연자원을 개발해 이들 국가의 경제 발전 및 산업 기반 육성에 기여한다는 명분을 내걸면서 플랜트 등 중기계 수출을 확대했고, 이는 결과적으로 일본 자본재의 수출 진흥과 국제 경쟁력 강화로 이어졌다.[53] 전후 배상을 대체한 원조는 결국 동남아시아의 원자재를 일본에서 가공해 역무의 형태로 배상하는 경제협력의 형태로 나타났다.✦ 결과적으로 전후 배상은 오히려 일본 기업의 수출 증대 및 원자재 수급이라는 일본의 이익을 반영하게 되었다.[54]

이런 배경에서 일본은 기술협력을 담당할 부서로 1962년 OTCA를

✦ 전쟁이나 식민지와 같은 과거의 경험이 원조 정책의 방향을 결정하는 현상은 한국에서도 나타난다. 한국 정부는 2010년 국제 협력과 원조를 집중할 26개 중점 협력국을 선정했다. 중점 협력국 가운데 가장 많은 원조를 받은 국가는 베트남·필리핀·에티오피아로 전체 지원의 50%를 넘었다. 그리고 중점 협력국 선정과 지원 규모를 배정하는 데 가장 유의미한 변수는 한국전쟁 참전 여부였다. 김석우 외, "한국 ODA 중점협력국 선정의 정치경제," 『정치정보연구』 19(1), 150-152쪽.

지정하고 의료뿐만 아니라 농업과 공업 등 다양한 분야의 기술 지원을 제공했다. 이처럼 일본의 원조 사업은 초기부터 자국의 경제적 이해를 강하게 반영했고, 이 때문에 일본은 다른 아시아 국가들을 새로운 시장 개척의 도구로 사용한다며 '이코노믹 애니멀'이라는 비판을 받아 왔다.[55] 반면 의료 협력은 경제력이나 군사력으로 대표되어 거부감이 높은 '하드 파워'hard power를 이용하지 않고 "'인도적' 원조를 할 수 있는"[56] 좋은 도구로 여겨졌다. 특히 식민지 시기 축적된 전문성과 인력을 바탕으로 한 기생충학, 즉 열대 의학이야말로 일본이 새롭게 개척하기 좋은 분야로 고려되었다. 기생충학과 열대 의학에 대한 사업 경험은 식민지 확장 시기에 획득한 것들이었다. 열대 의학 분야야말로 '일본의 경험'을 충분히 살릴 수 있을 것으로 기대되었던 것이다.

아시아 지역에 대한 일본의 기술협력은 기생충 관리나 가족계획 사업의 성공 경험뿐만 아니라 지리적인 측면에서도 강점이 있었다. 일본은 서구에 비해 한국을 비롯한 아시아 국가와 비교적 유사한 문화적 특성을 지니고 있었다. 특히 콜롬보 계획에 따르면 파견 전문가의 체류 비용 등은 수혜국이 부담하도록 되어 있었다. 일본은 다른 서구 국가에 비해 다른 아시아 국가들과 거리가 가깝기 때문에 물자 운송이나 파견에 드는 비용이 상대적으로 적어, 수혜국이 부담해야 하는 비용을 절감할 수 있었다.[57]

일본 기생충 예방 사업과 구니이 조지로

여자아이의 몸속에서 회충 보따리가 등장하고, 체내의 기생충이 정상에서 수치스러운 것으로 변화하는 등 기생충 관리에 대한 사회적 요구가 증가하며 한국기생충박멸협회가 발족했지만 그 활동 영역은 제한적이었다. 자금이나 인력도 부족했지만, 대규모 사업을 전개할 수 있는 경험이나 기술이 전무했다는 것이 더 큰 문제였다. 이런 한국의 상황에서 일본은 현재 기생충 관리 사업을 진행하고 있는 국가이면서, 동시에 기생충학의 지적 전통을 공유하고 있는 가까운 나라였다.

1965년 한국기생충박멸협회의 초대 부회장을 맡고 있었던 연세대학교 기생충학교실의 소진탁은 일본 유학 경험을 통해 도쿄 대학의 사사 마나부 등 일본의 기생충학자들과 긴밀한 관계를 맺고 있었다. 소진탁과 당시 회장이었던 이영춘은 한국의 자체적인 역량만으로 사업을 수행하기는 어려울 것이라는 생각에 일본 측 연구자들에게 협력을 요청하고자 했다. 이에 1965년 4월 일본의 기생충학자들을 초청해 강연회를 열고, 한일 기생충 협력 사업에 일본 측이 지원해 줄 수 있는지를 물었다. 사사 마나부는 구니이가 다음 달이면 가족계획회의 참석차 한국을 방문한다는 것을 알고 있었고, 실무적인 사항은 일본기생충예방회와 논의하는 것이 좋겠다고 제안했다.[58]

1965년 5월 국제가족계획연맹⁺ 서태평양 지역 총회가 서울에서 열렸는데, 구니이 조지로가 일본 측 가족계획 대표자 자격으로 이 모임에 참석했다. 구니이는 처음 한국을 방문할 당시만 해도 한국 내 기협의 활동에 대해 자세히 알지 못했다. 설립 초기라 사업을 수행할 능력이 부족했던 한국기생충박멸협회는 일본 기생충 관리 사업의 실질적 총책임자인 구니이가 방문한다는 소식을 듣고 공항에서 그를 '납치'해 한일 협력

⁺ 국제가족계획연맹IPPF은 1952년 마가렛 생어를 중심으로 가족계획을 촉진하기 위해 설립된 단체로, 2017년 현재 172개국에서 6만5000여 개 프로젝트를 운영 중이다. 마가렛 생어는 1916년 처음으로 출산 조절birth control이라는 용어를 사용하기 시작한 여성운동가이며 주요 가족계획 운동가이기도 하다.

사업을 논의했다.[59] 첫 한국 방문에서 "허름한 집들이 근교의 산 겉면 전체를 딱지 않은 것처럼 덮고 있었고, 수도도 없었으며 비가 내리면 변소가 넘쳐흐르는" 서울의 모습을 보고, 구니이는 전후 황폐해진 일본의 모습과 패전 직후 상황에서 시도되었던 일본기생충예방회의 사업을 연상했다. 그는 일본의 경험을 통해 한국에도 "성공의 길을 가게 해주"고자 했다.[60]

구니이가 전후 한국을 보며 "일본에서의 기생충 예방 경험을 몇 번이나 생각해 낼 수" 있었던 것은 자신의 개인적인 경험 때문이었다. 일본이 패전한 직후, 군에서 전역한 구니이는 전후 복구에 참여하기를 원해 1946년 합작사 운동*에 뛰어들었다. 하지만 전후 급격한 인플레이션으로 경제적 토대가 취약했던 합작사 운동은 1948년에 무너지고 말았다. 합작사 운동의 실패로 조직의 '경제적 자립'이 갖는 중요성을 뼈저리게 깨달은 구니이는 이를 동료들에게 끊임없이 강조했다.** 무엇보다 구니이가 기생충 관리 사업을 시작하게 된 것은 기생충에 감염된 경험 때문이었

---

* 합작사 운동cooperative movement은 자본주의사회에서 소외된 경제적 약자 집단이 공동의 이익을 위해 조직한 풀뿌리 단체들로, 서구의 협동조합에서 유래했지만 중국과 일본 등에서는 사회주의국가 건설이라는 좀 더 넓은 의미를 갖는다. 박경철, "중국 농촌 합작 체계의 형성과 전개(1919-1958) : 서구 공상적 사회주의와 협동조합 사상의 영향을 중심으로," 「농촌 지도와 개발」 18(2011), 1019쪽.

** 이에 대해 초기부터 구니이 조지로와 일했던 곤 야스오는 합작사 운동이 실패한 이유로, 기부금에만 의존했던 자금 조달 구조를 지목하며, 이 실패가 "단체에서 경제적 자립이 얼마나 중요한가를 배운 귀중한 경험"이 되었다고 회고했다. 내가 인터뷰했던 도쿄예방의학협회·일본가족계획협회·일본가족계획국제협력재단의 책임자들은 모두 경제적 자립을 조직의 핵심 가치로 내세웠다. 도쿄예방의학협회는 현재 한국건강관리협회와 유사한 건강진단 수익으로 운영되고 있으며, 일본가족계획협회는 성교육 교재 판매를 주요 수익원으로 한다. 아시노 인터뷰 2017/05/16.

다. 1940년대 말 심한 피로감 때문에 중병에 걸린 것으로 생각해 입원한 구니이는 십이지장충 감염을 판정받았고 간단한 약물 치료로 완치되어 건강을 회복할 수 있었다. 이 경험이야말로 구니이가 기생충 관리 사업을 시작하게 된 "인생의 새로운 전기"라고 자서전에서 회고하고 있다.[61]

종전 직후부터 일본 정부 차원에서도 기생충 관리 사업을 전개하려는 시도들은 있었으나, 전후 극심한 경제난과 자원 부족, 다른 급성 전염병의 유행으로 기생충은 우선순위가 낮은 질병이 되어 있었다. 하지만 일본의 기생충 예방 사업은 1949년, 구니이의 주도로 도쿄기생충예방회가 설립된 이후 민간사업이 본격화되면서 전국적인 호응을 얻기 시작했고, 그의 탁월한 수완과 맞물려 빠르게 성장해 나갔다.

그는 기생충학에 대한 전문성은 없었지만, 게이오 의대 기생충학 교수인 고이즈미 마코토의 도움으로 검진·치료 기술과 홍보 지식을 확보할 수 있었다. 고이즈미를 찾아간 구니이는 도쿄 전역의 학생들에게서 대변을 수집하고 검사해 양성이 확인된 학생들을 대상으로 투약을 진행할 계획임을 밝혔다. 여기서 구니이는 검사와 투약 지침 제공, 교육 자료 개발을 지원해 줄 것을 게이오 의대 측에 요청했다. 검사 수익은 의대와 예방회가 나누어 가진다는 조건이었다. 전후 연구비 부족에 시달리던 고이즈미와 연구진들에게는 희소식이었다.[62]

도쿄기생충예방회에 의한 첫 번째 검진과 투약이 이루어진 곳은 도쿄의 교바시 소학교였는데, 이는 우연이 아니었다. 교바시 소학교는 역사가 오래되어 졸업자 중에 유명인도 많고 지역사회 내에서 상당한 명성을 얻고 있는 학교였다. 이 학교에서 성공적인 사업을 수행한다면 다른 학교에도 홍보 효과는 충분할 것이었다. 그렇게 검사한 결과, 65%의 학생들이 회충에 감염되어 있었고 구충 감염자도 있었다.[63]

구니이의 회고에 따르면 투약 이튿날부터 아이들의 대변에 회충이 섞여 나오기 시작해, 그다음 날부터는 학교 복도와 놀이터 곳곳에서 꿈틀거리는 회충을 볼 수 있었다고 한다. 아이들의 복통이 멈추자 혈색도 돌아왔다. 특히 학교에서 관심을 가진 것은 치료비였다. 당시 일반 병원에서 구충의 치료는 일주일간 입원해 진행됐고, 입원비와 치료비를 합치면 약 5000엔 가량이 청구되었다. 당시는 의료보험이 시행되기 전이었기 때문에 이는 일반 가정에는 상당한 부담이 되는 금액이었다. 하지만 고이즈미의 연구실에서는 약대에서 원가로 구충제를 지원받아 입원 없이 하루에 치료를 진행했다. 구충에 소요되는 비용은 약 350엔에 불과했다.[64]

이 이야기를 들은 주변 학교들에서 검사 요청이 쏟아져 들어오기 시작했다. 문제는 채변 봉투였다. 검사량이 늘어나면서 채변 봉투를 구하기 어려워졌기 때문이다. 이를 해결하기 위해 기생충예방회는 정기적으로 수산 시장을 방문해 조개껍질을 받아 봉투 대신 활용했다. 밀려드는 채변 봉투를 게이오 의대 검사실에 전달하기 위해 직원의 부인들까지 동원되었다.[65]

학교의 자발적인 참여도 있었지만, 일본기생충예방회는 초기부터 학교 검진으로 수익을 올리고 자립을 확보하는 방식을 택했다. '영업'[66]을 통해 성장한 일본의 기생충예방회는 일관되게 경제적 자립을 매우 중요시했다. 1950년대 일본기생충예방회 직원들의 일과는 대부분 "걷고 걷고 또 걸어" 검진을 시행할 학교를 확보하는 영업의 연속이었다.[67] 이는 기생충예방회 설립 초기인 1950년대 초반 이미 소규모 검사소들이 난립하고 있었기 때문이기도 했다. 지역 내에는 방에 현미경 하나만 놓고 검사를 실시해 준다고 광고하는 무자격자들이 성행하고 있었다.[68]

1950년 기생충예방회는 자체 건물을 확보하며 더욱 안정적인 활동 기반을 마련할 수 있었다. 하지만 이들이 소규모의 자금으로 건물을 확보할 수 있었던 데는 냉전의 영향도 있었다. 1949년 일본의 연합군최고사령부는 재일동포 조직인 재일본조선인연맹을 폭력 단체로 규정해 해산을 명령했다. 이후 연맹에서 소유하고 있던 건물과 재산이 몰수되었는데, 그중 연맹 본부가 있던 건물을 일본의 민간단체에 저가로 불하해 주겠다는 내용의 공고가 1950년에 올라왔다. 이 건물을 인수하면서 이전에 불과 4평에 불과했던 기생충예방회의 사무실은 160평 규모의 건물로 확대되었다. 1964년 본부 신축 과정에서 이 건물과 땅은 수백만 엔을 받고 판매되어 이후 사업의 재정적 기반이 되었다.[69]

도쿄기생충예방회가 성공을 거두자 오사카 등 일본의 다른 지역에서도 이를 모방한 조직들이 나타나기 시작했다. 대부분 지역 의과대학의 기생충학자들과 활동가들이 협력해 만든 조직이었다. 여기서 지역 의과대학 기생충학자들은 이미 일본기생충학회 소속 회원들이었으며, 실제 검진이나 기술 자문은 대부분 학자들을 통하고 있었기 때문에 자연스럽게 중앙화된 조직의 필요성이 대두되었다. 1955년, 규모가 가장 컸던 도쿄기생충예방회를 중심으로 지역 조직들이 일본기생충예방회로 통합되었다. 이를 기반으로 전국적으로 표준화된 검사와 투약을 시행할 수 있도록 지원하기로 했다.[70] 특히 1958년 제정된 학교보건안전법은 학교장에게 최소 연 1회 기생충 검사를 의무화하도록 했다.[71] 이렇게 학교 검진에 대한 법적 근거가 마련되면서 기생충예방회의 활동 영역도 크게 확대되었다.

조직의 성장과 함께 기생충예방회의 영향력도 높아졌다. 당시 정부 차원에서의 기생충 관리 사업은 대부분 보건소가 담당하도록 되어 있었으나, 학교를 중심으로 대규모 검진 및 투약 사업이 의무화되면서 보건소만으로 이를 감당하기 어려워졌다. 이에 따라 기생충의 검사와 투약에 관련된 업무들은 대부분 민간단체인 기생충예방회가 담당했다. 당시 검진 비용은 학생 한 명당 15엔이었다. 이는 가장 저렴한 담배 한 갑 가격에 불과했지만, 한 학교당 학생이 1000명이 넘었으므로 수익은 1만5000엔에 가까웠다. 또한 하루에 3~5곳의 학교를 검진할 수 있었으므로 하루 수익이 5만 엔을 넘어설 때도 있었다.[72] 덕분에 1949년 5000달러 정도에 불과했던 일본기생충예방회의 예산은 1953년 10만 달러를 넘어섰다.[73] 이런 경제적 안정을 바탕으로 구니이는 1964년 도쿄 한복판에 640만 엔에 상당하는 본부 건물을 신축했다.[74]

가족계획 사업과 기생충

기생충 감염은 다른 급성 전염병과 달리 사망률이 높지 않기 때문에 대체로 국가 보건 사업에서 우선순위가 낮다. 그럼에도 불구하고 전후 일본에서 기생충 관리 사업이 단기간에 많은 자원을 동원해 성공을 거둘 수 있었던 이유는 무엇일까. 집단검진과 투약을 통한 경제적 자립도 중요한 역할을 했지만, 무엇보다도 다른 대규모 보건 사업에 성공적으로 기생해 필수적인 자원을 조달할 수 있었던 것이 일본을 넘어 해외로 사업을 확장시키는 중요한 기회가 되었다.

1950~60년대 국제 원조 사업의 보건 의료 부문에서 가장 중요한 위치를 차지하고 있던 사업은 가족계획을 중심으로 한 인구 관리였다. 서구에서는 제3세계의 인구문제에 깊은 관심을 가지고 있었다. 서구 세계는 인구 폭발이 제3세계 경제 발전의 주요 장애물이며, 경제적 빈곤이 심화될 경우 공산화될 소지가 있어 세계 안보에도 문제가 될 수 있다고 보았다. 주요 원조 공여국이었던 미국은 미국인구협회, 패스파인더 재단, 포드 재단 등 민간단체를 이용해 간접적인 영향력을 행사했다.[75] 막대한 자금력을 바탕으로 한 가족계획 사업은 국가 전반의 보건 의료 사업에 영

향을 미칠 정도로 강력한 영향력을 발휘했다.[+] 1960~70년대 가족계획 사업은 외원의 '깔때기' 역할을 수행해서, 많은 보건 사업들이 실제 어떤 사업을 수행하는지와 관계없이 가족계획의 이름을 뒤집어쓰기도 했다.

한편 전후 일본은 급격한 인구 증가를 경험했다. 이에 따라 1948년에는 전문의에 의한 인공 임신중절을 형법 적용 대상에서 제외하는 '우생보호법'이 통과되었고, 이후 폭발적으로 증가한 인공 임신중절은 사회문제로 언급될 정도였다.[76] 이런 사회적 배경 속에서 구니이는 인구문제에 인공 임신중절이 아닌 다른 접근법이 필요하다고 생각하게 되었다. 구니이는 성공한 기생충 관리 사업을 통해 경제적 자립의 가능성을 증명해 보였고,[77] 여기서 얻은 자본과 경험을 바탕으로 가족계획 사업이 가능하리라 생각했다.[78] 즉 직접 민간단체를 조직하고 운영해 대중 속에서 성공해 본 경험이 향후 더 유용하게 활용될 수 있으리라 생각한 것이었다.

전쟁 직후부터 일본의 인구문제와 가족계획에 대한 논의는 있었지만 가족계획 사업에 대한 움직임이 본격적으로 일어난 것은 1955년, 제5회 국제가족계획연맹 총회가 도쿄에서 개최되는 시점을 전후해서였다. 1954년에 구니이는 일본가족계획홍보회(현 일본가족계획협회)라는 작은 조직을 만들고 활동을 시작했다. 1954년부터 1957년 사이에는 기생충예방회 설립 초기부터 함께 활동한 직원 서너 명을 설득해 가족계획 사업

[+] 유엔은 인구문제 대응을 위해 1969년 유엔인구기금UNFPA을 설립했다. 이 기금에서 1970년부터 1983년까지 민간단체에 지출한 금액은 1억1100만 달러에 달하며, 각국 정부에 지원한 금액은 2억4500만 달러에 달했다. Matthew Connelly, *Fatal Misconception: the Struggle to Control World Population*(Harvard University Press, 2008), pp. 302-304. 초기에는 주로 인구 증가를 억제하기 위한 가족계획 사업에 자금이 집중되었다. 현재에는 모자보건과 안전한 임신중절 등 재생산권 분야를 지원하고 있다.

에 참여하도록 했으며, 실제로 임금도 기생충예방회에서 충당했다.[79]

1955년 10월 도쿄에서 열린 국제가족계획연맹 제5차 총회는 구니이에게 국제 네트워크에 진입할 수 있는 중요한 기회를 제공했다. 구니이는 국제가족계획연맹 총회에 무급으로 봉사하면서 관련 인물들과 친분을 쌓고 신뢰를 얻어 갔다.[80]

1967년 한국과 일본의 기생충 관리 사업 협력이 시작될 무렵, 구니이 조지로는 국제 네트워크에 참여할 수 있는 기회를 만들어 가고 있었다. 1967년 런던 국제가족계획연맹 본부를 방문한 그는 당시 국제가족계획연맹 고문이었던 윌리엄 드레이퍼와 접촉을 시도했다.✦ 드레이퍼는 전후 일본 경제뿐만 아니라 1950년대 경제협력을 중심으로 한 일본의 전후 배상 정책을 마련하는 과정에 막대한 영향을 미친 인물이었다. 특히 1967년부터 국제연합 인구기금의 활동 기금을 확대하기 위한 과정에서 드레이퍼가 각 국가들을 설득해 확보한 예산은 4360만 달러에 달했다.[81]

이처럼 국제 인구 통제 네트워크에서 상당한 위치에 있는 드레이퍼가 전후 일본과 연관이 있다는 생각이 떠오르자, 구니이 조지로는 일본의 가족계획 사업에 대한 국제 원조를 드레이퍼를 통해 끌어낼 수 있으리라 생각했다.[82] 구니이는 국제가족계획연맹 본부에서 드레이퍼의 연락처를

✦ 드레이퍼는 1948년 미 육군 차관으로 일본 전후 복구 시찰단에 참가해, 일본의 경제 부흥이 아시아 전반과 연계되어 있으며, 이 때문에 재건을 해칠 정도의 경제 조치나 재벌 해체, 무리한 배상 부담 등은 적절하지 않다는 내용의 보고서를 제출했다. 1960년대 미 육군에서 전역해 인구 통제 활동에 참여하게 된 드레이퍼는 국제연합 인구위원회에 1969년부터 1971년까지 미국 대표로 있었으며, 1965년에는 인구위기위원회를 조직했다. *Fatal Misconception: the Struggle to Control World Population*, pp. 286-288; 『국제신문』 1948/11/16. 한국에서는 1959년 미국 아이젠하워 대통령 특별 사절단인 '미 군사 원조 계획 위원회' 의장으로 방문한 것이 가장 잘 알려져 있다.

얻어 일본에 방문할 의사가 있는지 알아보았다. 드레이퍼 역시 새로이 떠오르는 원조 공여국인 일본에 관심을 가지고 있었기에 1967년 8월, 그의 일본 방문이 성사되었다. 드레이퍼는 구니이의 사무실을 거점으로 일본 정계·재계의 거물들과 전 수상인 기시 노부스케를 만났다. 드레이퍼는 일본이 경제 규모에 걸맞게 국제 인구 관리 사업에 대한 지원을 확대해야 한다고 강조했다.[83]

1971년, 일본 정부는 세계 인구문제를 해결하는 데 필요한 자금을 지원하고 인구정책 관련 특별 사업을 진행하는 국제연합 인구기금에 150만 달러에 달하는 지원금을 기탁하며 주요 원조 공여국으로 빠르게 떠올랐다.[84] 이 지원금은 조건부로 전달되었는데, 기금의 일정 부분을 국제가족계획연맹과 일본의 민간단체에 할당하도록 하는 조건이었다.[85] 가족계획 자금 지원 초기부터 기시와 친분을 맺고 있던 구니이 조지로는 일본 측 자금을 운용할 수 있는 민간단체를 설립할 계획을 갖고 있었고, 이를 위해 1968년 4월 만들어진 것이 일본가족계획국제협력재단JOICFP이었다.[86]

JOICFP가 설립될 당시 구니이는, 국제연합 인구기금을 비롯한 기존 가족계획 단체들의 하향식 접근법에 거부감을 가지며 JOICFP를 통해 진행되는 국제 협력 사업에 새로운 가족계획 사업이 필요할 것이라고 언급했는데,[87] 여기에는 좀 더 현실적인 이유도 존재했다. 1949년 일본기생충예방회가 활동을 시작할 무렵 도쿄의 학령기 아동 기생충 감염률은 72%에 달했다. 하지만 1952년 가을에는 36.8%로 감염률이 절반가량 감소했으며, 1955년 가을에는 14.4%로 낮아졌다.[88] 기생충 관리 사업과 같은 시기에 이루어진 경제 발전과 생활환경 개선으로 기생충 감염률이 급격히 하락했으며, 이 때문에 기생충예방회의 존립이 위태로워진 것이다. 1950년대 중반 구니이는 이미 안정권에 접어든 기생충 사업 이후를 고려할 필요를 절감했다.[89] 일본기생충예방회는 1959년 대변잠혈검사를 포함하는 것을 시작으로 1967년 건강검진을 주로 하는 도쿄예방의학협회로 전환되었다.[＊][90] 또한 1964년에는 보건회관으로 명명된 본부 건물을 완공해 다양한 검사 시설과 단체들을 하나의 공간으로 모아 조직의 연속성을 확보했다.[91]

한일 협력 사업의 태동

성공적인 일본에서의 경험과 구충의 중요성에 대한 공감을 바탕으로 구니이는 한국의 기생충 박멸 사업을 적극 지원하기로 했다. 그는 1965년 10월 도쿄에서 열린 일본기생충예방회 제10차 총회에 당시 기생충박멸협회 회장인 이영춘과 상무이사 이종호를 초대해 한국의 기생충 관리 현황을 발표할 수 있도록 주선해 주었다.[92] 이영춘은 회장에서 기생충이 만연해 있는 한국의 상황을 전하며, 최근 한국기생충박멸협회가 조직되어 정부의 인가를 받았으며 국회에서 <기생충질환예방법>이 심의 중임을 강조했다. 특히 일제강점기 교육을 받고 일본 유학 경험이 있어 일본어 실력이 유창한 이영춘의 언어 능력도 일본 측을 설득하는 데 중요한 역할을 했다. 한국 대표로 참석했기 때문에 대표자인 이영춘은 한국어로 발표를 진행하고 상무이사 이종호가 통역을 담당했으나 다소 미진한

＋ 1982년 설립된 한국건강관리협회가 기존 "알토란 같은" 기협의 재산과 인력, 장비를 그대로 흡수해 1986년 완전히 통합된 것 역시 일본과 비슷한 경로를 보인다. 이순형 인터뷰 2016/07/12.

이종호의 일본어를 중간에 이영춘이 직접 교정해 주기도 했다.[93] 이런 일본어 능력은 일본기생충예방회 담당자들과 학자들에게도 깊은 인상을 남겼다.[94]

일본기생충예방회는 이후 자민당 의료협력위원회와 외무성 기술협력과를 설득해 서태평양 지역 국가의 기생충 감염 문제가 심각하며 일본해외기술협력사업단OTCA을 통해 적극적인 해외 협력 사업을 전개할 필요가 있다고 주장했다. 앞서 언급했다시피 OTCA는 초기부터 기생충 관리 사업을 포함한 열대 의학 분야가 일본의 경험을 잘 살릴 수 있는 분야임을 인지하고 있었다. 다만 OTCA가 한국에 대한 지원을 결정하기 위해서는 먼저 한국 측이 일본 외무성 경제협력국에 지원을 요구해야 했다.[95]

이에 1966년 10월에는 일본기생충예방회에서 구니이를 포함한 사전 조사단을 꾸려 한국의 실정을 시찰하고 지원 방안을 논의해 보기로 했다. 조사단이 방문할 당시 기생충박멸협회의 검사실에는 "일본이라면 중학교 이과 교실에서 볼 수 있는 배율 200배 정도의 소형 현미경이 몇 대" 있을 뿐이었고, "검사원이라는 여자 직원 몇 명은 일거리가 없이 빈둥대고" 있어 "월급을 줄 수 있는 것인가" 의문스러운 상태였다.[96] 즉 조직으로의 체계는 갖추어져 있고 법률도 정비되었으나 이를 시행할 수 있는 기술과 장비가 부족한 상황이었다.

또한 1965년 한일 국교 정상화가 이루어졌으나, 일본인에 대한 대중의 인식은 여전히 부정적이었다. 조사단이 방문했을 때 탑골공원에서 "일본놈이라 하여 삽시간에 군중 포위로 공기가 험악"[97]해질 정도로 일본에 대한 부정적인 감정이 팽배한 한국의 상황과, 한국기생충박멸협회의 불안정한 운영 때문에 일본과의 협력 사업은 곧바로 시행되지 못했다.

일본의 지원이 이루어지기 전 기협은 한국외원단체협의회KAVA의 지원을 받아 다양한 환경 개선 사업과 홍보 사업을 전개했으나 큰 효과를 보지 못하고 있었다. 환경 개선 사업에 필수적인 인분 비료 사용 금지는 화학비료를 수급하는 데 한계가 있어서 전 국민을 동원하는 국가적인 사업으로 전환하기 어려웠다. 또한 일부 지역에서 진행되던 집단 투약 사업 역시 약품 수급이 힘들어서 원활하게 진행되지 않는 경우가 많았다.[98] 이처럼 초기 기생충 관리 사업의 네트워크는 기생충이라는 문제를 가시화하고 한국 정부와 대중을 비롯한 다양한 행위자들의 관심을 끄는 데에는 성공했으나, 이를 효과적으로 관리할 수 있는 기술적 수단이 부족했다.

〈기생충질환예방법〉 제정과 협회의 재조직

이 시기 기생충박멸협회가 이룬 가장 큰 성과는 1966년 〈기생충질환예방법〉을 제정하는 데 성공한 것이었다. 기협의 적극적인 로비와 KAVA를 비롯한 민간단체들의 지원에 힘입어 통과된 이 법안은 각급 학교의 장에게 연 2회 이상 학생의 기생충 감염 여부를 검사하고 치료해야 할 의무를 부과했다. 또한 기생충에 대한 조사 연구와 예방 사업을 위한 공인 단체로 기협을 선정했다. 하지만 학교 대상 검진과 치료를 전담할 기관이 어디인지를 법령에서 명확히 규정하지 않으면서 여러 단체들이 난립하게 되었다. 학교 대상 검진을 두고 과당 경쟁을 벌이는 학도보건단 등 기타 단체들의 존재, 운영 경험과 체계의 부재로 기협은 정상적으로 운영되지 못했다.[99] 1966년을 전후해 협회의 조직과 재정이 혼란했던 시기, 회장을 맡고 있던 이영춘은 자신의 병원이 있던 군산시 개정동에 머무르고 있었다. 이영춘은 당시 이미 농촌 위생과 지역사회 예방의학의 대부로 상당한 신망을 얻고 있어 초기 협회를 이끌 적임자로 생각되었다. 하지만 지리적 거리가 있는 상황에서 혼란한 협회 업무를 모두 조정하는

데에는 한계가 있었다.[100]

게다가 당시 기협은 "똥물에 튀겨 먹을" 정도의 불안정한 운영과 심각한 재정난으로 국정감사에서 문제를 지적당해 정부의 직접적인 개입이 필요할 정도였다. 그 결과 1967년 8월 지도부가 대대적으로 교체되었고, 탁월한 행정력과 조직 운영 능력이 인정되었던 이종진을 회장으로, 서병설을 부회장으로 임명해 새로운 지도부가 꾸려졌다.[101]

대대적인 조직 개편 과정에서 이종진이 신임 회장에 선임되고부터 민간단체 조직가로서 두각을 나타내기까지를 이야기하기 전에, 그의 배경과 경력을 먼저 짚어 봐야 할 것 같다. 이종진은 경성부민병원 재임 당시 세브란스의 전 교장이었던 오긍선의 소개로 손녀인 오숙자와 결혼했다.[102] 오숙자의 아버지, 즉 이종진의 장인은 1950년 한국전쟁 당시 보건부 장관을 맡았던 오한영이다. 이런 인연으로 전쟁 기간 동안 이종진은 보건부 장관 비서관을 지내며 외국 원조 기관 유치, 구호 병원 설치와 같은 원조와 병원 행정 업무를 경험했다. 1952년에는 세계보건기구 장학생으로 존스홉킨스 대학에서 공중보건학 석사 학위를 받았고, 1953년 귀국하자마자 최재유 보건부 장관의 요청으로 다시 보건부에서 일하기 시작했다. 1960년대 초중반 보건 의료계에서 그만큼 전문성을 가진 사람은 흔치 않았고, 국제적인 사업을 담당할 수 있는 사람은 더욱 드물었다.

즉 일본에서 조직가이자 행정가로서 기생충 관리와 가족계획을 매개한 것이 구니이였다면, 한국에서는 기협 회장이자 가족계획협회 이사장으로 활동했던 이종진이 이 역할을 했다. 1950년대부터 다양한 국제 행사에 한국 보건부 대표로 참여하기 시작한 이종진은 일찍부터 국제 무대에서 경험을 쌓아 나갔으며, 1957년에는 중앙의료원 개원 협의를 위한 시찰단으로 3개월간 스칸디나비아 연수를 거치며 1958년 중앙의료원 개원 당시 초대 원장으로 부임했다.[103] 1960년 9월, 중앙의료원 병원

장을 사임한 뒤 그가 가장 먼저 참여한 민간단체 활동은 가족계획 사업이었다.✦

당시 보사부 방역국장실에는 이종진을 필두로 한 의학계 인사 16명이 모여 산아제한 문제를 논의하고 추후 민간단체를 발족할 것을 결의했다.[104] 1960년 11월에는 국제가족계획연맹의 아시아 지역을 담당하고 있던 조지 캐드버리가 한국을 방문해 자금 지원을 약속하면서 본격적으로 가족계획협회 설립에 관한 논의가 시작되었다.[105] 한국의 가족계획 사업 시행 초기부터 참여해 온 이종진은 다양한 국제 경험을 바탕으로 1960년대 중반 국제가족계획연맹 서태평양 지부 부의장을 맡아 활동하기도 했다. 그리고 이런 국제 협력 사업 경험을 통해 이종진은 일찍부터 일본 및 국제 관계자들과 친분을 쌓아 왔다.✦✦

그렇게 1967년, 기생충박멸협회의 운영을 정상화해야 할 필요가 대두되자 정부는, 당시 보건국장을 맡고 있던 한상태를 통해 보건 행정과 국제 관계 경험이 풍부한 이종진에게 기협을 맡아 달라고 부탁했다.[106] 구니

✦ 이종진은 스칸디나비아 협력 사업을 담당하면서 국제적 기술협력과 원조에 대한 풍부한 경험과 지식을 쌓을 수 있었다. 이후 중앙의료원의 개원은 일제강점기 일본이나 군정기 미국의 지원을 일방적으로 받는 형태가 아니라 한국 의료진이 주도적으로 "자신의 의학 지식을 넓힘은 물론 우리나라의 의학 수준을 향상시키는" 계기가 되었다. 또한 "환경과 조직이 허락한다면 선진 제국에 못지않게 잘할 수 있다는 자신을 가질 수 있게" 되었다. 이종진은 보건 의료에 대한 원조를 한국 자체의 경험으로 전환하는 데 많은 관심을 가지고 있었다. 이종진, "국립중앙의료원 설치 의의," 『종합의학』 3(9), 1958, 112쪽; 이종진, "중앙의료원의 의의와 업적," 『대한의학협회잡지』 3(2), 1960, 5쪽.

✦✦ 이종진과는 "기생충박멸협회 회장이 되기 전부터 가족계획상에서 나의 친구"였다는 구니이의 기록으로 보아 1965년 국제가족계획연맹 서태평양 지부 조직을 전후해 구니이와 안면이 있었던 것으로 보인다. 海外技術協力事業団, 『韓国の寄生虫予防運動』 (海外技術協力事業団, 1971), p. 23.

이는 이종진을 회장으로 선임한 정부의 인사를 "실로 계략적인 것"이라 평가했다.[107] 이종진의 임명을 계략적이라 평한 것은 그가 민관 양 측에서 상당한 경험을 쌓아 왔으며 신망을 얻고 있어 기존의 갈등을 잘 조정할 수 있는 인물이었기 때문이다. 의사 출신이며 보건 관료로 오랜 경험을 쌓아 와 정부와도 긴밀한 관계를 맺고 있으며 국제 경험도 풍부해, 기협과 같은 반민반관 단체의 국제 협력 사업을 추진하기에는 이종진만한 적임자도 없었다. 또한 중앙의료원 같은 대형 기관을 운영한 경험이나 명성으로 보았을 때 기협 내부에서 그의 회장 임명을 반대할 명분도 없었다.

한국 기협의 대대적인 조직 개편 이후 일본과의 협력 논의는 급물살을 타기 시작했다. 풍부한 국제 협력 경험을 바탕으로, 이종진은 회장에 임명된 직후인 1967년 11월 30일에 바로 일본 측에 정식으로 '원조 요청서'를 작성해 발송했다.[108] 당시 일본기생충예방회의 자체 기금으로는 한국에 대한 국가 단위의 지원이 어려웠기 때문에 일본 정부 차원의 협력이 필요했다. 이에 구니이는 국제 의료 협력에 참여하며 구축한 인적 네트워크를 이용해 일본 정부 관계자들에게 한국에 대한 기생충 관리 협력 사업을 요청했다.

그렇게 자유민주당 의료협력위원회와 논의한 구니이는, 이듬해인 1968년부터 한국과 본격적인 국가 단위 협력 사업을 시행할 것을 약속받았다.[109] 1967년 11월 일본 자민당 의료협력위원 중 한 명인 중의원 시라하마 니키치가 한국을 방문해 한국의 의료 상황과 기생충 박멸 사업 실상을 시찰하며 한국의 지원 요청서를 다시 검토했다.[110]

일본 정부는 기협을 한국에서 정부를 대신해 기생충 사업을 전담하는 조직으로 인식했고, 1968년 6월 정식으로 OTCA 차원의 조사단을 파견해 최종적으로 한국의 실정을 확인한 뒤 검진차, 현미경, 원심분리기, 구충제 지원을 약속하는 사전 협약을 맺었다.[111] 초기 지원 계획은 총 3개년으로서 그 규모는 1차 연도에 5만7750달러, 2차 연도에 5만4500달러, 3차 연도에 1만1800달러로, 총 12만4050달러였다. 그 외 직원 연수비용이나 시청각교재 등의 지원은 별도 예산으로 처리하기로 했다.

기술적 자원을 바탕으로 '집단검진, 집단 투약'의 경제적 자립을 중시하는 '일본식 방법'이 도입, 정착된 것은 이후 한국 기생충 사업을 특징짓는 중요한 기점이 되었다. 1969년 학교 대상 집단검진이 시작되어 검진 수익이 나기 전까지 기협은 지역 내 회비를 내는 가입자에게 "무료 검사를 하고, 충란이 발견되면 구충약을 무료 제공하는" 형태로 운영되고 있었다.[112] 하지만 당시 적십자, 나협회(현 한국한센복지협회), 결핵협회, 수해연금, 산림조합 등 수많은 단체들이 회비를 요구하고 있었으나 제대로 된 서비스를 제공하지 못한다는 비판이 거센 상황이었다.[113] 가입자 중심의 운영 방식은 회원의 숫자를 확대하는 데 한계가 있었고, 무료 검사와 투약에 소요되는 예산 때문에 수익성도 높지 않았다. 이런 이유로 한일 기생충 관리 사업 협력 초기부터 구니이는 한국 측에 회비제를 철폐하고 학교 집단검진 수익에 기반한 자립형 조직 구조를 도입할 것을 강조해 왔다.[114]

1970년부터 한국·일본·타이완 사이에 이루어진 인적 자원 교류의 일환으로 일본에 초청된 한국 기협 관계자들은 일본 측의 활동 과정을 여러 주에 걸쳐 "밀착해서 관찰"하며 노하우를 습득했다.[115] 특히 행정, 조직 운영, 인사관리 등에 대한 교육이 집중적으로 이루어졌는데,[116] 1972년부터 기협은 직원 국외 연수 제도를 정착시켜 일본에서 전문 인력을 교육했다.[117] 초기에는 주로 검진 기사 등 기술 인력이 중심이었으나 1970년대 중반을 지나며 행정 인력의 비중이 늘어나 연간 10~15명가량이 파견되었다. 사무총장은 연간 10여 차례 이상 일본을 방문하며 자금 지원 등 행정 업무를 조율해 나갔다. 또한 일본과 타이완의 담당자들도 5~10명으로

"가두 검변 나갔을 때 검사하러 온 시민들이 아가씨가 어디 할 일 없이 똥검사를 하러
다니느냐는 말에 나도 모르게 눈물이 핑 돌았던 일," 김이순, "검사속에 얽힌 뒷이야기,"
『건강소식』 6(7), 31쪽.

구성된 시찰단을 파견해 매년 각국의 사업 성과를 공유했다.[118] 이런 연수 체계는 각국의 사업 담당자들이 이 사업을 단지 검진과 투약 기술이 아니라, 이를 운영할 수 있는 행정 체계가 중요하다는 점을 인지하고 있었음을 시사한다. 또한 단순히 글로는 전달될 수 없는 실천적 지식인 암묵지tacit knowledge에 해당하는 부분에 "밀착"해 관찰하는 방식으로 전수되었음을 볼 수 있다. 즉 보건 의료 사업의 수행에 있어 과학기술적 지식뿐 아니라 그에 수반되는 행정 실무와 이를 운영할 수 있는 노하우의 중요성이 강조되었던 것이다.

한국은 일본에서 습득한 경험을 그대로 실천했다. 학교 집단검진 사업을 확보하는 공격적인 '영업' 활동 덕분에 사람들에게 '똥 장수'라고 불릴 정도였다.[119] 1969년 문교부가 기협을 초중고교 대상의 공식 기생충 검진 조직으로 인정하자 사업은 경제적으로 안정되었다.[120] 결국 일본의 경제적 자립 모델을 도입함으로써 한국 기생충박멸협회는 안정적인 기반을 마련할 수 있었다. 1971년에 이르러서 기협은 완전히 검사료 수익에 의존하는 형태로 자리 잡았고 "일하지 않으면 경영 위기에 빠진다는 배수진을 의식"해 "일본의 기생충 예방 방식과 비슷"해져 있었다.[121]

약이냐, 똥이냐 그것이 문제로다

1968년까지 한국의 기생충 관리 방안에는 검진과 투약뿐만 아니라 "인분 비료 사용 금지와 청정채소 보급 사업" 같은 지역 위생 개선 사업도 혼재해 있었다.[122] 이는 한국뿐만 아니라 일본과 타이완에서도 유사하게 등장한 해묵은 논쟁이었다. 기생충과의 접촉을 최소화해 원천적으로 차단하는 환경 개선 방식은 기생충 감염 예방뿐만 아니라 전반적인 위생

✦ 왼쪽   1970년대 활용되었던 기생충 예방 홍보 포스터.
✦ 오른쪽   한국기생충박멸협회가 서울 시내에 설치한 청정채소 보급소에서 사용한 봉투.
기생충 없는 깨끗한 채소임을 강조하고 있다.

과 건강 상태를 향상시킬 수 있었다. 하지만 대체로 많은 예산과 시간이 필요하다는 한계가 있었다. 집단 투약의 경우 단기간에 효과를 볼 수 있었지만 투약이 중단되면 빠른 시간 내에 감염률이 과거 수준으로 돌아갈 수 있었으며, 또한 효과적인 약품이 필요하다는 기술적 제약도 존재했다.

이 때문에 한국의 기생충 박멸 사업 초기에는 주로 환경 개선이 주된 사업 방침으로 떠올랐다. 기생충 감염이라는 보건학적 측면뿐만 아니라, 농산물의 해외 수출 등 경제적인 고려도 함께 작용했다. 한국전쟁 이후 남한에 주둔하던 "미8군에서는 채소를 우리 시장에서 사지 않고 항공편을 이용해 주로 일본에서 들여오"곤 했다.[123] 외화가 절실했던 상황에서 이는 큰 손실이었다. 1948년 역학조사를 통해, 한국에 주둔 중인 미군의 장내기생충 감염이 심각한 수준임을 인지한 미군은 한국에서 생산된 농산물에 엄격한 검역 지침을 적용했다. 1963년 미8군이 식품을 납품하는 농장주들에게 제공한 지침서를 보면, 농장의 토양과 생산된 채소에 기생충란이 없음을 확인하는 인증서를 받아 오도록 요구했다.[124] 또한 농장 인근에 변소가 없을 것, 세척 시 사용한 물에 대해서도 적합 여부를 인증받아 올 것 등 일반적인 한국의 농장주들이 사실상 맞추기 어려운 기준이 많았다. 1962년 국회 연석회의에서 농림부 장관 장형순은 "한국의 토지가 회충이 많다고 해서 우리한테는 사지를 않"으며, "그래서 우리가 토지를 불로 구어가지고 충을 없애고 미국 사람들이 그것을 시험해서 이만하면 되었다고 확인을 받고 한 다음에야 납품하게 되었"다며 어려움을 토로했다.[125] 미군은 먹지도 않는 채소를 한국 사람들은 먹고 있었으며, 이 사실은 구입 거부라는 형태로 외부에 고스란히 공개되어 수치의 경험을 안겼다.+

이렇게 기생충에 오염되지 않은 농산물은 청정채소라 불렸다. 오늘날 청정채소라 하면 주로 농약이나 화학비료를 사용하지 않고 유기농으로 키워 낸 채소를 떠올리기 마련이다. 하지만 1960년대의 청정채소는 인분 비료를 쓰지 않고 오로지 화학비료만을 써서 키운, 즉 기생충란에 오염되지 않은 채소를 말하는 것이었다. 보사부에서 발간한 기생충 관리 지침에서는 청정채소 생산 방법과 세척 방법을 명시하고 있었고, 청정채소 재배 시범 지역에 대한 검수 조서가 마련되었다. 정부는 채소 가게나 식당 중 청정채소만을 취급하는 시범 업소를 운영하기도 했다. 특히 국립 중앙의료원 구내식당인 스칸디나비아 클럽은 "기생충 알이 1개도 없는 식사를 할 수 있는 식당"으로, 설립 당시에는 식재료를 모두 북유럽에서 비행기로 공급받다가 청정채소 재배 이후 국내산 식재료로 대체되었다 는 사실이 주목받기도 했다.[126]

하지만 오랫동안 사용되어 온 인분 비료를 단시간에 없애기는 어려 웠다. 똥오줌을 비료로 사용한 것은 동아시아 농업의 고유한 특징 중 하 나였다.[127] 동아시아에 특징적인 집약적 농법과 더불어, 조선시대에 들어 도시 인구가 증가하고 근교에서 과수원과 채소 농업이 발전하면서 유기 비료인 인분의 수요가 늘어났다. 농경 사회에서 가축의 수는 한정되어 있 어서 매일 일정한 양이 공급되는 인분이 거름에 보다 적합했기 때문이다. 동시에 상업 작물에 분뇨를 활용하며 도시의 위생 문제를 해결할 수 있다 는 장점도 있었다. 특히 한반도에서는 온돌 생활에서 발생하는 아궁이의 재를 인분에 섞어 비료를 만드는 방법을 사용했는데, 재가 수분을 흡수해 고형화하면 저장이 용이했으며, 재의 강한 알칼리성이 일부 살균 효과도

✦ 기생충박멸협회는 1960년대 중반 이후 청정채소 운동, 즉 인분 비료를 사용하지 않고 화학비료만을 사용한 '기생충 예방 시범 부락'을 설치 및 운영했다. 여기에 '고등 채소'라는 이름을 붙여 1960년대 후반부터 미군 부대에 '청정채소'로 공급할 수 있게 되었다. 서효덕 외, 『2012 경제발전경험모듈화사업 : 한국 농업의 백색혁명』(기획재정부, 2013), 115쪽.

발휘했다.

일제강점기에도 화학비료 사용이 권장됐고 흥남 비료 공장과 같은 대규모 생산 시설이 한반도에서 설치되었으나 농민들이 현금 경제에 편입되지 않아 보급이 잘 이루어지지 않았다.[128] 해방 후 남한의 비료 사정은 더욱 열악했다. 흥남 비료 공장 등 일제강점기 당시 건설된 비료 생산 공장의 90%가 북한에 위치했다. 남한에 남아 있었던 조선 화학비료 등 몇 개 공장은 시설도 낙후되어 있었고, 전력난으로 생산이 여의치 않았다. 이후 1970년대에 들어서야 화학비료, 농약, 생장호르몬제 등 화학적 투입에 의해 농업 생산성을 높이는 화학 농업 위주로 정책이 진행되었다.[129]

1961년 미국 국제협력처의 지원을 받아 건설된 충주 비료 공장을 필두로 남한에도 다수의 비료 공장들이 건설되었다. 1960년대에 거대 화학비료 공장이 7개나 설립되었으며, 1968년에는 국내 총 수요량의 70%를 자급할 수 있었고, 1984년에 이르면 국내 수요를 충당하고 연 100만 톤을 수출할 수 있을 정도의 비료 생산량을 갖추게 되었다.[130]

화학비료 생산량이 증가하면서 도시의 분뇨 처리가 점차 어려워졌다. 인분 비료의 판매가 줄어들면서 인분을 수거할 이유도 줄어들었기 때문이다. 이에 따라 분뇨를 무단 방류하는 일도 많아졌다. 보건사회부는 1968년 분뇨 처리 10년 계획을 세웠는데, 이는 1977년까지 전국 각 시·군·읍 소재지에 분뇨 저장 탱크를 만든다는 것이었다. 도시 지역의 분뇨 처리 양상도 1980년대에 들어 크게 변화했다. 1974년에는 서울의 수세식 분뇨 정화조가 15.8%, 수거식이 84.2%였던 데 반해 1987년에는 역전되어 수세식이 56.2%를 차지했다.[131] 이처럼 도시 내 인분 처리 양상이 급격히 변화하면서 기생충의 전파 경로도 자연스럽게 차단되었다. 인분 비료 사용을 금지하기 위한 정부의 다양한 노력은 시판 화학비료 공급의 확대와 이에 따른 농업 생산성 증대로 해결되었다. 즉 인분 비료 처리의 문제 등 환경 개선의 문제는 기생충 박멸 사업의 직접적인 노력보다는 다른 산업의 발전에 따른 부수적인 효과로 일어난 변화였다. 또한 이런 변화는 집단검진, 집단 투약 사업이 전개되고 수년이 흐른 뒤에나 나타난 변화였다.

일본에서도 기생충예방회 설립 초기에 이런 논쟁이 있었다. 1950년 일본 후생성 산하에 조직된 기생충병예방대책협의회에는 주요 의과대학 기생충학자들과 후생성의 위생국장, 약무국장, 문부성의 초등교육국장 등 학계와 행정부의 핵심 인사들이 대거 참여했다. 하지만 어떻게 기생충 문제에 접근할 것인지는 크게 두 가지로 의견이 나뉘었다. 첫 번째는 인분 처리 방법 개선을 기본 대책으로 하는 환경 개선을 우선 시행하자는 주장이었다. 두 번째는 게이오 대학의 고이즈미와 오사카 대학의 모리시타 등이 주장한 것으로, 집단 구충을 우선해야 한다는 것이었다.

그들의 주장은 다음과 같았다. 분뇨 처리와 환경 개선의 필요는 인정하지만, 이를 현실적으로 개선하기 위해서는 막대한 자금과 장기간의 사업이 필요하다. 현재 예산 부족에 허덕이는 일본 정부가 환경 개선 정책을 시행하기는 어려울 것이다. 즉 환경 개선을 우선한 정책은 사실상 기생충 예방을 포기하는 것이나 다름없는 결과를 낳을 것이다. 오히려 집단 구충 사업의 경우 일시적으로나마 증상을 개선해 건강을 되찾게 할 수 있고, 재감염의 경우 반복된 투약으로 그 영향을 최소화할 수 있다. 나아가 투약으로 건강을 되찾은 경험과, 사업 중 시행된 위생 교육을 계기로 개개인의 위생 행동을 변화할 수 있을 것이다. 즉 집단 투약이 환경 개선을 위한 사람들의 자발적인 참여를 이끌어 내는 도구로 활용될 수 있다는 것이다.[132]

1960년대 세계보건기구의 장내기생충증 전문가 협의회에서도 환경 개선을 주장하는 쪽과 집단 투약을 주장하는 쪽이 대립하고 있었다.

특히 서구의 전문가들을 중심으로 하는 전문가 협의회는 서구에서 이미 성공한 환경 개선을 우선 고려하고 있었다.[133] 1961년 세계보건기구는 토양 매개성 선충 관리를 위한 전문가 위원회를 개최했다. 당시 회충 연구를 선도하고 있던 미국 툴레인 대학 열대의학과의 폴 비버가 연구 책임을 맡았다. 그는 보고서에서, 고립된 지역의 경우 회충에 한해 박멸이 가능할 수도 있지만, 이 역시 상당한 노력과 비용이 투자되어야 가능할 것이라 전망했다. 또한 현존하는 약물로는 회충을 제외한 다른 토양 매개성 선충을 효과적으로 제거하기 어렵기 때문에, 현실적으로 가능한 방법은 환경 개선을 통한 점진적인 위생의 개선이라고 전망했다. 하지만 이 보고서에서 비버는 일본에서 이루어진 박멸 활동에 대해서는 아무런 언급도 하지 않았다.[134]

한국에서도 1969년 이전까지는 환경 개선을 우선하는 쪽과 집단 투약을 우선하는 쪽이 대립하고 있었다.[135] 그중 환경 개선을 주장한 초대 회장 이영춘과 연세대학교 기생충학교실의 소진탁은 모두 농촌 의학에 뿌리를 두고 있었다. 이영춘은 이미 1950년대부터 개정 농촌위생연구소를 중심으로 지역사회에서 개량된 화장실을 설치하고 위생 상태를 개선해 토양 매개성 기생충의 감염률을 낮추는 활동들을 진행해 오고 있었다. 소진탁 역시 이영춘의 지도 아래 구충(십이지장충) 연구로 박사 학위를 받았으며, 개정 인근의 농촌 진료소에서 진료를 한 경험이 있었다. 이들은 그 경험을 통해 농촌 지역에서 기생충 감염률을 개선하기 위해서는 전반적인 위생과 건강 상태 향상이라는 근본적인 변화가 필요하다는 생각을 공유했다.

즉 반복적인 재감염을 원천적으로 차단하지 않는 이상 집단 투약 사업은 한계를 가질 수밖에 없으며, 투약이 중단되는 시점 이후 빠른 시간 내에 이전의 감염률로 복귀할 것이라는 전망이었다. 일찍부터 이영춘과

1950년대 개정에서 화장실 개선 사업을 설명하고 있는 이영춘. 인분을 저장하는 과정에서
충란이 새어나가지 않도록 콘크리트 링을 설치하는 사업을 진행했다.

3 "대변을 마치 황금처럼 생각하며"

함께 농촌 위생을 다루어 왔던 소진탁은 "기생충 문제를 해결하려면 먼저 변소의 개량이 선행되어야 된다는 것이 나의 변함없는 이론"이라고 주장했다. 연세대학교 기생충학교실의 경우 인분 비료의 물리화학적 처리 방법, 변소에서의 기생충 살멸법 등을 1958년 교실 창설 이래 지속적으로 진행해 왔다.[136]

한편 1967년 서울대학교 기생충학교실의 서병설을 중심으로 교체된 새로운 기협의 지도부는 다른 생각을 가지고 있었다. 일제강점기 의학 교육을 받고 일본 유학을 통해 전문성을 획득한 이영춘, 소진탁과 달리 서병설은 미국에서 기생충학을 수련했다. 이들은 대학 중심의 연구 활동에 더 많은 관심을 쏟았으며 제약 회사들과도 밀접한 관계를 맺고 있었다. 제약 회사와의 합작을 통한 구충제 연구는 당시 제한된 대학 예산 속에서 기생충학교실이 연구비를 확보하는 주요 통로이기도 했다.[137] 자연스럽게 이들은 일본에서 시행된 집단검진, 집단 투약 사업을 거부감 없이 받아들였다.

이런 변화는 보건사회부에서 발간한 지침서 『기생충관리』에서도 나타났다. 본격적으로 전국 단위의 사업이 시행되기 전인 1968년에 발간된 보사부의 지침서 『기생충관리』는 기생충 예방책을 크게 분변 처리, 감염 방지, 구충으로 구분했다. 지침서는 그중 분변 처리를 가장 먼저 다루고 있으며, 문서의 대부분을 인분을 처리하는 법이나 화장실을 개량하는 법, 청정채소 보급 기준 등에 할애했다.[138] 그에 반해 1969년 발간된 같은 이름의 지침서는 구충이라는 용어 대신 "집단 구충"이라는 표현을 사용하고 있으며, "구충은 개인으로 하는 것보다 집단적으로 구충하면 치료는 물론 예방적 견지에서 성과가 크다"는 점을 명시했다. 특히 집단적으로 일제히 투약하는 것은 개인 차원의 투약과 근본적으로 다르며, 이를 통해 장기적으로 기생충 감염률을 줄일 수 있을 것이라 주장했다.[139]

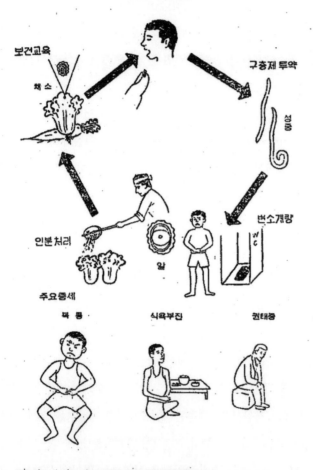

회충의 생활사

보건교육

채소

구충제 투약

성충

인분 처리

알

변소개량

주요증세

복통   식욕부진   권태증

감염경로 : 채소 및 손에 묻은 알이 입으로 들어간다.
예 방 법 : 손은 깨끗이 하고 채소는 4~5회 씻자. 환경을 깨끗이 하자
치 료 약 : 피페라진

1968년 보건사회부에서 발간한 기생충 관리 지침서는 환경 개선에 더 많은 비중을 두고 서술했는데, "회충을 근절하기 위한 근본 방법"으로 "첫째는 인분에 섞여 있는 회충란을 멸살"하는 것이라고 강조했다.

일본뿐만 아니라 한국에서도 성공을 거둔 집단검진, 집단 투약의 경험은 이런 사업 방법이 아시아의 다른 나라에 적용될 수 있으며, 충분히 대안이 될 수 있음을 보여 주었다. 즉 학교를 중심으로 한 집단검진, 집단 투약 사업을 통해 경제적 자립을 확보하는 '일본식 방법'이 한국에서 재현된 것이다. 한일 기생충 협력을 통해 일본과 한국은 성공의 경험을 공유할 수 있었다. 구니이는 1971년 조사 보고서에서 "한국의 사업이 성공했다는 것이 알려진다면 일본은 이 '한국 방식'을 아시아 제국의 의료 협력법으로" 해야 할 것이라 평가했다.[140] 즉 서구에서 제시한 환경 개선이 아닌 집단검진, 집단 투약 방식이야말로 아시아에 적합한 기생충 관리법임을 증명한 것이다.

집단검진 기술의 성장

OTCA를 통한 차량과 현미경 같은 본격적인 물자 도입은 1969년 3월부터 이루어져 실질적인 사업 수행이 가능해졌다. 물질적 측면뿐만 아니라 사업 방법의 제시나 기생충 검진 기술과 같은 기술적 지원이 한국기생충박멸협회의 자립과 성공에 중요한 역할을 했다. 그 대표적인 사례가 셀로판후층도말법이다.

1969년 집단검진에서 셀로판후층도말법이 도입되기 전까지는 직접도말법이나 부유법, 침전법 등이 사용되었다. 셀로판후층도말법은 유리로 된 현미경용 커버글라스 대신 셀로판지를 사용하는 방법이었다. 기존의 커버글라스를 사용하는 경우 대변에 이물이 있으면 깨지기 쉬웠고 세척 및 재사용이 번거롭다는 단점도 있었다. 당시 채변 과정에서는 맨바닥에 배변을 한 뒤 이를 채변 봉투에 담곤 했기 때문에 모래가 섞여 들어가는 일도 많았다. 모래가 섞인 대변을 검사하기 위해 커버글라스를 누르면 쉽게 파손되었다.

반면 셀로판지를 글리세린에 적셔 두면 투명하지만 유연하고 질긴 형태로 바뀌게 된다. 검사를 수행할 대변 위에 이 셀로판지를 덮고 누른 다음 수 시간을 건조하면 검사가 가능했다. 셀로판후층도말법은 기존의 부유법이나 침전법보다 남아 있는 이물질이 많아 검사 오류율이 높다는 단점은 있었다. 현미경에서 관찰할 때 대변 안에 남아 있는 꽃가루 등이 기생충알과 매우 유사하게 보이기도 했기 때문이다. 하지만 비용이 매우 저렴했을 뿐만 아니라 단시간에 대규모 샘플을 처리할 수 있다는 장점이 있었다. 이는 수백만 명 규모의 전국 단위 사업을 수행하는 데는 필수적인 기술이었다. 결과적으로 셀로판후층도말법은 기존 방법에 비해 소요 시간과 비용 모두를 대폭 절감해 주었다.

이는 1949년 일본에서 개발되어 1961년부터 일본기생충예방회에 정식 채택된 방법이었다. 일본 기생충학자들은 한국에 와서 기협의 검사원들에게 셀로판후층도말법을 교육하고 전수했다.[141] 더불어 컨베이어 벨트와 건조기를 이용해 가검물을 더 빠른 시간에 준비할 수 있도록 돕는 여러 가지 장치들도 일본에서 도입되었다.[142] 컨베이어 벨트 식의 분업화된 샘플 처리 방식도 대규모 검사 사업에서 필수적인 지식이었다.

학교에서 채변 봉투가 수집되면 먼저 이를 학교와 학년별로 분류해 제출 내역을 출석부와 대조, 확인했다. 이후 대변을 꺼내 도말반이 셀로판후층도말법으로 대변을 슬라이드에 눌러 준비하는 과정을 거쳤다. 이렇게 준비된 샘플들은 건조기로 옮겨졌다. 이전까지는 샘플을 자연 건조했는데, 여기에는 여러 시간이 소요되어 준비하기까지 오래 걸렸을 뿐만 아니라 이 과정에서 충란이 부화하는 등 샘플 변조의 가능성도 높았다. 하지만 분업화된 처리 과정과 건조기의 도입을 통해 검사 시간을 단축하고 정확도도 높일 수 있었다. 이렇게 최종적으로 준비된 샘플들은 현미경 검사 인력들에 의해 검경되어 최종 결과가 각 개인의 채변 봉투에 기록되었다. 이후 채변 봉투에 기입된 성적을 기록통계반에서 하나의 명단으로 종합하고, 사업과에서 이 결과지를 학교에 약품과 함께 전달했다. 즉 학교에서 출발한 채변 봉투는 분류반, 도말반, 검경반, 기록통계반, 사업과를 거쳐 다시 학교로 회송되는 일련의 컨베이어 벨트를 거치게 되었다. 일본이 지원한 물자와 장비뿐만 아니라 함께 전수한 기생충 검사법과 같은 행정적·기술적 지원은 1970년대 기협이 한국에서 연간 1000만 명이 넘는 학생들을 검진할 수 있도록 하는 기반이 되었다.

한반도, 그리고 한국 국민들의 체내에 존재하는 기생충의 현황을 조사하고 이를 가공하는 작업에도 다양한 행위자들이 참여했다. 이런 자료 수집은 기생충박멸협회 직원들이 학교를 방문해 학생들을 등록하는 작업에서 시작되었다. 직원들은 핵심적인 기초 자료인 대변을 수집하기 위해 채변 봉투를 학교 보건 교사들에게 배포하고 교사와 학생들에게 채변 방법을 설명했다.

이 과정에서 예기치 못한 저항이 등장하기도 했다. 학생들은 다른 학생이나 동물의 대변을 대신 제출하기도 했고, 채변 봉투의 내구성이 약해 대변이 새어 나오는 일도 있었다.[143] 취약한 사회 인프라 역시 수집 활동을 방해했다. 강원도처럼 교통수단이 발달하지 못한 곳에서는 폭우에 도로가 끊겨 학교 숙직실에서 채변 봉투와 함께 하룻밤을 지새우기도 했다. 하지만 가장 큰 저항은 냄새라는 대변 자체의 특성 때문에 나타났다. 대중교통으로 채변 봉투를 운송하는 경우에는 대변 냄새 때문에 승차 거부를 당하거나 주변 사람들의 눈총을 받기 일쑤였다.[144]

실제 검변을 수행하는 지부 건물은 수집된 검변들을 분석하고 그에 대한 조치 사항을 지시하는 핵심적인 공간이었다. 하지만 이 공간 역시

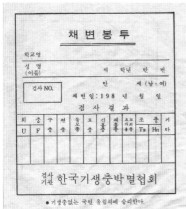

채변봉투

학교명
성 명
(이름)   제   학년   반   번

검사 NO.   만   세 (남·여)
                채변일 : 198   년   월   일
                    검 사 결 과

회 충		구 충	편 충	동 포 충	요 충	간 흡 충	폐 흡 충	효모 가막 충충	조 충		기 타
U	F								Ts	Hn	

검사
기관   **한국기생충박멸협회**

● 기생충없는 국민 올림픽에 승리한다.

채변상 주의사항

1. 반드시 본인의 변을 받아야 한다.
2. 변을 받을때는 바닥에 신문지를 펴놓고 다른 이물질이 묻지않게 받는다.
3. 채변은 소독저로 세군데 이상 밤알 크기로 떠낸다.
4. 떠낸 변을 비닐봉투에 넣을시 봉투입구에 변이 묻지않게 주의한다.
5. 비닐봉투에 넣은변이 새어나오지 않게 풀이나 실로 꼭 봉한다.
6. 대변은 새로운 것일수록 결과가 확실하다.

기생충 박멸 사업에서 사용된 채변 봉투. 앞면에는 인적 사항과 검사 결과가, 뒷면에는 채변 시 주의 사항이 기입되어 있다.

대변이 주는 냄새와 심리적 불쾌감으로 안정성을 확보하기 어려웠다. 검사소가 주택가 한가운데 있어 채변 봉투 한 장 잘못 다루어 주민들의 눈에 띄면 통반장을 통해 항의가 오기도 하고, 여름에는 냄새 때문에 건물 주변에서 냉대를 받아 주기적으로 위치를 옮겨야 하기도 했다.[145] 이 같은 장소의 불안정성은 자료 수집 활동을 방해하는 주요 요소 중 하나였다.✦ 하지만 1970년대 일본의 건물 지원으로 검변 사업은 더욱 안정적으로 진행되었다. 구니이는 "악취와 더러움이 싫어서" 계속 이전해야 했던 일본의 경험을 공유하며, 악취 때문에 "5분도 검사실에 있"을 수 없고 "엉덩이도 붙이고 앉아야 할 만큼 좁은"[146] 한국 기협의 건물을 개선해 줄 것을 요청했다. 그의 요청에 따라, 본래 1970년에 종료될 예정이었던 OTCA의 한국 지원은 3년이 연장되어 건물 지원 사업으로 확대되었다.

한국기생충박멸협회 시도 지부 건축에 대한 지원은 OTCA에 의해 직접적으로 이루어지지는 않았다. 하지만 한일 관계에서 기생충 박멸 사업을 대표적인 성공 사례로 생각한 주한 일본대사관은 추가 사업을 위해 일본만국박람회기념사업회를 소개해 주었다. 이를 통해 1973년 경기도와 부산 등 3개 지부 건축이 시작되었고, 1975년까지 총 13개 지부에 대해 6610만 엔이 지원되었다.[147]

통계적 자원의 확보

✦ 기협의 각 시도 지부들은 사업 초기 냄새와 선입견 때문에 겪었던 '셋방살이'의 설움을 이야기하며 독립적인 건물의 확보를 사업의 중요한 전환점으로 언급했다. 한국기생충박멸협회, 『기협이십년사』, 182-256쪽.

표 3.1. 1970년대 학생의 기생충 검사 기록 내역을 담은 건강기록부

		검사				구제		
		연월일	검사방법	검사결과	검사처	연월일	시약명	시약결과
국민학교	1							
	2	70.05.07	도말법	회충	기생충박멸협회(기협)	70.07.09	피페라진	
		70.12.12	도말법	회충	기협	70.12.12	피페라진	
	3	71.05.11	도말법	회충	기협	71.07.06	피페라진	구충
		71.10.10	도말법	회충	기협	71.12.10	고이즈민	구충
	4	72.06.10	후두도말법	음성	기협			
		72.11.07	후두도말법	회충, 편충	기협	72.12.14	피페라진	구충
	5							
	6	74.05.28	도말법	음성	기협			
		74.11.12.	도말법	음성	기협			
중학교	1	75.05.20	도말법	회충	기협	75.06.18	피페라진	1
		75.11.15	도말법	회충	기협	75.12.20	피페라진	2
	2	76.05.25	도말법	회충	기협	76.07.05	피페라진	1
		76.10.05	도말법	회충	기협	76.11.25	피페라진	
	3	77.05.07				77.07.04		
		77.11.10						
고등학교	1	78.06.07	도말법	기타	기협			
		78.10.11	도말법		기협			
	2	79.05.11	도말법		기협	79.05.25	콤반트린	
		79.12.16	도말법		기협			
	3	80.05.25	도말법		기협			

1. 기생충의 알이 발견된 사람은 의사의 지시에 따라 구충약을 먹읍시다.
2. 기생충의 알은 어떠한 경로를 거쳐 우리 몸에 침입하는지 조사합시다.

1970년대 들어 기생충박멸협회는 학생 100%를 대상으로 집단검
진을 수행하게 되었으며, 1971년부터는 무작위 추출을 통한 전 국민 장
내기생충 감염률 조사를 5년마다 수행했다. 검사 대상 역시 회충과 같은
장내기생충뿐만 아니라 간흡충이나 폐흡충, 장내 흡충류, 촌충 등으로 확

대되었다.[148] 이런 활동은 학술적인 동시에 실천적이었다. 기생충 감염률 조사표는 다양한 학문적 지식을 생산했지만, 동시에 양성자 투약을 위한 정보로도 사용되었다. 앞에서도 언급했듯 학교에서 감염이 확인된 아동들은 교실 앞으로 불려 나가 교사와 학생들이 보는 앞에서 구충제를 투약해야 했으며 이는 기존의 수치심을 강화하는 효과로 이어졌다.

1970년대 충청남도 청양에서 학교생활을 했던 한 여학생의 건강 기록부는 당시 기생충 감염과 검진에 대해 흥미로운 사실들을 보여 준다. 이 학생은 고등학교 3학년 때 키 162센티미터, 몸무게 53킬로그램, 체력 급수 1급으로 건강한 편에 속했다. 기록부에 따르면 다른 기저 질환은 없었으며, 결핵이나 기타 주요 전염병을 앓은 적도 없었다. 그럼에도 불구하고 기생충은 항상 그와 함께했다.

이 학생의 기록부는 한국 기생충 박멸 사업의 변화상도 보여 준다. 1970년 국민학교 2학년이 된 이 학생은 당시 전국 학교 기생충 검사 및 투약 사업에 따라 처음으로 기생충 검사를 받게 되었다. 기생충박멸협회에서 수행한 셀로판후층도말법 검사 결과 회충 감염이 확인되었고, 피레라진을 투약받았다. 검사는 1970년 5월 7일, 투약은 7월 9일에 이루어졌으므로, 당시 검사 후 결과 송부와 투약까지 약 2개월이 소요되었음을 알 수 있다. 1971년에는 일본 OTCA를 통해 당시 일본에서 개발된 고이즈민Koizumin이 도입되었는데, 지원 분량이 약 70만 명 분량으로 전국 대상 투약에는 턱없이 부족했기에 일시적으로만 사용되다 다시 피페라진으로 변경되었다는 사실도 확인할 수 있다. 이후 고등학교를 졸업하는 1980년까지 반복해서 검사와 투약을 받았는데, 1972년 봄철 검사와 1974년 검사에서 음성이 나왔음에도 이듬해에는 다시 기생충에 감염되어 있음을 알 수 있다. 즉 농촌 지역에서는 반복 투약에도 불구하고 1980년대까지 지속적인 재감염이 흔하게 일어났음을 보여 준다.

한국 기생충 박멸 사업의 가장 강력한 자원은 바로 철저한 통계자료의 수집이었다. 이는 학자들의 노력에 더해 개발독재 시대의 강력한 통제가 작동했기에 가능했다. 개별 학생에 대한 건강 정보들을 수집해 기록하고, 교사의 감시하에 투약이 이루어지며, 이에 대한 기록을 다시 추적해, 투약 효과에 대한 정보를 재수집할 수 있는 과정은 이런 시대적 배경에서 가능했다.

1969년부터 1995년까지 연인원 3억 명이 넘는 검변을 수행한 한국 기생충 관리 사업은 기생충 박멸을 위한 의학적 실천임과 동시에 기생충학적인 지식을 생산해 내는 기반이었다. 그 증거로 1960년부터 1980년까지 발간된 기생충학 논문 1400여 편 중 한국 기생충 관리 사업의 초점이 되었던 장내기생충과 사상충, 간흡충은 총 325편(23%)으로 가장 많은 비중을 차지했다.[149] 또한 기생충 관리 사업이 활발하게 진행된 1960년대부터 1990년대까지 대한기생충학회의 학술지인 『기생충학잡지』에 실린 논문 총 855편 중 절반 이상에 달하는 451편(52.8%)의 논문은 한국 기생충 박멸 사업에 적극적으로 참여한 연구자들에 의해 생산되었다.[150]

동시에 조사 사업으로 확인된 감염률은 사업의 효과성을 증명할 수 있는 확고한 기반이 되었다. 기생충박멸협회의 검사 수익은 학교로부터 지급받았으나 해당 예산을 각 학교에 배당하는 것은 문교부의 소관이었다. 수익의 원천을 상당 부분 정부 재원에 의존했기 때문에 협회는 지속적으로 사업의 정당성을 확인시켜야 했다. 검사를 통해 확보된 통계자료는 과학적이며 객관적인 지식으로서, 기협의 주장에 대해 객관적이며 가치중립적인 '과학적 지식'으로서의 권위를 부여하는 도구였다.[151] 이처럼 광범위한 조사 사업과 이를 기반으로 한 통계는 이후 국제 협력 사업에서도 중요하게 활용되었다.

집단 투약 기술의 성장

진단 기술의 발전과 더불어 집단 투약에 필요한 약품들도 확보되기 시작했다. 한국전쟁 이후 도입된 다양한 약품은 사람들이 회충 감염에 적극적으로 대처할 수 있도록 해주었으나 그 부작용도 만만치 않았다. 한국전쟁 이전에 효과적인 약품이 없던 때는 "아빠, 배가 아프니 담배 한 대 줘"[152] 하는 식의 치료법부터 심지어 휘발유를 마시는 등 다양한 민간요법이 성행했다.

1950년대까지 주로 사용되었던 구충제는 산토닌과 해인초였다. 해인초는 전 세계적으로 분포하는 흔한 해초 중 하나로 한국과 일본에서는 물 밑 바위에 붙어 자란다. 이 해인초를 끓이면 회충에 효과를 보이는 유효 성분을 추출할 수 있다. 흔한 해초로 만들 수 있다는 점에서 비교적 구하기 쉽고 저렴하다는 장점이 있었다. 하지만 냄새도 고약하고, 어지럼증을 일으키기도 했으며 시야가 노랗게 변하는 부작용도 있었다. 이는 당시 문학작품에서도 확인할 수 있다.

> 할머니는 긴 봄 내내 해인초를 끓였다. 싫어 싫어 도리질을 해대며 간신히 한사발을 마시고 나면 나는 어쩔 수 없이 천지가 노오래지는 경험과 함께 춘곤과도 같은 이해할 수 없는 나른한 혼미 속에 빠져 할머니에게 지금이 아침인가 저녁인가를 때없이 묻곤 했다. 할머니는 망할 년, 회동하나부다라고 대꾸하며 흐흐 웃었다.[153]

해인초는 특별한 정제 과정을 거친 것이 아니라 단순히 해초를 모아 끓여 내는 것이었기 때문에 약물 농도가 일정치 않았으며 구충 효과도 낮았다. 해인초와 산토닌 두 약품 모두 메스꺼움, 시력장애 등 부작용이 많

표 3.2. 한국 기생충 박멸 사업에서 사용된 구충제 목록

시기	상품명	성분명	용량
1969~76	코이즈민	산토닌-카이닌산	산토닌 50*mg*, 카이닌산 10*mg*
1969~78	피페라	피페라진	50~130*mg/kg*, 10일
1973~76	데카리스	레바미솔	2.5*mg/kg*, 1회
1972~87	콤반트린	피란텔 파모에이트	2.5~10*mg*, 1회
1981~95	버막스	메벤다졸	100~200*mg*, 1회
1988~95	젠텔	알벤다졸	200~400*mg*, 1회

았고, 독성이 높아 약물 과다 복용으로 영유아가 사망하는 사고도 자주 발생했다.

그중 1960년대 초반까지 집단 투약 사업에 주로 사용된 약품은 산토닌이었다. 산토닌은 물쑥*Artemisia*에서 추출한 유효 성분을 처리한 것으로서 1830년 독일 제약 회사 머크Merck에서 처음으로 결정 추출에 성공했다. 1940년대까지 동아시아 지역에서 사용된 산토닌의 원료는 주로 러시아 고원지대에서 생산된 것이었다.[154] 이후 냉전 체제에 접어들며 주요 산지인 동구권의 원료 수출이 중단되면서 약품 가격도 올랐으며, 이는 집단 투약을 어렵게 했다.[155]

약품의 품질이 고르지 못한 것도 집단 투약을 가로막는 주요 걸림돌 중 하나였다. 산토닌은 회충에만 효과를 보이는 약품이었으나 1950년대까지는 다른 대체재가 많지 않아 널리 사용되었다. 이 약품은 충체의 중추신경을 마비시키는 방식으로 복용 후 설사약을 함께 복용해 충체를 배출해야 하는 번거로움이 있었고, 시야가 노랗게 변하는 황시黃視, 어지러움, 복통 등의 불쾌한 부작용이 많았다.[156]

또한 원료 가격이 상승하자 유효 성분이 거의 함유되지 않은 가짜 의약품이 유통되는 등의 문제도 발생했다.[157] 1965년 서울시가 전체 국

민학생을 대상으로 투약하기 위해 구입한 30만 정 가운데 20%가 품질 불합격 판정을 받았다.[158] 약품이 정상적으로 납품되지 않아 투약 일정도 차일피일 미루어질 수밖에 없었다.

산토닌의 독성 때문에 과다 복용으로 환자가 사망에 이르는 사례도 꾸준히 보고되면서 대중들 사이에서는 구충제에 대한 불신이 높아져 '차라리 기생충과 공생하는 편이 믿을 수 없는 약을 먹는 것보다 낫다'라고 할 정도였다. 1967년 미국국제개발처USAID에서는 산토닌의 사용을 금지해 줄 것을 요청하기도 했다.[159] 1970년대 초반에 들어서서는 많은 국가에서 산토닌의 사용을 금지해 재배 면적이 점차 줄어들었고, 1972년에는 한국에서의 생산도 완전히 중단되었다.[160]

1969년 처음 실시된 국가 단위의 집단 투약 사업에서는 전국 국민학교 300만 명을 대상으로 '비페라칭'(피페라진)을 무료 투약했다.[161] 1965년 미국 제약 회사 화이자Pfizer에서 개발한 피란텔 파모에이트pyrantel pamoate(제품명 콤반트린)는 회충, 요충뿐만 아니라 구충(십이지장충)에도 효과를 보여 처음으로 광범위 구충제라 부를 수 있는 약품이었다.[162] 하지만 당시에는 국내에서 약품 원료를 생산할 기술이 없었기 때문에 원료 5톤을 전량 수입해야 했다.[163] 1960년대부터 국내 제약 회사들이 늘어나면서 해외에서 새로 개발된 구충제들이 도입되기 시작했다.

일본 OTCA를 통해 지원된 고이즈민은 산토닌에 카이닌산Kainic acid과 설사약을 섞어 순응도와 효과를 높인 제품이었다. 해인초에서 구충 효과를 발휘하는 유효성분인 카이닌산은 1953년 일본 연구자들에 의해 처음 정제되었다. 카이닌산은 단독으로는 독성이 높았고 구충 효과가 충분치 않아 카인산과 산토닌을 섞어 합체로 만드는 방법이 시도되었는데, 이렇게 개발된 약제가 고이즈민이었다.

더불어 아동들의 복용 편의를 위해 캐러멜 코팅이 된 상품도 개발되었다. 하지만 앞에서도 말했듯이 산토닌을 기반으로 한 약품들은 대체로 회충에만 효과를 보인다는 한계가 있었다.[164] 물론 회충은 가장 널리 퍼져 있는 기생충이었지만, 좀 더 심각한 임상적 증상을 가져오는 기생충은 구충과 편충이었다. 그럼에도 초기 기생충 관리 사업이 회충을 중심으로 이루어졌던 것은 광범위한 구충제가 없었기 때문이다. 또한 집단검진을 통해 선별 투약을 해온 것은 예산 및 외화를 절감하기 위해서였다. 특히 구충제의 원료를 대부분 수입에 의존하며 1974년 기준으로 연간 구충제 원료 수입에만 100만 달러 이상을 소비하는 상황에서, 비선별 투약은 '국고의 낭비'나 다름없었다.[165]

1950년대 개발된 피페라진은 회충뿐만 아니라 요충에도 효과를 보였고 비교적 손쉽게 합성할 수 있는 물질이었다. 하지만 1960년대 영세한 한국의 제약 회사들에게는 원료 물질을 합성할 수 있는 능력이 제한적이었고, 대부분은 해외에서 원료 물질을 수입해 가공하는 수준에 머물러 있었다. 또한 제약 원료가 마약이나 부정 의약품에 사용될 수 있다는 우려 때문에 통관 과정이 매우 까다로워 1950년대 후반까지 수입 의약품의 90%는 완제품일 정도로 원료 수입이 제한되어 있었다.[166]

1960년대에 들어서자 박정희 정부는 다른 기간산업에 투자하기 위해 외환 유출을 제한했고 주로 수입 원료에 의존하고 있던 제약업계는 원료난에 시달렸다.[167] 1966년 외화 절감을 위해 원료 의약품 수입이 중단되자 구충제 가격이 크게 오르기 시작했다.[168] 앞에서도 말했듯 원료 가격이 오르면서 유효 함량이 낮은 불량 의약품의 유통이 늘었다. 정부의 주기적인 금수조치와 수입에 대한 각종 제한들로 제약 회사들은 원료 의약품 국산화를 경영 안정화의 필수 과제로 삼게 되었다.

정부에서는 일찍이 1962년 원료 국산화를 촉진하기 위해 원료 의약품 보호 제도를 시행한 바 있다.[169] 원료 의약품 보호 제도는 국내의 신기술로 인정받은 약품에 대해서 동일 성분인 해외 의약품의 수입을 금지해 주는, 일종의 독점권 부여 제도였다. 당시 영세한 국내 제약업계에서 막대한 연구 개발비와 시설에 대한 투자가 어려워 원료 국산화가 이루어지지 못하고 있다는 판단 아래 이루어진 조치였다.[170] 이에 따라 보사부는 1969년 하반기를 시작으로 매년 상·하반기에 의약품 수출입 허가 요령 운영 방침을 발표해 국내에서 생산되는 원료 의약품 가운데 일부를 수입 금지 품목으로 지정했다.[171] 오일쇼크 이후에는 수입 물품에 높은 관세가 적용되면서 약품의 단가가 크게 올랐다. 1973년에는 구충제 원료 물질에도 25% 가량의 관세가 부과되었다. 이 당시 기생충 박멸, 결핵, 가족계획을 포함한 국가 중점 의료 시책에 포함된 의약품은 수입관세를 5% 미만으로 낮춰 주기로 했으나, 면세 혜택은 차일피일 미루어졌다.[172]

이 시기 구충제의 국산화를 시도하며 제약업에 뛰어든 대표적인 기업으로 신풍제약이 있다. 1962년 6월 5일 장용택이 설립한 신풍제약은 구충제를 회사의 핵심 판매품으로 삼고 있었다. 초창기 신풍제약의 주력 상품이었던 요충 구충제 '필파'는 1965년까지 수입되던 원료 필비늄 파모에이트pyrvinium famoate를 자체 합성한 제품이었다.[173] 서울대학교 약학대학을 졸업한 장용택은 구충제 개발 초기부터 서울대학교 기생충학교실이나 다른 유기화학자들과 네트워크를 형성해 나가고 있었다. 장용택은 필파 개발을 위해 기초 조사를 하는 과정에서, 일본의 동일 제제 '뽀킬'poquil, ポキ―ル을 들고 서울대학교 기생충학교실 전임강사인 임한종을 찾았다. 그와의 협력을 통해 장용택은 약품의 임상적 효과를 확인받을 수 있었으며, 기생충학자들은 연구비와 구충제를 확보할 수 있었다.

신풍제약은 필파에 이어 종합 구충제를 개발하는 데 열을 올렸다. 장용택은 당시 1년에 한 번만 복용해도 되는 '첨단 구충제'로 알려진 메벤다졸mebendazole을 다음 구충제 국산화의 목표로 삼았다.[174] 1971년 벨기에 제약 회사 얀센Janssen에서 개발된 이 약품은 회충·구충·편충·요충 등 광범위한 장내기생충에 효과를 보였으며, 성충뿐만 아니라 유충과 충란도 일부 사멸시키는 것으로 알려졌다. 1960년대까지만 하더라도 기존 구충제는 일부 기생충에만 효과가 있었다는 점에서 메벤다졸은 획기적인 약품이었다.[175] 하지만 얀센의 제법을 이용하기에는 출발 물질의 가격이 비쌌고, 이를 중간물질로 치환할 때도 암모니아를 사용해 밀폐 용기 내에서 섭씨 125~130도로 가열해야 했기 때문에 고가의 장비가 필요했다. 또한 고압, 고온의 합성 방식은 사고 위험이 높아 대량 생산에 적합하지 않다는 단점도 있었다.[176] 신풍제약 연구팀은 1972년부터 1년간 자체적으로 메벤다졸의 새로운 공정을 개발하기 위해 연구했으나, 당시 한국 제약업계의 기술 및 장비로는 얀센의 제법을 따르기 어려웠다.

연구에 별다른 진전이 없자 장용택은 1973년 10월 한국과학기술연구소KIST 유기합성실의 채영복 실장에게 메벤다졸 제조 공법에 대한 공동 연구를 제안했다. 이후 산업계 위탁 연구 사업의 타당성 검토는 1974년 김충섭이 맡게 되었다. 김충섭은 듀크 대학교 화학과에서 박사후 연구원으로 있다가, 1974년 4월 유치 과학자 제도를 통해 한국으로 귀국해 KIST의 유기 합성 연구실에서 막 연구 활동을 시작한 참이었다. 산업 기술 지원에 초점을 맞춘 KIST는 당시 두뇌 유출을 막기 위해 유치 과학자 제도를 시행해, 해외에서 활동 중인 우수한 과학기술 인재들이 KIST에서 '시장을 목표로 한 연구'를 수행할 수 있도록 했다.[177] 이런 정책적 배경에서 한국으로 귀국한 김충섭은 주로 화학 합성 의약품, 그중에서도 기존에 해외에서 개발된 약품들을 역공정reverse engineering해 새로운 공정을 개발하는 부분에 특화되어 있었다.

당시 한국의 특허 제도에서는 약품 원료 물질에 특허권을 부여하는 물질 특허가 아닌 제법製法 특허만을 인정하고 있었다. 즉 동일한 성분의 메벤다졸을 생산하더라도 그 제조 공정이 유의미하게 다르면 별도의 특허로 인정해 주는 방식이었다. 따라서 김충섭과 신풍제약의 핵심 목표는 기존 얀센 사의 제법 특허를 침해하지 않고 별도의 메벤다졸 공정법을 확보하는 것이었다.✦

같은 해 김충섭은 가격이 저렴하고 구하기 쉬운 아닐린과 벤조일 클로라이드를 출발 물질로 사용해 메벤다졸의 신공정을 개발하는 데 성공했다.[178] 중간 과정에서는 고온, 고압이 아닌 상온에서 반응시킬 수 있는 방식을 활용했으며, 촉매 역시 팔라디움과 같은 고가의 귀금속이 아닌 철 분말을 사용해 전반적인 공정의 비용을 낮추었다. 이렇게 더 낮은 가격의 원료 물질을 사용했으나 오히려 수율은 높았는데, 기존 고온 고압의 방법은 원료 물질에서 메벤다졸을 얻을 수 있는 비율이 25%에 불과했으나, 새로 개발된 방법에서는 그 비율이 73%로 크게 높아졌다.

이에 신풍제약은 1974년 12월 보사부로부터 취득한 원료 의약품 합성 제조업 허가를 바탕으로 메벤다졸을 킬로그램당 12만1780원에 출시했다. 메벤다졸의 당시 수입가는 킬로그램당 170~250달러였다.[179] 1975년 기준 원 달러 환율은 1달러당 484원으로 고정 환율 제도를 적용하고 있었다. 이에 따르면 수입 최고가인 250달러를 적용했을 때 킬로그램당 12만1000원으로 국내 생산 비용과 크게 다르지 않아 압도적인 가

✦ 당시 유치 과학자로 미국에서 막 귀국했던 김충섭 박사가 여러 사업 중 구충제였던 메벤다졸의 공정 개발을 선택한 것에는 개인적인 경험도 작용했던 것으로 보인다. 그는 장용택의 추모사에서 메벤다졸 제법 개발에 참여했던 당시를 회고하며 "또한 나에게는 나의 어린 시절에 산토닌 복용 부작용으로 기억되어 훗날 회충약 연구의 꿈을 가졌던 소원이 신풍제약을 통하여 이루어지게 된 것"이라 밝혔다. 김충섭, "나의 연구를 꽃피운 신풍제약." 신풍제약 편, 『송암 장용택 회장 회고록』(신풍제약, 2017), 379쪽.

격 경쟁력을 지닌 것은 아니었다. 하지만 정부에서는 외화 절감 차원에서 국내 생산의 이득이 훨씬 크다고 생각했던 것으로 보이며, 신풍제약의 생산량 증가에 따라 국내 생산 비용도 점차 낮아질 것을 염두에 두었던 것으로 보인다. 메벤다졸의 수입량은 1974년 기준으로 625킬로그램, 1975년에는 920킬로그램으로 계속 증가하고 있었다.[180] 국내에서 생산할 경우 수입 가격에 비해 100킬로그램당 약 8000달러(약 387만2000원)가 저렴해 외화를 절감하고, 초과 생산분은 수출해 외화를 벌어들이는 데 기여할 수 있을 것으로 기대되었다.[181] 이렇게 출시된 메벤다졸은 제법의 독창성과 경제성이라는 측면에서 우수한 신기술로 평가받아 결핵 치료제 에탐부톨, 항생제 카나마이신에 이어 세 번째 보호 대상 의약품으로 지정되었다.[182] 메벤다졸의 국산화와 함께, 한국 기생충 관리 사업은 집단 투약에 필요한 약품을 비교적 저가에 안정적으로 공급받을 수 있게 되었다.

기생충 박멸 '성공'의 재현

집단검진, 집단 구충 사업을 성공적으로 수행함으로써 기생충박멸협회는 기생충 문제에서 파생되는 다양한 경제적·문화적 문제들을 해결할 자원을 갖추고 있음을 정당화할 수 있었다. 또한 사업의 효과를 평가하기 위해 도입된 전국 기생충 감염률 조사 사업을 통해 학생뿐만 아니라 전 국민을 대상으로 기생충 감염에 대한 자료들을 수집할 수 있게 되었다. 1971년 제1차를 시작으로 2012년 제8차 사업까지 5~8년마다 시행된 표본조사는 국가 통계자료가 되어 지속적인 사업의 모니터링을 가능하게 했다. 또한 전국적인 통계자료는 국가 기생충 관리 사업의 방향 설정 및 계획 수립을 위한 표준 자료로 활용되었다. 이처럼 영미권과 달리 사업 전개 과정에서 조직적인 접근으로 체계적인 데이터를 생산하는 형태는 한국 기생충 박멸 사업의 특징이 되었다. 요컨대 한국 기생충 관리 사업은 1960년대 중반 이후 아시아에서 일본의 지정학적 지위가 변화하는 가운데 국가적 자원을 동원한 민간단체를 통해 지역적 교류가 재편되는 과정을 보여 준다.

일제강점기 한반도와 타이완에 파견된 기생충학자들을 통해 일본 학계는 극동 아시아의 기생충과 매개체에 대한 상당한 지식을 축적하고 있었다. 동시에 사사 마나부와 고바야시 하루지로의 사례에서 볼 수 있듯 일본의 식민지들은 제국의 기생충학자들을 양성하는 공간이 되어 주기도 했다. 하지만 일본의 패전과 함께 이런 공간들이 사라졌고, 1950년대 일본기생충예방회의 성공적인 활동으로 일본 본토 내에서 기생충이 빠르게 사라지면서 연구를 위한 기생충 샘플과 같은 연구 자원의 확보는 더욱 어려워졌다. 동시에 일본기생충예방회를 중심으로 사업에 참여해 왔던 활동가들이 활동할 공간과 영역도 함께 축소되기 시작했다.

일본의 기생충 관리 경험을 한국에 성공적으로 이식하고 한국과 일본 기생충 연구의 네트워크를 재구축한 일은 일본 기생충학계에도 새로운 활력을 제공했다. 1968년부터 1971년에 OTCA의 1차 지원 사업이 마무리될 때까지, 조사단의 일원으로서 일본의 기생충학자들은 한국을 수차례 방문했다. 이들은 단지 한국에서 기생충 박멸 사업이 성공적으로 이루어지고 있는지, 제공된 일본의 지원이 적절히 사용되고 있는지를 평가한 것만이 아니었다.

일본 연구자들은 일본에서 점차 사라져 가는 기생충 자원을 확보하고, 새롭게 개발된 검사 기법들을 한국에 적용해 보기도 했다. 1970년에는 1차 지원 사업의 평가를 위해 9월 14일부터 12월 2일까지 장기간에 걸쳐 지바 대학의 요코가와 무네오 연구팀이 한국을 방문했다. 연구팀은 한국에서 간흡충과 폐흡충, 그리고 이들을 매개하는 게와 가재를 다수 수집했다. 또한 일본 연구진들이 한국에서 광범위한 조사 사업을 벌인 것은 간흡충과 폐흡충에 대한 피내반응법 적용을 연구하기 위해서였다. 피내반응법은 흡충에서 추출한 항원을 피하에 주입해 대상자의 체내에 기생충의 항체가 존재하는지를 확인하는 검사법이었다. 1970년 일본에서 간흡충과 폐흡충이 거의 사라진 상태였기 때문에 일본 내에서는 이 검사법의 효과를 확인하기 어려웠다. 일본의 연구진들은 한국에서의 조사를 통해, 간흡충 경험이 있는 사람들은 폐흡충 항원에도 반응하는 교차면역 반응이 나타날 수 있다는 점을 확인했다.[183]

다른 한편 한국의 기생충 관리 경험은 1960~70년대를 지나며 빠르게 성장하고 있었다. 베트남전을 계기로 다수의 기생충학자들과 예방의학자들이 베트남에 파견됐고, 이들은 장내기생충증 관리에 주로 집중하고 있던 기존의 접근 방식에서 벗어나 말라리아를 비롯한 기타 열대 질환에 대한 경험을 습득했다.[184] 한국에서의 기생충 박멸 사업 경험과 베트남에서의 경험을 통해 한국의 기생충학은 빠르게 발전했고, 1970년과 1971년에는 연세대학교 열대의학연구소에서 국제 열대 의학 세미나가 개최되기도 했다. 여기에는 미국·일본·프랑스·독일 등 열대 의학 분야에서 오랜 경험을 가지고 있던 국가들뿐만 아니라 중국·태국·인도네시아·말레이시아·베트남 등 동남아시아 국가들도 참여했다.✦ 한국은 단순히

✦ 1973년 열대 의학 세미나는 동남아시아교육장관기구SEAMEO가 주최하는 세미나로 이어져 아시아 기생충 네트워크의 기반을 다지게 되었다. SEAMEO는 1965년 동남아시아 지역 내 교육·과학·문화 협력을 증진하기 위해 만들어졌다. 기구 내 분과 중 열대 의학과 공중보건 훈련을 담당하는 '열대의학 네트워크'TROPMED Network는 1966년 만들어져 현재까지 활동 중이다. "About the network," SEAMEO TROPMED,

일본의 모델을 수입해 적용하는 단계를 지나, 이제는 새로운 모델을 스스로 시험해 보고 변화해 나갈 수 있을 정도의 능력을 갖추게 되었다.

일본은 일찍이 구니이의 인적 네트워크를 중심으로 기생충 관리 사업의 조직을 가족계획과 국제 협력, 국내 건강검진 사업으로 확장해 조직의 지속성을 확보하는 데 성공했다. 하지만 한국은 학교를 중심으로 한 검진 사업에만 집중하고 있었기 때문에, 일반 성인 대중을 상대로 하는 건강검진 사업으로 확장하는 데 한계가 있었다.[185] 그러다 1961년부터 경제개발 5개년 계획의 일환으로 국가 주도하에 시행된 가족계획 사업은 국제 인구 통제 네트워크의 아낌없는 지원을 받으며 수많은 시범 사업들을 수행했고, 이를 통해 대중을 상대로 치밀한 조직을 구성할 수 있었다. 특히 1968년에 농촌 및 격오지까지 조직된 가족계획어머니회[*]는 회원 70만 명이 넘는 거대한 하향식 풀뿌리 조직을 만들어 냈다.[186] 한국의 가족계획어머니회 조직은 풀뿌리 운동과 여성의 적극적인 참여가 가족계획 성공의 필수 요소라고 생각했던 구니이에게 많은 영향을 미쳤다.[187]

일본의 식민지 중 하나였던 타이완 역시 한국과 유사한 경로를 따랐다. 1958년 타이완 위생부에서 수행한 조사에 따르면 학령기 아동 중 66%가 회충에 감염된 것으로 나타났다. 이미 1955년 이후 미국의 원조 아래 환경위생 개선을 중심으로 한 기생충 대책이 전개되긴 했다. 그 일

---

http://seameotropmednetwork.org/about_ vision.html (검색일 : 2020/06/15); 『동아일보』, 1971/06/03.

[*] 1968년 대한가족계획협회를 통해 조직된 가족계획어머니회는 본래 경구피임약을 손쉽게 배포할 수 있도록 조직되었으나, 이후 지역사회에서 주민들의 주도로 가족계획 사업을 수행하는 필수적인 말단 조직으로 성장했다. 1970년대 주민 주도의 풀뿌리 운동으로 가족계획 사업의 성공을 거둔 대표적인 사례로 세계적 주목을 받기도 했다. 대한가족계획협회, 『대한가족계획십년사』(대한가족계획협회, 1975), 57-58쪽.

환으로 농촌에서 우물을 확보하고 대변을 고온으로 처리해 충란을 사멸시키는 기술이 도입되었으나, 자발적인 참여를 기반으로 하고 있었기 때문에 이런 조치들이 얼마나 성과를 거두었는지 알기는 어려웠다.

1961년부터는 타이완 교육부와 위생부가 미국의 지원을 받아 타이베이 등 5개 주요 도시의 소학교를 대상으로 검진 및 투약 사업을 시작했다. 이는 일본의 사업과 유사하게 학령기 아동들을 대상으로 학교에서 연 2회 검변을 실시하고, 충란 양성자를 대상으로 구충제를 복용시키는 방법이었다. 일본과 다른 점이라면 일본은 전국의 소학교 학생을 대상으로 하며 환경 위생 개선보다 집단 투약을 우선시했다는 점이다. 반면 타이완은 미국 원조의 영향으로 투약 사업보다는 주로 환경위생 개선에 초점을 맞추고 일부 지역에서 시범적으로 투약을 전개했다. 타이완에서 전국 소학교 학생을 대상으로 한 정기적인 집단 구충이 자리 잡은 것은 1972년에 들어서였다.

1961년 일본의 기생충학자 모리시타 가오루가 타이완 위생부를 방문해 기생충 대책 사업에 대한 토론회를 연 것이 양국 교류의 시작이었다. 하지만 타이완 위생부는 집단검진, 집단 구충을 중심으로 한 사업 효과에 여전히 의구심을 가지고 있었으며, 전면적인 집단 구충 사업의 안전성과 효과성도 아직 확인되지 않은 상태였다.

하지만 1960년대 후반 원조 기금에 급격한 변화가 생기면서 상황이 달라졌다. 1965년 환경위생 사업에 대한 미국의 원조가 중단되었고, 1967년부터는 세계보건기구와 유니세프UNICEF에서 지원되던 기금도 자금 부족으로 종료되었다. 해외 원조가 중단된 상황에서 기생충 대책은 크게 축소될 수밖에 없었고, 타이완 위생부는 기술과 자금 부족을 해결하기 위해 일본에 도움을 요청해야 했다.

결국 1968년 타이완 정부에서 일본 정부에 정식으로 의료 협력을 요청했고, 같은 해 9월 일본국제의료단 이사장과 기생충예방회 구니이 조지로, 모리시타 가오루 등이 타이완을 방문했다. 1969년 11월부터 1970년 3월까지 OTCA 조사단이 타이완을 방문하면서 일본과의 의료 협력이 타결되었다. 한국과 유사하게 기생충과 암, 가족계획, 병원 정비 등이 협력 분야로 선정되었다.

기생충 사업에서의 전문성과 가족계획 사업에서의 인적 네트워크를 연결하는 경험은 타이완의 사례를 통해 구체화되었다. 1959년 타이완은 미국인구협회의 지원으로 인구 53만 명의 난터우 지역에서 가족계획 시범 사업을 시행하고 있었다.[188] 구니이는 1970년 OTCA를 통해 조사단을 타이완에 파견했고, 1971년 6월부터 OTCA의 지원하에 가족계획 사업이 수행 중이던 난터우 지역에서 회충 관리 사업이 이루어졌다.[189] 이미 10년 이상 진행된 가족계획 사업의 지역 네트워크를 중심으로 검진과 투약이 효과적으로 진행되었고, 사업 시작 6개월 만인 1972년 6월, 회충 감염률은 41.6%에서 22.8%로 절반 가까이 낮아졌다.[190] 타이완의 사례는 기생충 관리 사업이 기존의 광범위한 가족계획 사업 네트워크와 결합되었을 때 얼마나 큰 효과를 낳을 수 있는지를 보여 주었다.✦

1972년 중일공동성명 이후 일본과 타이완의 공식 외교 관계가 단절되면서 지원도 일시적으로 중단되었지만 1975년 반민반관 형태의 교

✦ 타이완은 '학교를 중심으로 한 집단검진, 집단 구충'이라는 일본식 방법을 채택했지만, 시행 주체에서는 매우 다른 형태를 보였다. 일본과 한국은 검진과 투약이 주로 민간단체를 중심으로 이루어진 데 반해, 타이완은 보건부에서 직접 사업을 수행했다. 1975년 기생충 관리를 전담하는 준민간 기구인 기생충방치회가 설립된 뒤에도 전체 구성원의 절반 이상이 공무원으로 충당되었다. 이런 조직 형태는 한국과 일본에서와 같은 재정 자립성을 보장하기 어려웠지만, 기존 가족계획 사업과의 통합을 이끌어 내는 데는 효과적이었다. 한남석, "타이완 기생충 방치회 방문 및 시찰을 마치고," 『건강소식』 13(11), 1989, 45-47쪽.

류 협회가 설립되고 나서 의료 협력도 일부 재개되었다. 이처럼 정치적 이유로 타이완과의 관계는 한국보다는 불안정할 수밖에 없었으며, 사업 초기 타이완과 일본의 기생충 대책 교류 역시 중단과 재개를 반복했다.

1975년 이전까지 타이완에서의 집단검진, 집단 구충은 위생부를 통해 이루어지거나 기생충학 연구 시설을 가진 대학에 위탁하는 형태였다. 하지만 일본과 한국에서의 경험을 참고로 1975년 재단법인 기생충방치회가 창설되면서 본격적으로 검사를 위탁받아 수행하는 형태로 변경되었다. 1976년 도시를 중심으로 시작된 사업은 1980년에는 전국으로 확대되었다.

이처럼 1960년대 후반부터 1970년대 초반까지 동아시아에서 시행된 기생충 박멸 사업은 일본의 기생충학자들에게 있어 패전 이후 잃어버린 연구 공간과 자원을 되찾는 경험이기도 했다. 일본은 식민 지배를 통해 축적해 온 경험과 지식, 영향력을 바탕으로 아시아 지역에서 자신들의 '성공' 경험을 재현해 낼 수 있었다. 집단 구충, 집단검진과 자립형 사업이라는 일본의 경험은 한국에서 재현됐고, 이는 다시 기생충 관리 단체에 의해 집중된 자료와 지식을 통해 동아시아를 포함한 여러 개발도상국으로 네트워크를 확장할 기반을 마련했다. 그뿐만 아니라 이런 아시아적 성공 경험은 세계보건기구를 비롯한 국제사회에 다시 순환될 수 있었다.

아시아기생충관리기구

한국과 타이완의 성공적인 경험을 바탕으로, 1971년 OTCA 조사 보고서에서 구니이 조지로는 향후 제언을 통해 한국·타이완·일본을 포함해 범아시아 기생충 관리 기구를 조직할 것을 제안했다.[191] 이 조직은 정부·학자·민간단체를 주축으로 해서, 일본의 기생충 관리 방법에 기반한 실질적 기생충 관리 사업 모델을 아시아 전역에 전파할 목적을 가지고 있었다. 몇 년 후 이 모델은 일본·한국·타이완이 주축이 된 아시아기생충관리기구APCO라는 조직으로 구체화되었다.

또한 구니이는 계속해서 한국과 타이완 측 대표에게, 다른 아시아 국가들이 기생충 관리 사업을 "시작하려고 할 때 좋은 모델"이 되어 필요할 때 "기술자와 조직가"를 보내 "힘을 합쳐 아시아 사람들의 건강 향상에 노력해야" 한다고 역설했다.[192] 이처럼 일본가족계획국제협력재단의 설립과 비슷한 시기에 진행된 한국 기생충 박멸 사업에 대한 지원은 구니이가 "아시아에 눈을 뜨는" 계기가 되었다.[193] 한국 역시 "기생충 관리의 성공적 사례를 국제적 시선 위에 올려놓을 수" 있게 되면서 국제적 확장 가능성에 주목했다.[194]

1974년 '세계 인구의 해'를 맞아 부쿠레슈티에서 열린 세계인구회의WPC에서는 인구 관리를 위한 행동 강령이 채택되었다.✢ 그중 24조 (d)항은 "감염병과 기생충성 질병, 영양부족과 영양실조를 가능한 경우 박멸할 수 있도록 하고, 안전한 식수와 적절한 위생이 충분히 공급될 수 있도록 한다."라고 명시했다.[195] 이 문구는 기생충 관리와 가족계획을 한데 엮은 새로운 '통합 사업'의 명분이자 근거가 되었다.[196]

1971년부터 아시아 공동의 기생충 관리 사업을 조직해야 한다고

✢ 1974년 세계인구회의에서는 인구 억제가 급선무라고 주장하는 서구와, 경제개발이 우선되어야 인구 억제가 가능하다고 주장하는 개발도상국 사이에 첨예한 대립이 나타났다. 이는 20세기 중반에 걸쳐 진행되던 세계적 인구 관리 정책과 네트워크에 전환점을 가져온 중요한 사건으로 해석된다. Connelly, *Fatal Misconception: the Struggle to Control World Population*, pp. 312-314.

주장해 온 구니이는 세계인구회의의 강령을 통해 새로운 기회가 열릴 것이라 생각했다. 이후 1974년에 일본의 기생충예방회, 한국기생충박멸협회, 타이완 기생충방치회를 중심으로 한 아시아기생충관리기구가 설립되었다. 1974년 10월 도쿄에서 열린 아시아기생충관리기구 제1차 회의에서는 이 조항을 가족계획과 기생충 관리 통합 사업의 이론적 근거로 활용했다.* 아시아기생충관리기구 제1차 회의는 일본의사회, 일본보건협회, 일본만국박람회기념사업회 등의 지원과 자체 자금을 합쳐 진행되었다.[197] 아시아기생충관리기구는 의도적으로 국제단체의 대표자, 특히 인구 단체 대표자들을 참가시켰다. 아시아기생충관리기구에는 국제가족계획연맹, 국제연합 인구기금, 아시아재단, 포드재단 등 인구 통제 네트워크에 포함되어 있던 국제단체들이 꾸준히 참석했다.

　이종진과 구니이 조지로는 가족계획 사업에 깊이 공감하고 있었으나, 직접적인 인구 감소와 통제보다는 "벌레 덩어리로 방치"된 아시아 사람들의 전반적인 건강을 향상하는 데 더 관심을 두었다. 하지만 "도대체 기생충과 가족계획이 무슨 상관이 있다는 것"[198]인지를 가족계획 사업 단체들에게 먼저 설득해야 했다. 이를 위해 구니이와 이종진**은 자신들이

✦ 처음 구니이가 통합 사업에 대한 아이디어를 떠올리게 된 계기는 1970년경 필리핀에서 구충제를 들고 가정방문을 다니던 가족계획 요원을 본 것이라고 회고했다. 첫 번째 아시아기생충관리기구 회의에서 구니이가 통합 사업의 개념을 처음 제시한 발표 제목 역시 "구충제를 든 가족계획 요원"이었다. 国井長次郎, 『ロマンと現実の間：予防医学·家族計画·国際協力の30年』(保健会館, 1979), pp. 219-221; APCO, *The First Conference of the Asian Parasite Control Organization Proceedings*(APCO, 1974), p. 106.

✦✦ 가족계획 사업과 기생충 관리 사업에서 함께 오랜 시간 활동해 온 이종진을 구니이는 "동지"이자 "죽이 잘 맞는 상대"라고 표현했다. 이질적으로 보이는 가족계획과 기생충 관리와 관련된 민간단체를 전후의 어려운 환경에서 조직하고 이끌어 본 두 사람이 공유하는

가지고 있던 가족계획 분야의 자원을 적극적으로 활용했다.✦ 특히 1960년대 중반부터 국제가족계획연맹 서태평양 지부 부의장으로 활동해 온 이종진은 직접 국제가족계획연맹을 설득해 가족계획 사업 자금을 기생충 사업으로 돌리는 데 성공했다.[199]

그렇게 1975년 아시아기생충관리기구 제2차 회의부터는 세미나 개최에 국제가족계획연맹의 지원을 받게 되었으며, 같은 해 시작된 타이완 난터우 지구의 통합 사업도 국제가족계획연맹이 자금을 지원해 이루어질 수 있었다.[200] 1977년부터 기협 회장을 맡은 서병설은 다양한 현장 경험과 전문성을 바탕으로 이종진과 함께 구니이의 통합 사업을 지원하는 조언자이자 동료로서 활동했다.

1975년 제2차 회의에는 이종진도 한국가족계획협회 대표 자격으로 참석했다. 그는 5일간 이어진 회의에서 기생충 관리 사업과 가족계획 어머니회의 조직 등 한국의 경험을 적극적으로 공유하며 이것이 다른 아시아 국가에서도 재현될 수 있다고 설득했다. 특히 "국민총생산은 증가했지만 사람들의 실질적인 삶의 질은 나아지지 않았"고, 이런 상황에서 "공중 보건 사업으로서 기생충 관리와 가족계획이야말로 국가 발전에 극적으로 기여"해 "사람들에게 실질적인 보상을 가져다주는" 것이라고 강조

경험은 인구 관리 네트워크에 있던 다른 사람들에게는 찾기 어려운 것이었으며, 이것이 서로를 끈끈한 '친구'로 만들어 주었다. 海外技術協力事業団, 『韓国の寄生虫予防運動』, p. 23; 아시노 인터뷰 2017/05/16.

✦ 1975년부터 이종진은 아시아 지역 통합 사업을 적용하기 위한 아시아기생충관리기구의 사전 조사팀에 국제가족계획연맹의 대표자로 참가했다. 이는 이종진이 국제 네트워크에서도 상당한 대표성을 갖고 있었음을 보여 준다. APCO, *The Second Conference of the Asian Parasite Control Organization Proceedings*(APCO 1975), p. 40; Kunii, *It All Started from Worms*(Hoken Kaikan Foundation, 1992), pp. 114-116.

151
아시아적 기생충 관리 사업의 형성

했다.[201]

또한 한국 기협 부회장 자격으로 참가한 소진탁은 "기생충 문제는 현재적일지 모르지만 이는 경제 발전과 전반적인 건강 상태의 개선으로 완전히 박멸"될 수 있는 반면 "가족계획 문제야말로 인간이 생존하는 한 언제까지고 계속될 것"이라며 기생충학자들에게 인식의 전환을 촉구했다. 이종진이 주장한 "구충제가 포함된 경구피임약의 개발"[+]은, 가족계획 네트워크로 기생충 관리가 적극적으로 편입되어야 한다는 당시의 분위기를 보여 주는 단적인 예라 할 수 있다.

한국에서 1977년부터 1982년까지 진행된 가정 보건 시범 사업[++]은 인구가 5만여 명이던 화성군에서 대한가족계획협회와 한국기생충박멸협회, 보건사회부의 민관 협동 사업으로 진행되었다. 한국에서도 타이완과 마찬가지로 기존의 가족계획 네트워크가 통합 사업에 적극적으로 활용되었다. 기협은 시도 지부를 갖추고 있었으나 대부분은 검사 요원들로 구성되어 있었기 때문에 일선에서 각 가정에 방문해 서비스를 제공할 만큼의 촘촘한 인적 자원을 보유하고 있지는 않았다. 그에 반해, 각 지역 보건소에는 가족계획 요원이 배치되어 "일선 요원을 갖춘 가협(대한가족

[+] 1960년대부터 널리 보급되기 시작한 경구피임약은 배란을 억제하는 호르몬제를 21일간 먹고 7일간은 쉬도록 되어 있으며, 쉬는 7일간은 생리로 출혈이 시작된다. 1970년대에는 모자 보건 측면에서 심각한 문제를 낳고 있던 빈혈을 관리하기 위해 출혈이 일어나는 7일간 철분제를 섭취할 수 있도록 설계되었다. 이종진은 철분제를 섭취하는 기간에 구충제를 추가로 넣을 수 있는 방법을 제안했다. APCO, *The Second Conference of the Asian Parasite Control Organization Proceedings*, p. 22.

[++] 기생충 관리와 가족계획을 통합한 'Integrated Program'은 한국에서 가정 보건 사업으로 불렸고, 일본에서는 합작 사업이나 합동 사업으로 불리기도 했다. 이는 이미 국내에서 진행되고 있던 다른 통합 보건 사업과의 혼동을 줄이기 위한 것으로 보인다.

계획협회)은 현지민과의 직접 상대가 가능한 편이어서 가족계획 사업과 기생충 관리 사업을 동시에 추진하는 데는 가협 측이 효율적인" 상황이었다.[202]

이 때문에 기협에서는 시범 사업 수행을 위해 자체적으로 가정보건 사업소를 별도로 설치하고 가족계획어머니회의 후신인 부녀회 조직을 적극적으로 활용해 검변의 수집과 투약을 진행했다.[203] 사업 결과는 성공적이었다. 가족계획 실천율은 1977년 초 56.4%에서 1982년 말 72.4%까지 높아졌고, 기생충 감염률은 같은 기간 50.6%에서 9.0%로 낮아졌다.[204]

한국과 타이완에서 시작된 시범 사업과 그 결과들은 아시아기생충 관리기구를 통해 지속적으로 홍보되었다.[205] 1970년대 두 차례 석유파동 이후 세계적으로 경기가 침체되자 1980년대 국제 원조 규모가 크게 축소되었으며 개발도상국에 구조 조정이 강요되었다.[206] 그 결과 개발도상국들은 경제적 독립과 지속 가능성이 보장되지 않는 가족계획 사업에서 눈을 돌려 새로운 사업 모델을 찾기 시작했는데, 이때 아시아기생충관리기구의 통합 모델은 가족계획 사업에 새로운 방향을 제시해 주리라 여겨졌다.

1980년대를 지나며 인도네시아·말레이시아·필리핀·태국·네팔 등 아시아 국가뿐만 아니라 라틴 아메리카와 아프리카에서도 통합 사업 관련 시범 사업이 수행되었다. 이 시범 사업들에서는 기술적 지원뿐만 아니라 '경제적 자립성'을 확보할 수 있는 행정적 지원이 핵심적으로 논의되었다.[207]

'집단검진, 집단 구충'과 '경제적 자립'으로 대표되는 사업 모델뿐만 아니라 구체적인 사업 방식 또한 지속적인 인적 교류를 통해 공유되었다. 통합 사업의 장점은 기생충을 사람들에게 시각적으로 보여 주고, 이를 통해 보건 의료의 중요성을 인식시키는 과정에서 가족계획의 내용을 전달하는 요원에 대한 신뢰를 높여 준다는 데 있다. 일본은 사업 초기부터 의사와 함께 지역사회를 방문해 치료를 진행하고 체외로 나온 기생충을 씻어 사람들에게 그대로 보여 주는 방법을 사용해 왔다.

그런 면에서 회충은 무엇보다 "훌륭한 보건교육 자료"였다.[208] 사람들에게 구충된 기생충을 직접 보여 주는 것은 일본 내 모든 지부에 적용되는 공통된 방식이었으며, 이후 통합 사업에도 적용되었다.[209] 앞에서도 말했지만 한국에서도 기생충의 시각화를 통해 기생충에 대한 사람들의 인식을 단시간 내에 바꾸어 놓는 방법이 사용되었다.[210] 이처럼 통합 사업은 "무조건 간단하고 지역 주민들이 직관적으로 이해할 수 있는 것"이어야 했다.[211] 매년 아시아기생충관리기구 회의가 끝난 뒤, 각국의 참가자들은 곧바로 한국과 일본, 타이완을 연달아 시찰하며 구체적인 사업 방법을 습득해 갔다.[212]

또한 아시아적 경험으로 여러 개발도상국들이 집단검진, 집단 구충이라는 기술 적용 방식을 공유하게 되면서, 이는 초국적 활동에 있어 다양한 연구자들이 공동으로 활용할 수 있는 하나의 기술적 표준이 되었다. 아시아기생충관리기구를 통해 조직된 기생충학자 모임은 1979년부터 2000년까지 일본·네팔·중국·인도네시아 등에서 개최되며 총 7권의 연구서를 발간했다.[213] 이 책은 각 국가들의 기생충 관리 사업 수행 경험, 검진 기술, 역학조사, 치료제 개발 등 토양 매개성 선충 관리에 필요한 다양한 경험을 공유한다. 일본·한국·타이완·인도네시아·태국·필리핀 6개국으로 시작된 이 모임은 이후 말레이시아·스리랑카·네팔·방글라데시·중국·베트남·라오스를 포함하며 아시아의 기생충 관리 네트워크 속에서 지속적인 지적 교류가 가능하게 했다.[214]

일본에서는 1950년대 중반 이후 이미 기생충 감염률이 빠르게 하락했기 때문에, 아시아기생충관리기구를 통해 통합 사업을 보급할 필요가 대두된 1970년대 초반에는 이미 이에 대해 현재적 지식을 가진 전문가가 드물었다. 이런 '시간적 간극' 때문에 '개발 경험'을 공유하는 데 어려움이 발생했다.[215]

예를 들어 일본에서 1940~50년대에 시행되었던 집단검진, 집단 구충 사업은 1970년대 한국과 타이완에서 재현되었고, 한국과 타이완의 경험을 매개로 1990년대 중국에서 같은 형태의 사업이 수행되었다. 1990년대에 일본에서 기생충 박멸 경험을 지닌 사람들은 대부분 노쇠하거나 사망했을 것이며, 따라서 해당 시점에 가장 '현재적'인 지식과 경험, 노하우를 가진 이들은 한국과 타이완의 사람들일 것이다. 이런 배경에서 현재의 성공 경험을 지니고 있는 한국과 초국적 네트워크를 형성할 자원을 가진 일본의 협력은 필수적이었다. 무엇보다 통합 사업은 일본에서도 시도된 적이 없었다. 기생충 관리 사업과 가족계획 사업 양쪽에서 각각 성공한 경험은 있으나, 이를 통합해 본 적은 없었다.

이에 따라 한국의 화성군 가정보건 시범 사업이나 타이완의 난터우 지구 시범 사업이 통합 사업의 타당성을 시험하는 중요한 현장이 되었다. 사업의 타당성에 대한 학술적 근거를 제시해 줄 수 있는 사람들 역시 이에 대한 현재적 지식을 가진 한국과 타이완의 학자들이었다. 생생한 개발과 극복의 경험을 갖는 '중진국'의 역할을 더는 전면에 내세우기 어려울 만큼 일본은 발전해 있었다. 아시아에 필요한 현재적 지식을 전달하는 것은 이제 한국과 타이완의 역할이 되었다.

국제 원조와 기술협력을 통해 아시아와 서구, 선진국과 개발도상국을 잇는 '중진국' 역할을 자처했던 일본처럼, 한국은 1970년대 이미 아시아 내 성공 사례로 자리 잡은 일본과 여타 아시아의 저개발국 사이의 또 다른 '중진국'으로 자리매김 했다. 집단검진과 집단 구충 등 서구에서 실험되지 않았던 모델을 성공시킨 일본의 사례를 나름의 경험으로 재해석해 여타 아시아 지역에 전파하는 역할을 맡았던 것이다.

생태계의 사상적 개조
북한의 폐흡충 박멸 사업

집단검진, 집단 구충의 방식을 '아시아적'이라고 일반화하기 전에, 마지막으로 북한과 같이 사회주의권에 속한 아시아의 국가들에서는 기생충에 어떻게 대응해 왔는지 잠시 살펴볼 필요가 있다. 이를 통해 사회 체제의 차이가 보건 의료의 대응을 얼마나 극명하게 변화시켰는지 볼 수 있기 때문이다. 특히 한반도의 경우 유사한 생태적·학문적 배경에서 출발했지만 해방 후 불과 십수 년 만에 두 지역은 매우 다른 접근 방식을 채택하고 있었다.

1950년대 북한에서 시행된 폐흡충 박멸 사업은, 특히 한국과 일본, 타이완의 사례와 대비해 볼 때 정치체제의 차이가 얼마나 다른 형태의 접근을 낳았는지를 보여 준다. 일본에서 활용한 집단검진과 집단 구충 방법은 근본적으로 안정적인 수익을 창출하기 위한 자본주의적 접근이었다. 반대로 북한과 소련에서 활용된 방식은 대중 동원에 기반한 집중적인 생태계 개조와 생활 습관의 변화라는 사회주의적 접근에 기반하고 있었다.

한국전쟁 직후 기생충 질환의 문제에 있어 북한은 인적 자원의 측면에서 남한보다 유리한 조건에 있었다. 해방 직후 한반도의 기생충 전문가는 게이오 대학에서 조충 면역학으로 학위를 취득해 해방 후 세브란스 의과대학에서 기생충학 교수를 맡은 한경순과 서울대학교 의과대학 미생물학교실의 라순영 정도가 전부였다.[*] 한국전쟁 직후 한경순과 라순영은 모두 북한으로 납북되어 다시 연구 활동을 시작했다. 당시 한반도에

남아 있던 기생충 전문가들이 대거 북한으로 옮겨 가면서, 북한은 남한에 비해 빠른 1950년대에 전국적인 기생충 예방 활동을 시작했다. 이런 남 북한 간의 차이에는 분단이 만들어 낸 인적 자원의 차이도 작용했지만 다 른 한편으로는 냉전 체제하에서 새롭게 맺어진 동서 진영 간 지적 네트워 크의 차이 역시 작용했다.

북한 당국은 1955년 2월 9일 내각 지시 제9호 "페디스토마 예방 및 치료 대책을 조직 실시할 데 대하여"[216]를 공표해 일찍부터 폐흡충 박멸 사업을 중점 보건 사업으로 선정했고, 1958년 5월 4일 채택된 내각 결정 52호 "위생 사업을 군중적 운동으로 전개할 데 대하여"[217]를 통해 폐흡충 을 "박멸"하겠다는 목표를 제시했다. 폐흡충의 유행은 북한에서 1950년 대부터 이미 심각한 보건 문제를 야기하고 있었으므로, 생태계에 존재하 는 폐흡충의 모든 발달단계를 차단하며, 인간을 포함한 각 숙주들을 치료 하고 예방하는 데바쓰따찌야девастация적 방법을 통한 폐흡충 박멸 사업 이 전개되었다. 이 데바쓰따찌야 사업의 이론적인 기반은 1920~30년대 소련의 경험을 바탕으로 한 것이었다. 요컨대, 소련에서 이루어진 데바쓰 따찌야 사업은 과학적 연구 성과에 기초해, 국가의 광범위한 개입과 대중 동원을 통해 감염 경로 전반에 지역사회 보건 의료 자원의 모든 역량을 집중적으로 투입하는 사업 형태를 일컫는 것이었다.[218]

1955년 출간된 『페디스토마』에서 기생충학자 라순영은 기생충 박 멸에 있어 데바쓰따찌야적 방법과 뿌로필락찌까профилактика적 방법을

✦ 이후 1954년 설립된 서울의대 기생충학교실 초대 주임교수를 맡았던 서병설은 당시 서울의대 미생물학교실 내 기생충 강좌의 조무원으로, 1957년 설립된 세브란스 의대 초대 기생충학교실 주임교수를 맡았던 소진탁은 개정농촌위생연구소의 연구원으로 수련 중이었다. 이순형, "대한기생충학회 발전 20년 약사," 『기생충학잡지』 17(2), 1979, 3-4쪽.

북한의 보건 의료 잡지 『위생문화』 표지에 실린 폐흡충 박멸 사업 모습. 학생과 여성들이
동원되어 중간숙주인 다슬기와 가재를 채집하고 있다.

소개했다. 하지만 라순영은 소련의 이론을 도입하는 과정에서 과거 일제 강점기 일본인 학자들에 의해 한반도에서 생산된 지식들 역시 적극적으로 활용했다. 또한 1950년대 초반 중국에서 진행되었던 주혈흡충 관리 사업에서 얻어진 투약 및 임상 지식들도 포함했다. 즉 북한에 도입, 적용된 폐흡충 데바쓰따찌야는 일본의 생태학적 지식, 중국의 치료 지식, 소련의 대중 동원 기법들이 혼합된 것이었다.

폐흡충 박멸 사업은 성공적인 대중 동원을 통해 "디스토마 예방소망의 광범한 설치, 환자들에 대한 계통적인 무상 치료와 광범위한 예방 대책의 실시, 군중적인 중간숙주 박멸 운동"으로 "1959년에 전체 등록된 환자의 74%를 완치"했으며, 중간숙주를 거의 박멸하는 성과를 거둔 것으로 평가되었다.[219] 그 결과 1961년 말, 북한 모든 지역에서 폐흡충이 완전히 박멸되었다고 알려졌다.[220]✦ 1960년대에 이르러 데바쓰따찌야적 폐흡충 박멸 사업은 "앞으로 시급한 기간 내에 12지장충증, 회충증 등 장내기생충증과 유해 곤충을 완전히 박멸"하려는 사업으로도 이어졌다.[221] 그뿐만 아니라 박멸 사업이 종료된 이후 디스토마 예방소는 농촌 지역 진료소로 전환되면서 행정 말단 단위인 '리'까지 공공 의료 시설이 확충되는 결과를 낳았다.[222]

이는 냉전기 사회주의 진영의 초국적 네트워크를 통해 북한에 도입된 의학적 지식과 실천이 해방 후 남한과 매우 다른 형태로 전용되고 구

✦ 1961년 『조선중앙년감』이나 1960년대 초반 발간된 북한의 의학 서적에서는 폐흡충이 1961년 말 박멸되었다고 서술하고 있으나, 1980년대 발간된 북한의 『조선 전사』 등에서는 1959년 혹은 1960년 폐흡충이 박멸된 것으로 서술하고 있다. 이는 이후 저술에서 폐흡충 박멸 사업의 성과에 대해 일부 개찬이 있었으며, 실질적인 폐흡충 박멸 시점이 1961년 이후일 수도 있음을 시사한다.

현되었음을 보여 준다. 위생 계몽 사업을 통해 가재나 게의 즙을 짜서 먹이거나 객담을 강에 뱉지 않도록 하는 등, 사람들의 인식을 바꾸고 인간을 감염 경로와 교차하지 않도록 격리하는 뿌로필락찌까적 방법은 남한과 유사했다. 하지만 농촌 지역 대부분의 대중을 동원해 골뱅이와 같은 중간숙주를 채집하고, 수리 개조 사업으로 물길을 바꾸어 폐흡충이 서식할 생태를 바꾸는 방법은, 주로 집단검진, 집단 구충을 통해 얻은 검진 수익을 바탕으로 대중을 동원하고 사업의 지속성을 확보한 남한의 자본주의적 방식과는 매우 다른 양상이었다.[223]

1950년대 북한의 폐흡충 박멸 사업은 분단 체제 속에서 이루어진 서로 다른 네트워크와의 교류가 짧은 시간 내에 얼마나 다른 사업 형태를 발전시킬 수 있는지를 보여 주는 사례다. 소련을 포함한 사회주의 진영의 지원 속에서 발달한 북한의 폐흡충 박멸 사업은, 식민지 시기 얻은 일본의 의학 지식에 소련의 이론을 접목한 라순영을 통해 북한에서 다시 적용되었다. 식민지 시기의 지식과 냉전 체제의 영향이 맞물려 나타난 이런 사업 방식은 전방위의 대중과 생태적 존재들의 동원을 통해 이루어진 사회주의적 개조라는 형태로 진행되었다. 하지만 1990년대 말라리아의 재유행과 탈북 병사의 몸에서 발견된 회충은, 분단에 의한 남북한의 단절이 생태적 차원에서는 유효하지 않으며, 생태 공간은 인간의 임의적인 구획보다 유동적임을 보여 준다. 기생충에게 있어 휴전선과 같은 국경은 손쉽게 뛰어넘을 수 있는 것이었으며, 생태적 존재들의 초국적 이동은 남한으로 하여금 남북이 한반도라는 지리적 공간에서 공존하고 있음을 다시금 일깨워 주었다.

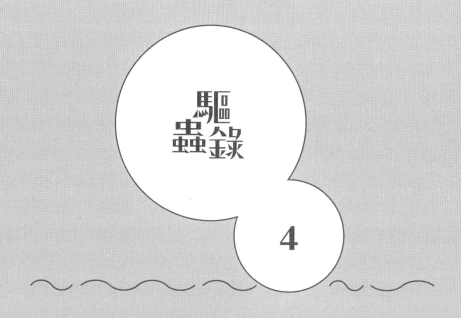

기생충 길들이기:
제주도 사상충 한일 공동 연구 사업,
1970~72년

탄자니아에서 기생충 관리 사업을 담당하면서 궁금증이 생겼다. 사업을 수행하는 코메 섬은 사업 본부가 위치한 도시에서 페리를 두 번 갈아타고 세 시간은 넘게 가야 하는 곳이었다. 이런 교통 상황은 사업 수행 지역과 긴밀한 연계가 필수적인 사업에서는 치명적인 단점이었다. 그렇다고 섬 안에 본부를 두기에는 사회 기반 시설이 너무 열악했다. 수도나 전기 시설도 없었고 페리도 하루에 두세 번밖에 다니지 않았다. 정기적으로 페리가 다니기 시작한 것도 최근 몇 년의 일이었다. 그나마도 날씨가 좋지 않은 날에는 예고 없이 배가 취소되었다. 도로도 거의 닦여 있지 않아 2008년 사업단이 처음 이 섬을 조사차 방문했을 때는 자동차를 처음 본 아이들이 있을 정도였다. 본부가 위치한 도시 므완자 인근에도 주혈흡충 감염이 심각한 지역은 얼마든지 있는데, 왜 하필 이런 외딴 섬을 사업 수행 지역으로 고른 것일까?

나중에 초기 사업 설계 과정에 참여한 기생충학자들과 이야기를 나누며 그 이유를 알게 되었다. 오히려 섬이라는 고유한 지리적 특성 때문에 이곳이 사업 수행 지역으로 선정되었다는 것이다. 상대적으로 고립되어 있으며 외부와의 교류가 많지 않은 섬의 특성상, 성공적인 사업 수행으로 한번 주혈흡충이 박멸되고 나면 외부에서 재유입이 어려울 것이라는 예상이었다. 또한 인구의 이동이 많지 않기 때문에 집단적인 검사와 투약이 용이하다는 점에서도 시범 사업을 수행하기 적합한 지역이라는 것이었다. 나아가 만약 인구 5만 명 규모의 코메 섬에서 주혈흡충을 성공적으로 박멸하는 모범적인 사례를 만들어 낸다면, 추후 탄자니아 정부나 국제단체들에게도 집단검진과 집단 투약을 기반으로 한 관리 사업이 가능하다는 점을 설득할 수 있으리라는 생각도 함께했다.

섬이라는 공간은 항상 기생충학자들의 상상력을 자극해 왔다. 때에 따라서는 육지와는 다른 기생충의 분포와 생태가 존재하기도 했고, 또한 지리적으로 격리된 공간이라는 점에서 육지와는 다른 모험적인 실천이 가능한 곳이기도 했다.

이동하는 기생충, 함께 이동하는 학자들

학자들과 지식의 네트워크, 그리고 이동은 다양한 요인으로 일어난다. 특히 기생충학에서는 학문의 특성상 연구 대상이 되는 특정 기생충과 숙주, 매개체의 분포를 따라 학자들이 이동하기도 한다.

오늘날에도 세계적으로 약 2억여 명이 감염되어 있는 것으로 추산되는 림프사상충⁺은 일본에서 1978년에, 한국에서는 2008년에 공식적으로 박멸되었는데,[1] 일본에서는 1960년대, 한국에서는 1970년대 후반

＋ 림프사상충은 성충의 길이가 약 14~100밀리미터 가량이다. 암수 성충이 교미 후 유충인 미세사상충을 배출하며, 이 미세사상충이 림프액이나 혈액 내로 들어가 전신을 순환하다 매개체인 모기가 감염자의 혈액을 흡혈할 때 같이 흡입된다. 유충은 모기 내에서 탈피 및 발육하며, 이후 모기가 다시 흡혈할 때 숙주에 주입된다. 한국에서는 '수종다리', '핏중', '피내림' 등으로 부르며, 이는 유충과 성충이 만성적으로 림프관이나 림프종에 정착, 발육하는 과정에서 발적과 부종이 생기는 데서 유래했다. 이런 손상이 더욱 만성화되면 사지 말단이나 고환 등이 비대해지는 통칭 상피병, 혹은 코끼리다리병으로 부르는 증상이 나타난다. 초기 급성기에는 발열·근육통·관절통과 같은 몸살 증상을 나타내며 이를 '몸살' 혹은 '각몸살'이라 불렀다. Byung-Seol Seo, "Malayan Filariasis in Korea," *The Korean Journal of Parasitology* 16(Suppl), 1978, pp. 7-11.

이미 대부분 사라졌다는 점에서 기생충을 따라 이동하는 연구자들의 모습과, 기생충을 실험실 내 자원으로 확보하려는 노력을 잘 보여 주는 사례다.

다양한 실험 생물들이 살아가는 실험실 역시 또 하나의 생태적 공간이다.[2] 연구자들은 기생충을 실험실이라는 새로운 생태적 공간에 적응시키기도 하지만, 때에 따라서는 기생충이 존재하는 생태적 공간으로 직접 이동하기도 한다. 말레이사상충과 같은 모델 생물의 경우, 이를 좇아 계속해서 장소와 분야를 이동해 가는 기생충학자들이 초국적인 연구 활동을 만들어 냈다. 특히 1970년부터 1972년까지 한국과 일본 학자들 간의 역동적인 교류를 촉발한 계기가 바로 제주의 말레이사상충이었다. 육지로부터 고립된 화산섬이라는 생태적 특성과 그곳에 서식하던 말레이사상충의 존재는, 한국·일본·미국의 자원을 들여 다수의 기생충학자가 한 공간에 모여들게 만든 원동력이었다. 이와 같은 '합동작전'이 이루어지기까지, 사상충을 발견하고 연구하며 사람들이 이동해 온 경로를 먼저 짚어 보자.

하치조코지마의 바쿠

1948년 7월, 도쿄 대학 전염병연구소의 사사 마나부가 인구 170여 명의 하치조코지마八丈小島에 상륙했다. 도쿄에서 남쪽으로 287킬로미터 떨어진 화산섬인 이곳은 면적이 3.16제곱킬로미터에 불과하고 해안은 절벽으로 둘러싸여 있으며 평지가 거의 없는 낙도였다. 특히 이 섬은 물 부족 문제가 심각했다. 가파른 현무암 지형에는 개천이나 샘물도 없었고 우물을 개발하기도 어려웠다. 주민들은 대부분 빗물에 의존했으며, 집이나 학교에는 빗물을 저장할 수 있는 항아리나 콘크리트 빗물 저장고가 여러 개 있었다.[3] 이런 험준한 지리적 요건 외에 인근 섬사람들이 하치조코지마에 상륙하기를 꺼리는 이유는 따로 있었는데, 섬에서 유행하는 '바쿠'라는 질병 때문이었다. 바쿠는 갑작스러운 오한과 발열을 일으켰다. 마을 사람들은 밭일을 하다가도 열이 나기 시작하면 주변 사람들에게 '바쿠가 왔다'고 알리고 열이 내릴 때까지 며칠을 이불 속에서 쉬곤 했다.[4] 병은 목숨을 위협할 정도는 아니었지만 한 달 이상에 걸쳐 며칠씩 발열이 반복되기 때문에 일상생활을 어렵게 했다.

한편 사사 마나부는 1940년부터 해군 구축함 군의관으로 복무하면서 일본군이 점령하고 있던 말레이시아의 페낭에 주둔하고 있었다. 오전에는 외과의로 진료를 하고 오후에는 섬의 병원과 보건소에서 열대 의학을 배웠다. 페낭은 영국 동인도회사의 거점 도시로, 이곳 의사들은 열대 의학 부분에서 일본 의사들을 앞서 있었다. 여기서 사사는 교과서에서만 보던 열대 질환을 실제로 목격하며 말라리아나 사상충 같은 모기 매개 질환을 연구하기 시작했다. 특히 그는 매개체 관리에 관심을 가졌다. 관리는 단순히 매개체인 모기를 제거하는 데서 그치지 않고, 정확히 특정 질병의 매개 모기를 파악하며, 그 생태적 특성에 따라 적절하게 개입해 질병을 관리하는 작업을 포함했다. 이 연구를 위해 사사는 당시 페낭에 남아 있던 다양한 영국 의학 서적들을 접했고, 지속적으로 이를 번역해 해군군의학교에서 발표했다. 여기서 쌓은 언어능력과 지식은 이후 사사가 국제 활동을 시작하는 데 중요한 발판이 되었다.[5] 그는 전후 1947년에 도쿄 대학 의대 조교수에 임명되었고, 1948년에는 록펠러 재단의 지원을 받는 전후 최초의 유학생에 선정되어 존스홉킨스 보건학 석사과정으로 파견될 예정이었다.[6]

그러던 중, 우연히 연구소를 찾아온 도쿄도 보건부 직원으로부터

"하치조코지마라는 섬에 고열이 나고 다리가 흉하게 굵어지는 바쿠라는 질병이 있다."는 소식을 들은 사사는 사상충 감염을 의심했다. 1948년 7월 배편으로 출발한 그는 인근 섬에 도착해 지역에 대한 정보를 수집했다. 다른 섬사람들은 "바쿠가 무서워 섬에는 접근하지 않는다. 해녀도 섬 근처에는 상륙하지 않는다. 섬에서 태어나면 걸리는 유전병이다."라며 두려워했다.[7] 마침내 배를 타고 하치조코지마에 도착한 사사는 처음으로 바쿠 증상을 보이는 환자를 마주했다. 그는 7월의 무더운 날씨에도 이불을 두른 채 몸을 떨고 있었다. 마을 노인들은, 섬 주민들 대부분이 15세 정도까지 열 발작을 일으키고, 여러 해를 걸쳐 발작이 반복되면 마침내 다리가 점점 굵어진다고 이야기해 주었다. 이들은 대부분 바쿠의 원인을 나쁜 물 때문이라고 생각했다. 사사는 이야기를 종합해 보고는 사상충을 강하게 의심했다. 바쿠의 정체를 확인하기 위해 사사는 혈액검사를 도와줄 것을 요청했다. 마을에서는 사사와 동료들을 맞는 환영회를 열었다. 사사와 동료들은 술에 취해 검사가 어려워질 것을 걱정하면서도, 원활한 현지 조사의 필수 조건인, 현지인들의 문화 존중과 친분 형성을 위해 기꺼이 어울렸다.[8] 환영회를 마친 뒤 밤늦게서야, 사사는 주민들의 안내를 받아 가파른 산길과 높은 돌담, 동백나무들을 지나 채혈 작업을 진행했다.[9] 밤새 염색과 검경 작업을 진행하고, 드디어 사사는 하치조코지마의 바쿠가 사상충증에 의한 것임을 밝힐 수 있었다.[10]

사사와 동료들이 굳이 늦은 밤에 채혈을 진행해 그날 밤 내로 급히 검경 작업을 마친 이유가 있었다. 사상충증은 급성기에는 미세사상충이 혈액 내에 나타나기 때문에 진단이 가능하지만, 상피병으로 발전한 이후에는 채혈만으로 검출하기 어려워 급성기에 진단하는 것이 중요하다. 그러나 미세사상충은 일정 시간대에 혈중에 집중적으로 나타나는 정기 출현성의 특징을 보이기 때문에 급성기 진단 역시 쉽지 않다. 또한 지역에 따라 같은 종의 말레이사상충이라도 다른 출현성을 보이는데, 이에 따라 말레이사상충의 생태학적 유형을 나누기도 한다.

동남아시아 지역에서는 출현이 주기적이지 않은 부정기 출현성이 주로 나타나며, 한국의 사상충에서는 저녁 8시부터 새벽 2시까지 가장 활동성이 높은 야간 정기 출현성이 나타난다. 출현 시간을 먼저 파악하지 못하면 말초 혈액에서 미세사상충을 찾을 수 없어 진단이 어렵기 때문에, 사상충 연구 초기부터 기생충학자들은 정기 출현성에 관심을 가져왔다. 또한 사상충의 생태학적 구분에 따라 이를 매개하는 모기가 달라지기 때문에 정기 출현성은 매개체 관리에서도 중요한 의미를 가진다.

도쿄로 돌아온 사사는 록펠러 재단의 유학생으로 공중보건학 석사 과정을 1년간 진행했다. 존스홉킨스에서 미국이 막대한 예산을 들여 말라리아를 연구하고 있음을 본 사사는 현재 일본의 상황을 고려하면 미국과 말라리아 분야에서 경쟁하기는 어렵겠다고 생각했다. 하지만 미국에서 사상충 연구는 상대적으로 적은 편이었고, 이를 계기로 사사는 사상충 연구에 천착하게 되었다. 그는 미국에 머물며 다양한 사상충 관련 자료를 수집하던 중, 약학 잡지에서 디에틸카바마진DEC이라는 물질이 동물 실험에서 사상충증에 효과를 보였다는 기사를 보게 되었다.[11] 일본으로 돌아온 사사는 곧바로 도쿄 대학 약학부에 DEC 제조를 위한 협력 연구를 제안했다. 이때는 도쿄 대학 약학부에서 DEC가 합성된 직후로 오사카의 다나베 제약에서 상용화를 준비하는 중이었다.[12]

일본에서 DEC 합성을 시도한 것은 기존 회충 구충제인 산토닌을 대체하기 위해서였다.[13] 3장에서 이야기했듯 당시 동아시아 지역에서는 산토닌의 원료인 물쑥을 러시아에서 대부분 수입하고 있었다. 하지만 제2차 세계대전이 끝난 직후 냉전 갈등이 심화되면서 러시아로부터 원료 수입이 차단되자, 이를 대체할 수 있는 약품이 필요해졌다. 여러 후보 물질들을 찾던 중 도쿄 대학 약학부 연구진들이 DEC의 존재를 알게 되어 다나베 제약과의 연구 협력을 통해 합성에 성공했으나 구충 효과에 대한 임상 시험은 아직 진행되지 않은 단계였다.[14] 이 약품은 일차적으로 회충을 목표로 한 것이었으므로 산토닌보다 우월한super 효과를 가지고 있다는 의미에서 수파토닌Supatonin이라는 이름까지 붙여 놓고 있었다.[15] 사사는 이들을 설득해 0.1그램 수파토닌 1000정을 사상충 치료용으로 기증받았다. 같은 시기, 미국에서 인간을 대상으로 한 DEC 투약 사례가 보고되었다. 남태평양에서 반크롭트사상충 환자 1명에게 하루, 몸무게 1킬로그램당 6밀리그램으로 10일간 투약한 결과 미세사상충이 사라졌다는 내용이었다.[16]

1950년 5월, 사사는 사상충에 대한 DEC의 효과를 확인하기 위해 하치조코지마로 출발했다. 지난번과 마찬가지로 야간에 채혈을 진행하고 다음날 검경을 진행하던 중 사사는 미세사상충에서 조금 다른 점을 발견했다. 미국 유학 중 다양한 사상충의 표본을 접한 그는 이 미세사상충이 말레이사상충으로 일본 다른 지역에서 유행하는 사상충과는 다른 종임을 알아차렸다. 이전까지 일본에 유행하는 사상충은 반크롭트사상충뿐인 것으로 알려져 있었다. 종의 차이는, 하치조코지마의 주민들이 왜 다른 일본 사상충 유행 지역과는 좀 다른, 바쿠와 같은 독특한 임상 증상을 보이는지도 설명해 주었다.[17] 말레이사상충과 반크롭트사상충은 모두 림프사상충증을 일으키는 기생충이지만 그 임상 증상이 달랐다. 말레이사상충은 급성기에 고열과 림프관염이 두드러지게 나타나지만, 반크롭트사상충에서는 이런 증상이 상대적으로 적다. 반면 만성기에 림프관 손상으로 나타나는 상피병의 경우 말레이사상충은 손발에 부종이 나타나는 정도이나, 반크롭트사상충은 심각한 피부 병변과 사지 혹은 고환 등의 변형과 손상이 나타난다. 그는 나중에 말레이사상충이 기생충이 아닌 다른 동물

이었다면 천연기념물로 지정되었을 것이라고 회고하기도 했다.[18]

문제는 DEC의 효과성 여부였다. 미국에서 보고된 투약 사례는 반크롭트사상충에 대한 것이었으며, 말레이사상충에 대해서도 동일한 효과를 보일지는 알 수 없었다.[19] 하지만 같은 림프사상충증이라는 점을 고려할 때 유사한 효과를 보일 것이라 가정하고 5월 12일부터 투약이 시작되었다. 몸무게 1킬로그램당 0.3그램을 10일간 투약하는 방식이었다.[20] 이는 DEC를 이용한 최초의 사상충증 집단 투약 사례였으며, 말레이사상충에 대한 DEC의 치료 효과를 확인한 첫 번째 실험이었다. 문제는 5시간 후에 나타났다. 투약받은 주민 가운데 상당수가 고열과 구토, 두통을 일으키고 있다는 이야기가 들려왔다. 사람들은 "치료제가 아니라 바쿠를 일으키는 약을 먹였다."라며 사사를 비난했다.[21] 그러나 사사와 연구진은 일회적인 증상일 것이라 생각하고 투약을 지속했다. 일부 주민들은 부작용 때문에 중도에 투약을 그만 두었다. 열흘 뒤 재검사 결과, 투약을 지속한 사람들의 혈액 내에서 미세사상충이 완전히 사라져 있었고, 중도에 투약을 중단한 사람들도 미세사상충이 확연히 감소해 있음을 확인했다.[22]

하치조코지마에서의 연구로 DEC가 말레이사상충을 포함한 림프사상충증에 효과가 있음은 증명되었지만, 문제는 투약 지침과 부작용이었다. 이후 사사는 이 연구를 위해 20여 차례에 걸쳐 하치조코지마를 방문하며 역학조사와 투약 사업을 진행했다. 세 번째 방문에서는 지난번 중도에 투약을 중단한 사람들을 대상으로 혈중 미세사상충 농도를 확인하고 투약을 재개하는 연구를 진행했다. 또한 이들에게서 채취한 혈액을 연구소로 보내 약물의 작용 기전과 부작용의 원인을 연구했다. 그 결과 DEC는 사상충의 산소 소비량을 억제해 사멸하도록 하고, 사멸 과정에서 혈액 내로 과도하게 유출되는 항원들이 고열과 발작을 일으킨다는 사실이 밝혀졌다. 투약 지침이 확립되고 부작용의 원인과 관리 방법이 확인되자,

다나베 제약은 본격적으로 수파토닌을 생산하기 시작했다.[23]

일본 열도에서 유행 중이던 반크롭트사상충과의 비교 연구를 위해 나가사키 대학 연구팀도 하치조코지마를 방문했다. 나가사키 대학의 가타미네 다이스케는 규슈에서 쌓은 반크롭트사상충의 임상 경험을 바탕으로 1952년 말레이사상충과 반크롭트사상충의 비교 연구를 진행했다. 이들은 임상 증상을 비교한 끝에, 바쿠와 같은 초기 고열 증상은 말레이사상충의 특징이며, 반크롭트사상충 감염에서 나타나는 심각한 상피병이나 유미뇨+와 같은 증상은 말레이사상충 감염에서는 나타나지 않는다는 사실을 확인했다.[24]

1950년대에는 집중적인 투약을 통해 빠른 시일 내에 감염자가 줄어들 것으로 생각됐지만 현실은 그렇지 않았다. 1950년 5월에는 검사 인원 93명 가운데 29명이 양성(31.5%)이었는데, 투약을 시작한 뒤 6년이 지난 1956년에는 검사 인원 66명 가운데 19명이 양성(28.8%)으로 나타나 크게 감소하지 않았던 것이다. 10일간 투약으로 체내 미세사상충을 완전히 사멸시킬 수 있다는 것은 이론적으로는, 마을 주민 전원이 투약하면 인구 이동이 거의 없는 하치조코지마 같은 섬의 경우 사상충을 완전히 근절할 수 있음을 의미했다. 하지만 투약에 따른 고열과 발작의 부작용 때문에 사람들은 약에 대해 거부감을 가졌고 복용을 중단하기도 했다. 결국 사사는 매개체 관리를 함께 시행해야 미세사상충을 섬에서 완전히 박멸할 수 있을 것이라 생각했다.[25]

+ 유미뇨chyluria는 림프관 손상으로 장관에서 흡수된 지방이 혈액으로 제대로 흡수되지 못하고 신장에서 소변에 혼입되어 우유와 같이 혼탁한 흰색의 소변이 나오는 증상을 말한다. Manabu Sasa, *Human Filariasis: a Global Survey of Epidemiology and Control* (University Park Press, 1976), p. 77.

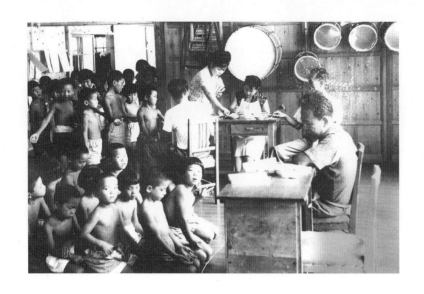

1950년대 후반 나가사키 인근의 섬에서 아동들을 대상으로 사상충 감염률 조사와 투약
사업을 진행하고 있는 나가사키 의과대학 가타미네 교수 연구팀의 모습.

사사는 매개체인 모기를 관리하기 위해 디디티를 공수해 왔지만, 섬의 지형이 요철이 많고 비탈이 심해 사람이 직접 모든 물웅덩이에 살충제를 살포하기는 어려웠다. 이에 그는 다른 가고시마 지역의 아마미 섬에서 진행 중이던 사상충 박멸 사업에서 친분을 쌓은 NHK 방송사 관계자를 통해 촬영용 헬리콥터를 지원받아 섬 전체에 디디티를 공중 살포했다. 1956년에만 총 180킬로그램의 디디티가 살포되었고, 살포 24시간 후 해변의 고인 물을 조사한 결과 거의 모든 모기 유충이 사멸한 것으로 확인되었다. 이어 사사는 가정 내에도 디디티를 분무해 남아 있는 모기 성충을 사멸시켰다.[26]

하치조코지마에서 여러 해 동안 진행된 조사 및 투약 사업은 이후 일본의 국가 단위 사상충 박멸 사업을 수립하는 과정에도 많은 영향을 미쳤다. 앞에서도 말했듯 이론적으로는 지역 주민 전체를 대상으로 한 완전한 투약, 혹은 매개 모기의 개체 수 관리가 적절히 이루어질 경우 감염 경로를 완전히 차단할 수 있을 것으로 기대되었다. 하지만 하치조코지마에서의 경험은 약품의 부작용이 생각보다 흔하며, 이 때문에 주민들의 투약 순응도에도 큰 편차가 있을 수 있다는 사실을 알려주었다.[27] 또한 디디티와 같은 살충제가 단기적으로는 큰 효과를 보이나 장기적으로는 감염 경로를 차단할 수 있을 정도로 매개체의 수를 줄이지는 못한다는 사실도 보여 주었다. 이는 추후 집단 투약을 중심으로 하되 매개체 관리에 힘쓰고, 부작용을 줄이기 위한 관리 감독이 충분히 이루어질 수 있는 방향으로 개선이 이루어졌다.[28]

이런 노력에도 1960년대까지 하치조코지마에서 말레이사상충은 완전히 박멸되지 않았다. 1963년 도쿄기생충예방회의 기생충학자 모리시타 가오루가 섬을 방문했을 때도 주민 70명 가운데 14명이 양성이었다. 하지만 이는 일본 내에서 말레이사상충을 확보할 수 있는 현장이 계속 남아 있다는 사실을 의미하기도 했다. 모리시타는 "이 사람[기생충학자]들의 목적은 사상충 예방 대책 사업의 일환으로 이 섬에서 기생충을 없애는 것이지만, 일본의 다른 지역에는 없는 말레이사상충이기 때문에 없애버리기는 아깝다는 생각이 들었다."라고 회고했다.[29]

하치조코지마에서 20여 년간 진행된 연구 사업은 1966년 섬 주민들이 집단 이주하기 시작하면서 막을 내렸다. 고도성장기를 거치면서 전반적인 생활이 바뀌고 있었는데, 전기나 수도, 의료 시설이 없는 고도孤島에서 생활하고 싶은 사람은 없었다. 1968년에 마지막으로 검사가 시행되었고, 당시 섬 주민 가운데 미세사상충이 검출된 사람은 아무도 없었다. 마침내 사상충이 박멸된 것으로 나타났지만, 남은 주민들도 1969년에 모두 인근 섬으로 이주하면서 하치조코지마는 사상충도 사람도 사라진 '텅 빈 섬'이 되었다.[30]

일본 사상충 박멸과 미일 의과학 협력 사업

1911년 일본 국방성에서는 징집병을 대상으로 야간 채혈을 통해 지역별 사상충 감염률을 조사했는데, 이것이 전국 단위 조사의 시작이었다.[31] 이 연구에서는 오키나와를 포함한 일본 전역을 전체 9개 지역으로 나누어 총 11만2000여 명을 조사했는데, 그 결과 홋카이도·혼슈·시코쿠를 포함한 중북부 지역에는 감염이 없거나 매우 낮고, 주로 규슈를 포함한 남부 지역에 감염이 집중되어 있다는 사실을 확인했다. 이후 여러 학자들에 의해 지역별로 감염률 조사가 이루어졌으나, 제2차 세계대전 종전 이전까지 이런 연구 조사 사업이 본격적인 박멸 사업으로 이어지지는 못했다.[32] 당시에는 대규모 투약에 적합한 약물이나 매개체 모기를 관리할 수 있는 살충제가 없었기 때문이다. 하지만 사사 마나부처럼 1940년대 군의관으로 징집되어 중국과 동남아시아 지역에 파견되었던 일본 기생충학자들이 사상충을 경험하고 돌아와 기생충학을 연구하는 주요 대학에서 개별적으로 사상충 조사 및 관리 사업을 시작하면서 이는 곧 전국적인 사업으로 확대되었다.[33]

일본 내 사상충 박멸을 위한 공동 연구팀은 1952년 일본 문부성의 지원을 받아 처음으로 조직되었으며, 1961년부터는 미국 공중보건국으로부터 추가 지원금을 조달받았다.[34] 당시 연구팀은 지역에 따라 크게 세 그룹으로 나뉘었다. 사사 마나부를 대표로 하는 도쿄 대학 그룹, 가타미네 다이스케의 나가사키 대학 그룹, 그리고 가고시마 대학 그룹이었다. 각 연구팀은 담당 지역에서 기초 역학조사와 연구들을 진행했으며, 여기서 모인 정보들을 바탕으로 1962년 시작된 전국 단위 박멸 사업을 설득할 수 있었다. 이를 위해 연구진들이 초점을 맞추었던 연구 주제들은 치료 약제 선정 및 투약 방법, 약물 부작용 확인 및 대처 방법, 정기 출현성에 따른 혈액 채취 시간 결정, 미세사상충 검출을 위한 채혈량 결정, 각 검사 기법의 정확성 및 처리 속도, 대중의 검사 및 투약 순응도였다.[35]

일본이 정부 주도로 전국적인 사상충 박멸 사업을 시작한 것은 1962년으로, 대상 지역은 규슈·시코쿠·도쿄 인근 도서 지역이었다. 본토에서는 공식적으로 1962년부터 1969년까지 시행되었고, 이후 오키나와도 사업 대상 지역에 포함되었다. 초기 사업에서는 먼저 유행 지역의 미세사상충을 확인하기 위해 혈액검사를 진행한 뒤, 양성인 환자에게만 DEC를 선별 투약하는 제한적인 집단 투약 방식을 적용했다. 이와 더불어 하치조코지마의 경험을 바탕으로 매개체 모기 관리를 병행했다. 이처럼 초기에는 DEC를 집단 투약하고 살충제 살포를 통한 매개체 관리를 동시에 시행하도록 계획했으나, 외딴 도서 지역에서 두 가지 전략을 동시

에 진행하기 어렵다는 점을 확인하고 주로 DEC 집단 투약에 집중하는 방식으로 선회했다.[36]

사업 과정에서 특히 관심을 기울인 것은 투약 용량이었다. DEC는 약물의 복용 간격과 상관없이 총 투여량이 일정 수준을 넘어야만 충분한 구충 효과를 나타냈다. 일본에서 사용한 방식은 몸무게에 비례해 투약량을 조절하는 것으로, 성인은 몸무게 1킬로그램당 72밀리그램의 DEC를 투여하거나 몸무게와 관계없이 총 3.6그램을 투약하는 것이었다. 세부적인 투약 지침은 각 지역의 상황에 따라 변했다. 부작용의 발생 양상이나 동원할 수 있는 행정력의 규모에 따라 약물의 투약 빈도를 늘려 1킬로그램당 5밀리그램을 10일간 매일 주거나, 일주일에 한 번씩 10주, 혹은 월 1회 10개월간 투약하는 방식을 혼용했다.[37]

감염률이 낮았던 도쿄 지역에서는 1967년, 가고시마에서는 1975년, 1965년 사업을 시작한 오키나와에서는 1978년에 마지막 증례가 보고되었다. 이후 성체 보유자는 1980년대 후반까지 발견되나, 1980년대 초반이 되면 거의 박멸된 것으로 파악되었으며 1988년에 공식적으로 박멸을 선언했다. 당시 전국 사업에는 도쿄를 포함한 총 9개 현급 지방정부가 참여했으며, 총 203만9728명이 검사를 받았다.[38] 일본의 전국 단위 조사 사업의 결과로 다음과 같은 사실들이 확인되었다.[39] 먼저 DEC는 반크롭트사상충과 말레이사상충 모두에게 효과를 보였다. DEC 투약 부작용의 경우 초기 1~2일 내에 나타나며, 주로 고열·두통·림프비대증 등이 동반되었다. 부작용의 빈도와 강도는 주로 미세사상충의 농도와 관계가 있었다. 이런 점들을 고려했을 때 총 투약량은 몸무게 1킬로그램당 70밀리그램이 적절하며, 투약에 따른 부작용을 최소화하기 위해 이를 며칠에 걸쳐 나누어 투약하는 지침이 필요했다. 일본의 국가 단위 사업에서는 1킬로그램당 72밀리그램을 12~14일간 나누어 투여하는 용법이 사용되

었다.[40]

1960년대 후반에는 일본의 국가 사상충 사업이 거의 마무리됐지만, 나가사키 지역에서 사상충 박멸 사업에 참여하고 있던 가타미네는 사상충이 남아 있는 다른 지역에서 연구를 계속하고자 했다. 그는 1970년, 일본학술진흥회에서 731만 엔을 지원받아 '미세사상충의 주기에 관한 연구'를 시작했다.[41] 가타미네가 이처럼 대규모 연구비를 지원받을 수 있었던 것은 미일 의과학 협력 사업USJCMSP을 통해서였다. 미일 의과학 협력 사업은 1965년 1월 일본 사토 에이사쿠 총리의 방미 일정 중, 아시아 전반의 건강 확대를 위해 미일 공동의 노력이 필요하다는 데 합의하면서 시작되었다.

이 정상회담은 베트남 전쟁으로 동아시아의 정세가 불안정해지던 가운데 진행되었다. 미국과 일본은 아시아 지역의 안정을 위해 양국 간의 방위조약과 협력을 강화해야 한다는 데 합의했으며, 아시아 지역에서 공산주의의 확장을 막기 위해서는 다른 아시아 국가들과의 경제·기술협력 강화가 필요하다고 보았다. 정상회담 성명서의 마지막 항목으로 보건 문제에 대한 양국의 기술협력, 그리고 이를 바탕으로 한 아시아인들의 건강 향상이 합의문에 포함되었다.[42] 성명서에 이런 기술협력 및 공동 의과학 연구의 확대가 필요하다는 점이 포함된 것은 단지 인도주의적 목적 때문만은 아니었다. 베트남전이 확대될 것으로 예상되는 가운데, 미국은 일본을 주요 공여국으로 끌어들여 아시아 지역의 원조 부담을 줄이고자 했다. 동시에 베트남전 참전으로 파병 인력의 건강 유지가 주요 문제로 떠오름에 따라, 기존 동아시아 지역의 열대 질환에 대한 경험을 가지고 있던 일본과의 의학적 협력을 확대하려 했다.[43]

협력 사업은 아시아의 주요 건강 문제 6가지(콜레라, 나병, 영양실조, 기생충 질환, 결핵, 바이러스성 질환)에 초점을 맞추어 기초 연구와 학술 교류를 활성화하기로 했다.[44] 기생충 패널에서는 1965년 10월 미국 측과 일본 측 대표 각 5명이 모여서, 연구진이 초점을 맞춰야 할 아시아의 가장 중요한 기생충 질환으로 사상충증과 주혈흡충을 선정했다. 이는 당시 일본 내에서 사상충과 주혈흡충 박멸 사업이 활발하게 이루어지고 있었기 때문이었고, 동시에 심각한 급성기 증상은 전력을 손실시킬 수 있는 전략적 중요성을 가지기 때문이기도 했다.

특히 사상충의 경우 주요 관리 사업 경험이나 실험 연구들이 유럽을 중심으로 이루어지고 있었기 때문에 미국에서는 사상충 충체나 모델 생물 등 충분한 연구 자원을 확보하지 못하고 있었다.[45] 1970년 발간된 첫 번째 사업보고서에서는 사상충 연구가 주혈흡충 연구에 비해 활성화되지 못한 주요 원인으로 적절한 동물 모델을 확립하지 못했음을 지적했다. 동물 모델은 인간 기생충을 체내에 보유하고 배양할 수 있으며, 실험실에서 사육할 수 있는 동물을 말한다. 기생충은 대체로 숙주 특이성이 높기 때문에 인간을 감염시키는 기생충을 다른 동물에서 키우는 것이 쉽지 않았다. 즉 말레이사상충을 수집하더라도, 이를 다시 감염 및 유지시킬 수 있는 동물 모델이 없다면 실험실에서 지속적으로 배양하고 성충을 길러낼 수 없었기 때문에 기초 연구가 어려웠다.

이에 사업단은 적절한 실험실 동물 모델의 확립을 주요 연구 목표 중 하나로 선정했다. 그중 가타미네 연구팀은 기존에 일본에서 상대적으로 많은 연구가 이루어진 반크롭트사상충과 달리 충분한 연구 재료를 확보할 수 없었던 말레이사상충을 제주도에서 확보해 반크롭트사상충과 비교 연구하는 것을 일차 목표로 삼았다.[46] 미일 의과학 협력 사업의 지원을 받아 연구를 시작한 가타미네 교수가 제주도에서 한국의 연구자들과 만날 수 있었던 데에는 이런 지정학적 배경이 자리한다.

한편 일본과 한국이 연결되기 시작한 것은 또 다른 초국적 네트워크를 통해서였다. 1960년대 시작된 한국과 일본의 기생충 관리 협력 사업은 기생충학 분야에서 광범위한 인적 교류를 가능하게 했다. 그 일환으로 1969년, 서울대학교 기생충학교실의 임한종은 일본 OTCA의 지원으로 일본 전역의 기생충학교실들을 탐방할 기회를 얻었다. 일정 중 나가사키 대학 열대의학 연구소를 방문한 임한종은 가타미네 교수를 만나 한국 제주도의 말레이사상충 이야기를 나누게 되었다. 이때 가타미네는 깊은 관심을 보이며 공동 연구를 제안했다. 그는 직접 인근 관광지까지 구경시켜주며 제주도에서 한일 공동 연구가 꼭 실현되기를 바란다는 마음을 전했고, 이를 계기로 임한종은 한국에 돌아와 서병설 교수를 설득해 공동 연구 사업을 시작할 수 있게 했다.[47] 미국과 일본, 그리고 한국과 일본의 기생충 관리 네트워크는 이렇게 제주도라는 지리적 공간, 말레이사상충이라는 생태적 조건, 그리고 임한종의 초국적 이동에 힘입어 역동적으로 이어지기 시작했다.

한반도 사상충을 발견하다

제주도에서 일어난 일들을 살펴보기 전에 한반도에서는 사상충이 어떻게 발견되었는지, 또한 어떤 연구 전통을 가지고 있는지 살펴볼 필요가 있다. 일찍이 한반도에서 사상충이 유행하고 있다는 사실을 확인한 사람은 당시 일본에 유학 중이던 한국인 병리학자 윤일선이었다. 윤일선은 교토 제국대학에서 치료를 받다가 사망한 조선인 상피병 환자를 부검해 사상충 성충을 발견했고, 1927년에 이를 보고했다.[48] 그때까지만 해도 임상적 관찰로 확인할 수 있는 상피병의 유행 양상을 조사한 연구는 있었으나, 충체를 발견함으로써 한반도에서 나타나는 상피병이 림프사상충 감염에 의한 것임을 증명한 사례는 윤일선이 처음이었다. 그 뒤로 한반도에서 개별 연구자들이 상피병 혹은 사상충의 분포에 대해 조사한 바 있으나, 한반도 전체를 대상으로 한 것은 아니었다.

한반도의 사상충에 대한 연구가 다시 활발하게 이루어진 것은 1940년대 들어서였다. 경성제대 기생충학교실 고바야시 하루지로의 지도 학생이었던 수의학자 세누 다카시가 1943년부터 1945년까지 한반도 전역에서 사상충증의 분포를 조사했고, 이 연구를 통해 한반도에 유행하는 림프사상충이 일본과 같은 반크롭트사상충이 아닌 말레이사상충임이 밝혀졌다.[49] 세누는 한반도 전체를 대상으로 표본 검사를 진행했고 제주도에서 검사 대상자 971명 중 26.6%가 양성으로 나타나 가장 심각한 유행지임을 확인했다. 1943년부터 1945년까지 이어진 이 조사의 결과는 일본의 패전 이후 세누가 본국에 귀환하면서 발표되지 못하고 있었다. 하지만 고바야시 하루지로가 미군이 진행한 한반도 기생충 조사 사업단에 참여하고, 이때 미발표 원고를 포함한 기존의 연구 자료 일체를 미군에 넘겨주면서 해당 내용이 미국 측 연구자들의 관심을 끌게 되었다.[50]

한반도 사상충증이 말레이사상충임을 분류해 확인한 연구는 1951년에 들어 고바야시 하루지로의 제자인 세누, 미군 군의관 린치콤이 공동 저자로 미국 군의학 잡지에 게재했다.[51] 이후 세누와 미군 조사단인 헌터가 일본 학술지에 한반도의 사상충 유행 양상에 대해 보고하면서, 일본 기생충학자들은 제주도를 중심으로 말레이사상충이 유행하고 있음을 알게 되었다.

1960년대 후반, 제주도는 변화의 시기였다. 마을에 공용 상수도와 전기 설비가 갖추어지기 시작했고, 서울과 제주를 잇는 항공편도 생겨났다. 하지만 여전히 도시 지역을 제외한 마을들에는 수도 및 전기 시설이 매우 드문 편이었다. 대부분 암반으로 이루어진 제주의 지형 특성상 지하수를 개발하기 어려워 주민들은 대부분 빗물을 받아쓰는 봉천수, 혹은 산지에서 스며든 지하수가 해변에서 다시 솟아오르는 용천수를 생활용수로 사용하고 있었다. 당시 제주도, 특히 사업이 이루어졌던 위미리 지역은 서귀포에서 약 15킬로미터 떨어진 곳이었다. 위미리에 처음으로 우물이 개발된 것은 1965년이었고, 한일 사상충 공동 연구 사업이 진행된 1970년대 초반은 마을의 공용 상수도와 전기 설비가 처음으로 갖추어지던 시점이었다.[52] 하지만 이때까지 개별 상하수도 시설이나 전기는 없었고, 대로변 인근에만 전등이 설치되어 있었다.

제주도, 특히 그중에서도 위미리가 주요 사업 지역으로 선정된 데에는 말레이사상충의 분포가 갖는 생태적 특징뿐만 아니라 이전의 경험과 인적 네트워크도 영향을 미쳤다. 제주도가 한국에서 주요 사상충 유행 지역이라는 사실은 일찍부터 알려져 있었다. 1940년대 경성제대의 연구자 세누 다카시가 제주도에서 연구를 수행한 4개 지역 중 하나가 위미리였다. 위미리에는 전체 검사 대상자의 절반가량인 447명이 집중되어 있었으며, 감염률도 33.8%로 다른 지역에 비해 두 배 이상 높았다.[53] 또한 서병설 연구팀은 임영찬 군의관을 중심으로 1964년부터 1967년까지 논산 육군 훈련소에 입소한 장병 3만534명의 사상충 유병률 검사를 시행했다.[54] 전체 감염률은 0.63%였으며, 그중 제주 출신이 3.5%로 가장 높았다.

사실 위미리는 1965년부터 주요 사상충 조사 및 관리 대상 지역이었다. 서울대학교 의과대학 출신인 내과 의사 김병찬은 의과대학 4학년인 1959년 여름방학 때 내과 지도 교수와 함께 제주 무의촌 진료팀에 참여했다. 당시 선정된 진료 지역이 남제주군 남원면 위미리였다. 위미리는 인구 약 1800명가량으로 리 단위에서는 비교적 인구가 많은 편이었으며 행정구역도 넓은 편이었기 때문이다. 이때의 경험에서 김병찬은 제주 지역에 상피병, 즉 사상충증 환자가 풍토병으로 존재한다는 사실을 알게 되었다. 졸업 후 그는 공의*로 의무 복무하기 위해 고향인 제주도로 돌아왔다. 그 후 제주도립병원에 근무하며 사상충 조사 및 관리 사업을 전개했다.[55]

　　1963년 발족한 서울대학교 의과대학 풍토병연구소가 초점을 맞춘 부분은 사상충증이었다.** 본격적으로 연구가 시작된 것은 1964년부터였다. 1965년 임한종은 보건장학회의 지원으로 도서 지역 사상충증 조사 연구를 시행했다. 이때 일본에서 시행한 개심장사상충 항원을 이용한 피내반응을 일반적인 채혈 검사법과 병행해 역학조사가 진행되었다.[56] 1968년에는 풍토병연구소에서 제주도민 감염자 285명을 대상으로 일본의 수파토닌을 활용해 DEC 시범 투약 사업을 시행했다.[57] 이 연구에서는 하치조코지마의 경험과 마찬가지로 대부분의 투약 환자들에게서 고열 등의 심각한 부작용이 나타난다는 점을 확인했다. 이런 선행 연구들은 이후 연구자들이 제주, 특히 위미리 인근을 연구 대상으로 선정하는 데 영향을 미쳤을 것으로 보인다.

✦ 공의公醫는 무의촌 해소를 위해 지역 내에 개업 중인 민간 의사를 위촉해 진료 및 방역 활동을 담당하게 하는 제도였다. 이주연, "의료법 개정을 통해서 본 국가의 의료통제 : 1950~60년대 무면허의료업자와 의료업자의 실태를 중심으로," 『의사학』 19(2), 2010, 417-418쪽.

✦✦ 이순형 교수는 사상충 연구가 상대적으로 다른 기생충에 비해 연구 비용이 많이 소요되지 않았던 것도 연구 대상 선정에 영향을 미쳤을 것이라 회고했다. 이순형 인터뷰 2019/07/11.

제주의 낯선 기생충

　제주라는 공간의 특수성과 기생충의 연관 관계를 가장 잘 보여 주는 사례는 한국 예방의학의 대모代母로 불리는 김정순의 조사 사업일 것이다. 1964년 존스홉킨스 보건대학원에서 학위 과정을 밟고 있던 김정순은 졸업논문은 반드시 지역사회를 대상으로 한 현지 연구 자료로 써야 한다는 지도 교수의 말에 제주도의 기생충 문제를 다루기로 했다. 당시 예방학 연구에서 환경적 요인과 사람들의 생활 습관 등 생태학적 요인들에 대한 관심이 높아지고 있었고, 육지와 다른 환경과 문화를 가진 제주도는 이런 연구를 수행하기에 최적의 장소였다.[58]

　특히 김정순이 관심을 가진 것은 제주도의 폐흡충 문제였다. 폐흡충은 한반도를 포함한 동아시아 전역에서 널리 유행하는 질병이었지만, 1950년대에는 제주도를 중심으로 높은 감염률을 보이고 있었다. 특히 지하수가 해안가에서 솟아오르는 용천수 인근에 중간숙주인 다슬기와 게가 다수 서식했고, 단백질 보충을 위해 이 게를 잡아먹는 사람들에게 감염이 누적되는 경우가 많았다. 또한 해안가에서는 식수가 귀해 용천수 인근에 부락이 생겨나는 경우가 많아 소수의 식수원에 인구가 밀집되면서 상황이 더욱 악화되었다. 식수원에 감염된 사람들이 충란이 들어 있는 피 섞인 가래침을 뱉으며 식수가 오염되고 감염이 반복되는 악순환이 이어졌다. 지역에 따라서는 인구의 30% 이상이 감염된 곳도 있을 정도로 제주의 폐흡충 감염은 심각했다.[59]

　하지만 1950년대까지 폐흡충에 효과적으로 사용할 수 있는 약품이 없었고, 에메틴은 영흥 중독 사건에서 나타났듯이 독성이 높아 집단 투약에 적합하지 않았다. 그러다가 1961년, 일본의 요코가와 교수 연구팀이 비치오놀Bithionol이라는 약품이 폐흡충 치료에 사용될 수 있다는 사실을 발견했고, 일본에서의 집단 투약 사업을 통해 상당한 성공을 거두었다.[60] 김정순은 한국으로 귀국하는 도중 일본에 들러 요코가와 교수가 수행하는 비치오놀 치료 평가 연구에 참여해 투약법을 습득했다.

서울대학교 기생충학교실의 서병설과 다른 동창들의 도움으로 김정순은 서귀포 보건소에 공의로 발령받을 수 있었지만, 여전히 제주의 언어와 풍습은 낯설기만 했다. 군청 직원에게 소개받은 19세의 연구 보조원은 하루도 빠지지 않고 붙어 다니며 제주 고유의 풍습과 문화를 알려 주고 사투리 번역까지 도맡아 주었다. 김정순은 그가 아니었으면 "외국에 온 것처럼 말귀도 알아듣기 힘들고" 외지인에 대한 신뢰도도 낮은 이 지역에서 "연구는 거의 하기 어려웠을 것"이라고 회고했다.[61]

제주도에서의 폐흡충 연구로 학위를 받은 뒤 김정순은 말레이시아에서 연구원 생활을 하고 있었다. 당시 말레이시아에서 열린 학회에서 그는 일본 도쿄 대학의 사사 마나부와 만나게 되었다. 사사는 제2차 세계대전 이전 말레이시아에서 연구한 경험이 있었으며, 1960년대에는 이미 세계적인 명성을 가진 사상충학자였다. 제주도에서의 연구 기간 동안 이미 사상충 유행이 심각하다는 사실을 알고 있었던 김정순은 사상충 분야에서 활발한 연구가 진행 중인 일본에서 수학하는 것이 좋은 기회일 것이라 생각했다. 사사는 김정순의 도쿄 대학 방문 연구를 수락했고, 덕분에 그는 일본에서 개발된 최신 진단 및 치료 기술들을 습득할 수 있었다.

또한 일본에 주둔 중이던 406 실험실을 통해 연구비 2만5000달러를 확보할 수 있었다. 이는 미군이 대규모 주둔군을 유지하고 있던 한국과 일본의 질병 매개 곤충에 대해 관심을 갖고 있었기 때문에 가능했다. 극동 아시아에 주둔하고 있었던 미8군은 이곳에 배속된 곤충학자들을 통해 미군정 시기부터 한반도와 일본의 모기 및 질병 매개 곤충 정보를 수집해 왔다.[62] 김정순이 제주도 사상충 연구를 제안했을 때 마침 미8군 의

무대 소속 곤충학자가 한국의 모기 생태를 조사하기 위해 파견되어 있었다. 이에 미8군 의무대는 미군 곤충학자의 모기 및 유충 수집을 돕는 조건으로 김정순에게 장비를 지원해 주었다. 미8군은 군용 지프차에 생물학을 전공한 사병들까지 제공해 주었고, 실험 설비가 완비된 연구 차량에는 발전기와 현미경은 물론 샤워 시설까지 갖추어져 있었다.[63]

사상충 조사 사업은 1968년부터 1970년까지 지속되었으며, 1969년부터는 DEC를 이용한 시범적인 집단 치료 사업도 이루어졌다. 제주 남부 지역의 일부 마을과 가파도, 비양도 등 제주 인근의 섬을 중심으로 진행된 사업들은 추후 1970년대 사상충 연구 사업의 기초 자료를 제공했다. 그뿐만 아니라 이 사업에 참여했던 서울대학교 보건대학원에서는 이 연구를 통해 석사 한 명과 박사 한 명을 배출할 수 있었다.

김정순의 경험은 1960년대 이후 한국의 의학 교육이 미국식으로 변화하고 미국과의 네트워크를 통한 연구가 활발해지는 가운데서도, 과거 아시아 지역의 질병 생태에 대한 전문적이며 현재적인 지식을 가지고 있던 일본의 영향력이 여전히 강했음을 보여 준다. 동시에 한반도와 일본에 주둔하고 있던 미군의 연구 관심과 지원이 한반도에서 의학 연구를 추동하는 또 다른 동력 중 하나였음도 알 수 있다. 이런 한국, 일본, 미국의 관계는 이후 제주에서 진행된 한일 공동 연구 사업에도 영향을 미치게 되었다.

한일 공동 연구 사업

1970년 4월부터 한국과 일본 기생충학자들은 본격적으로 제주도에서 공동 연구를 시작했다. 한국 측 연구자들의 주요 관심사는 제주도에

1970년 풍토병연구소 서귀포 분원 개원식의 모습. 서귀포 정방폭포 바로 옆에 위치하고
있었다.

서 역학조사를 진행하고 투약 지침을 확립하는 것이었다. 일본 측의 주요 연구 과제는 말레이사상충과 반크롭트사상충의 생물학적·임상적 특성을 비교, 확인하는 것이었다.[64] 공동 연구 사업이 수행될 수 있었던 물질적 기반은 한일 양측 연구팀이 함께 마련했다. 서울대학교 졸업생인 한형주*의 기부금으로 1970년 완공된 서귀포 풍토병연구소는 안정적인 연구가 진행될 수 있는 공간을 마련했다.[65] 일본 측에서는 나가사키 의대의 가타미네 다이스케 팀과 가고시마 의대 팀이 주로 참여했으며, 초기 연구 자금은 가타미네를 통한 미일 공동 연구 사업의 지원을 받아 이루어졌다. 또한 1972년에는 OTCA가 풍토병연구소에 약 5만 달러 규모의 기자재를 지원했다. 이는 지바 의대 요코가와 교수의 주선으로 이루어졌는데, 요코가와 교수는 미일 공동 연구 사업의 기생충 패널 단장이기도 했다.[66]

제주는 일본에서 유일하게 말레이사상충이 유행하던 하치조코지마와 유사한 환경, 즉 화산섬과 해변의 매개 모기를 통한 유행이라는 특징을 가지고 있었다. 또한 하치조코지마와 제주의 사상충은 유사한 역학적 특성을 가진 말레이사상충이기도 했다. 이런 유사성은 기존 일본에서의 경험을 새로운 환경에 시험해 볼 수 있는 좋은 기회로 여겨졌다. 연구팀이 가장 먼저 착수한 것은 주된 관심사 중 하나였던 정기 출현성을 확인하는 것이었다. 연구자들은 제주도 말레이사상충의 정기 출현성을 확인하기 위해 사업 지역에 도착하자마자 지역 내 감염자를 파악했고, 감염이 확인된 사람들을 김병찬 원장이 운영하던 병원에 입원시켜 두 시간마다

✦ 한형주는 서울의대 출신으로 개인 병원을 개설해 활동하던 중, 서병설 교수와의 개인적인 친분으로 설립에 필요한 자금을 기부했다. 제주 풍토병연구소는 정방폭포 위에 최신식 설비로 지어져 주거 공간과 실험 공간, 수세식 화장실 등이 완비되어 있었다. 이순형 인터뷰 2019/07/11; 『주간조선』 2018/12/03.

채혈 및 검사를 진행했다.[67] 사업 초기에는 하루 12번에 걸쳐 채혈을 하게 해줄 환자들을 모집하기 쉽지 않았기 때문에, 미세사상충 보유자로 확인된 지역의 협조 인력이 연구의 대상자가 되었다.[68]

현지 조력의 중요성
어디왓수광?

지역 주민들의 협조는 단지 실험 재료를 구하는 데 그치지 않았다. 김정순이 그랬던 것처럼, 한일 연구팀이 원활하게 연구를 수행하기 위해서는 적절한 현지의 조력자를 구하는 것이 필수적이었다. 위미리에서 연구팀의 현지 조사에 도움을 주었던 현재선은 당시 20대였다. 그의 오빠는 어촌계장으로 지역 내에서 신망이 두터웠으며, 아버지는 앞서 이장을 역임한 바 있었다. 그의 이런 가족 배경은 지역사회에서 사업의 필요성을 설득하고, 때에 따라서는 적절한 권위를 동원할 수 있는 자원을 제공했다. 게다가 그 자신도 사상충에 걸려 몸살을 앓아 본 경험이 있었기 때문에 현재선은 보수도 받지 않고 연구진을 적극적으로 도왔다.

사상충 연구의 특징 중 하나는 대부분의 외부 활동이 야간에 이루어져야 한다는 점이었다. 말초 혈액에서 미세사상충을 가장 잘 검출할 수 있는 시간이 저녁 8시부터 새벽 2시경으로 해가 진 이후였기 때문에 일반적인 장내기생충 검사 방법과 달리 사람들을 한자리에 동원하기란 쉽지 않았다. 또한 주로 야간에 흡혈하고 새벽까지 집 내부의 벽에서 쉬는 매개체 모기를 채집하기 위해서도 주로 야간에 현장 연구를 진행해야 했다.

하지만 낯선 지역에서 야간에 가정마다 방문하며 채혈하는 활동조차 지역 주민의 안내와 협조 없이는 불가능했다. 외지인에 대한 지역 주

4 기생충 길들이기

민들의 불신 문제는 일부에 불과했다. 야간에 울퉁불퉁한 지역의 비포장 도로에서는 미끄러져 넘어지기 일쑤였고,[69] 높은 담과 좁은 골목 때문에 정확히 어느 가정을 방문하고 있는지도 알기 어려웠다. 따라서 지역 지리를 충분히 숙지하고 있을 뿐만 아니라, 야간에 사람들을 깨워 채혈을 진행해도 불만을 표시하지 않을 만큼 주민들과 친밀한 관계를 쌓고 있는 사람을 대동해야만 했다. 채혈은 주로 귀 쪽에 상처를 내어 작은 유리관으로 피를 채취하는 방법을 사용했는데, 야간에 외지인이 방문해 갑자기 귀에 상처를 내겠다고 하면 선뜻 응해 줄 리가 없었다.

'현지 통역사'는 깊은 밤중에 문을 열게 하고 사업의 당위를 설득했다. 특히 현재선이 이런 영향력을 발휘할 수 있었던 데에는 제주 어촌의 특성도 작용했다. 당시 농업을 위주로 생활하던 위미리 인근에서 해녀들을 중심으로 한 어촌계는 주요 현금 소득원이었다. 따라서 마을 간 채취권에 대한 영역 다툼이 심심치 않게 발생했다. 채취용 호미를 들고 해녀들이 대치하는 가운데 능숙하게 갈등을 헤쳐 나가야 하는 어촌계장은 쉬운 직책이 아니었다. 덕분에 이런 해녀들을 관리하고 갈등을 중재하는 어촌계장은 마을에서 상당한 영향력을 행사할 수 있었다.[70] 즉 지역 유지의 가족으로 이미 마을 내에서 효과적인 권력 자원을 확보하고 있었던 현재선은 사람들을 효과적으로 설득하고 동원할 수 있었다. 이처럼 지역의 영향력 있는 사람을 파악하고 섭외하는 일이 현지 조사 사업에서 중요한 요소였다.

한편 지리적인 요인뿐만 아니라 지역 주민 중 상당수, 특히 중장년층 이상이 사용하는 제주어는 의사소통을 어렵게 했다. 게다가 사상충 감염률이 높고 미세사상충 농도가 높은 사람들, 상피병과 같은 만성 증상을 보이는 사람들은 주로 중장년층이었다. 외지인들은 지역 주민들과 간단한 인사말부터 소통이 되지 않았다. 야간에 가정을 방문해 "잠수가?(주무십니까?)"라고 물으면 "어디왔수광?(어디서 오셨습니까?)"라고 묻는 대화처럼 기본적인 의사소통조차 쉽지 않았다. 연구진이 "할머니, 가장 최근에 아프셨던 게 언제세요?"라고 물으면, 지역 노인들은 "작은년아 뭐해 고랑시니?(얘야 저게 무슨 말이니?)"라고 되묻곤 했다. 그러면 현재선은 "할머니, 촐빌 때(건초 벨 때) 아픕띠까 보리빌 때(보리 벨 때) 아픕디까?"라고 풀어서 설명해 주어야 했다. 그뿐만 아니라 피를 팔아먹는 것이 아니냐는 소문에는 "아이고 이거행감 검사해그네 이디 베렝이 나온거 조사할거꽈니께 어디과 팔마니꽈?(이렇게 검사해서 벌레가 나오는지 조사하는 것이지 어디다 팔겠습니까?)"라는 해명도 덧붙여야 했다.[71] 귀에서 소량의 혈액을 채취하는 방식은 거부감이 덜했지만, 혈중 소량의 미세사상충을 추출하기 위해 다량의 채혈을 진행하는 경우에는 "피를 내다 팔려고 하는 것이 아니냐"는 추궁을 받았던 것이다.[72] 이처럼 일반적인 의사소통은 물론 외지인에 대한 경계심 때문에 채혈을 거부하는 사람들을 설득하는 역할도 해야 했다.

림프관염은 사상충 유충의 이동으로 림프관을 따라 피부에 붉은 발적이 나타나는 사상충증 초기 증상으로서 제주 방언에서는 '피내림'이라 불렀다. 연구팀이 도착하기 전까지 위미리 사람들은 몸살과 피내림이 주로 용천수와 관련된 것으로 인식하고 있었다. 매개 모기가 주로 번식하는 해안가 인근 사람들에게 사상충증 관련 증상이 주로 나타났기 때문이다.[73] 혹은 용천수라도 "위랑 목욕하는 물 하고, 아래랑 먹는 물 해브니까 그 물이 나쁜 물 이가 먹어가능," 즉 마실 수 있는 물은 윗 물인데 이를 섞어 마셔 다리가 붓는 것이라 생각하기도 했다.[74]

하치조코지마에서 관찰되었던 것처럼 말레이사상충 감염 초기 증상으로 나타나는 고열, 근육통(몸살, 피몸살), 림프관염(피내림)이 농번기의 노동을 어렵게 했다.[75] 어른들은 간혹 "아 나 피내련, 나 몸살행 피내령 몇일 죽당 살아나시녜"라며 극심한 몸살을 경험했지만, 따로 치료를 하지는 않았다.[76] 길게는 일주일까지 진행되는 증상들은 특히 10~30대 사이에 더욱 심하게 나타났기 때문에 농번기 노동력 손실의 주요 원인 중 하나가 되었다. 이 때문에 사업 첫해에는 사람들이 약물 부작용에 대한 거부감이 있었지만, 몸살과 피내림이 사라지는 것을 보고는 2차 연도부터는 약에 따르는 여러 부작용에도 불구하고 사상충 관리 사업에 적극적으로 참여하기 시작했다.[77]

하지만 약의 부작용은 문헌으로 보고되었던 것보다 심각했다. 단순히 고열뿐만 아니라 고열에 따른 환각, 발작 등이 동반되는 경우도 있었다. DEC를 투여하고 심한 경우 벽에 걸린 옷을 보고 "귀신이 나타났다"며 옷을 찢기도 하고, 고열에 착란이 일어나 벽장 위로 기어오르기도 했다.[78] 그뿐만 아니라 투약 사업 첫해에는 임신 여부를 확인하지 않고 투약했던 환자 중 한 명이 유산을 일으켜 연구팀에 대해 주민들이 적대감을 갖기도 했다. 지역 주민들은 일본 연구자들의 숙소로 찾아와 당장 일본으로 돌아가라고 요구하기도 했으나, 연구 책임자인 가타미네와 서병설이 주민들을 직접 설득해 일단락되기도 했다.[79] 이런 부작용들은 투약 사업 초기 지역 주민들에게 치료제에 대한 경각심을 갖게 하기 충분했다.

일본 전국 단위 사업에서 약물 부작용에 대한 경험은 축적되었지만, 투약한 양성자의 거의 전원에서 부작용이 나타나는 상황은 경험하지 못했다. 또한 반크롭트사상충의 경우 상대적으로 부작용이 약하기 때문에 말레이사상충의 경우처럼 투약 후 장기간의 관찰과 관리가 필요하지는 않았다.[80] 하지만 말레이사상충은 부작용의 정도가 생각보다 심각했기 때문에 기존의 투약 및 관리 방식을 바꿀 필요가 있었다. 연구자들은 투약 후 주기적으로 대상자들을 모니터링하면서 부작용을 관리했다. 오후에 투약한 뒤 야간에 부작용이 자주 발생했으므로 기생충학자들은 투약 후 밤낮을 가리지 않고 투약 대상 가정을 돌며 체온을 측정하고 해열제를 투

여하는 등 관리 활동을 계속해야 했다.[81]

약물 부작용을 관리하는 데 있어서도 현지 조력자들의 지원은 필수적이었다. 집단 투약 이후 마을에서 산발적으로 발생하는 부작용을 연구진이 모두 관리할 수는 없었다. 따라서 현재선은 주로 발생하는 고열과 같은 부작용에 대처할 수 있도록 연구진에게서 아스피린과 같은 해열제를 받아 두었다가, 지역 주민들이 "야, 그 약 고꼼 조동가라(야, 그 약 조금 주고 가라)."며 부작용을 호소하면 이를 중재했다. 또한 이렇게 받아 두었던 해열제나 소화제 등 일반의약품을 틈틈이 지역 주민들에게 필요할 때마다 배포하면 다음 채혈 사업의 협조를 원활하게 하는 효과도 있었다.[82]

한 가지 더 주목할 점은 이런 지식 생산과정에서도 현재선과 같은 지역 주민들의 참여가 필수적이었다는 것이다. 이들은 단지 연구가 원활하게 진행될 수 있도록 지원하는 역할뿐만 아니라 자료 수집에도 지속적으로 참여했다. 당시 제주까지 왕복할 수 있는 교통수단은 한정되어 있었고, 항공은 비용이 높아 자주 방문하기 어려웠다.[83] 그뿐만 아니라 연구팀의 대부분이 대학 교원들이었기 때문에 방학 기간에만 제주에 머무를 수 있었다. DEC 투약의 경우 최대 2주일까지 걸릴 수 있기 때문에 방학 중의 연구 기간으로 투약 후 결과나 재감염 여부를 추적 조사하기에는 시간적 제약이 많았다. 따라서 현재선 같은 현지 주민들은 직접 림프관염이나 부종을 촉진해 재감염을 확인하고, 투약이 완료되었는지 추적해 서울에 보고하는 역할을 담당하기도 했다.[84]

한편 한국에서 동원할 수 있는 관리 사업의 자원들이 일본과는 차이가 있었기 때문에 반크롭트사상충이라는 다른 종에 대한 기존의 경험은 제주도에서 동일하게 적용되기 어려웠다. 일본 연구자들은 차량까지 일본에서 한국으로 공수해 제주 사상충 사업을 진행했으나, 경우에 따라서는 기존 경험들을 한국 상황에 맞게 수정할 필요가 있었다. 예를 들어 사

4 기생충 길들이기

제주 주민들을 대상으로 사상충 예방 교육을 진행하고 있는 나가사키 대학 가타미네와
서울대학교 서병설.

상충은 충체를 몸 밖으로 꺼낼 수 없으므로, 회충의 사례에서 사용되었던 시각화 방법은 활용하기 어려웠다. 일본에서는 휴대용 영사기를 통해, 채혈한 혈액 내에서 사상충이 꿈틀거리는 모습을 그 자리에서 사람들에게 직접 보여 주었다.[85] 제주도에서는 이런 시청각 자료를 충분히 활용하기 어려워 당시 제주에 흔했던 촌충을 배출해 보여 주는 방법을 사용하기도 했다.[+] 구충제 투약 후 설사약을 먹여 촌충을 꺼내 주민들에게 보여 주는 것이 사람들을 설득하기에는 더 효과적이었다.[86]

　집단 투약 과정에서 가능한 다양한 부작용들을 관리할 수 있는 현장에서의 지식과 경험들의 축적은 이런 거대한 사업을 구현하기 위한 핵심적인 기술이었다. 일반 대중 또한 때로는 적극적인 참여로, 때로는 저항과 반발로 사업의 전개 과정에 개입했다. 제도사적 접근에서는 대중을 의학적 지식과 실천을 수용하는 대상으로만 바라보았으나, 실제 사업 시행 과정에서 기생충학자들과 활동가들은 이들과 지속적으로 교류하면서 자신들의 지식을 변화하고 적응해 나갔다.

[+] '돗통'과 같이 변소에서 돼지를 키우는 제주의 풍습 때문에 돼지촌충이 흔히 유행하고 있었다. 현재선 인터뷰에 함께 참여한 동생 현재철은 과거 마을에서 돼지를 잡을 때 촌충의 포낭이 '밥풀'처럼 튀어나오는 모습을 어렵지 않게 볼 수 있었다고 회고했다. 하지만 이 '밥풀'들이 기생충이라는 것을 알게 된 뒤로는 돼지 잡는 일에 참여하지 않게 되었다고 했다. 현재선 인터뷰 2019/10/23; 이순형, "사라지고 있으나 아직은 조심해야 할 몇 가지 기생충," 뿌리깊은나무 편, 『한국의 발견 : 제주도』(뿌리깊은나무, 1983), 210-211쪽.

사상충은 고양이를 타고

한일 공동 연구의 유산

조사 사업은 기존 일본에서 활용된 방법과 양식을 상당 부분 차용해오기도 했다. 주민 명부를 만들어 이름, 대략의 생활수준, 채집된 모기 종 등을 기록하고, 이후에는 지도에 모든 가정을 표시한 다음 감염 여부와 기생충의 지리적 분포를 확인했다. 그렇게 지도로 감염률 분포를 시각화한 결과 주요 매개 모기가 서식하는 해변을 중심으로 감염률과 미세사상충 농도가 더 높게 나타났으며, 매개 모기 분포가 낮은 내륙지역에서는 감염률도 낮아진다는 점을 알 수 있었다.[87] 같은 마을에서도 매개 모기의 서식처와 거주지 간의 거리에 따라 감염률에 큰 차이가 있다는 연구 결과는 1970년 미일 의학 협력 사업 발표회에서 한국과 일본 연구진이 공동으로 발표했다.[88]

이처럼 초기에는 연구 결과를 공동으로 발표하는 등 긴밀한 협력 관계가 구축되었으나 연구가 진행되면서 점차 서로의 목표에 따라 독립적인 연구들이 진행되었다. 기초적인 역학조사 자료는 필수였기 때문에, 지역 주민과의 접촉이 비교적 원활한 한국 측 학자들이 가정 방문 및 채혈을 진행했고, 연구소에서는 양측 연구팀이 공동으로 검경했다. 하지만 그 과정에서 한국 측이 주로 역학조사와 치료에 관심을 두었다면, 일본 측은 사상충의 실험실 연구를 위한 모델 생물을 확보하고 기존의 검사 방법을 확인하는 쪽에 좀 더 초점을 맞추고 있었다.✦

✦ 양측 연구팀이 서로 다른 연구를 진행하면서 일부 갈등이 나타나기도 했던 것으로 보인다. 현재선은 당시 일본 측 연구팀에게 자신들이 어떤 활동을 하고 있는지 서병설에게 밝히지

일본 측의 연구 일정 및 목표는 다음과 같았다. 1년차에는 기초 역학 조사와 생리학 연구를 진행하기로 했다. 초반에는 집단 투약보다는 기초 연구 수행에 초점을 맞추었기에 임상 데이터가 많이 모이지 않았다. 2년 차부터는 임상 의사가 참여해 말레이사상충의 증상과 증후를 확인해 임상 데이터를 추가했고, 최종적으로 3년차에는 실험실 모델과 집단 투약 방법을 확립했다.[89]

특히 3년차의 일본 연구팀은, 한국에 도착한 직후 고양이 모델 감염을 위한 매개 모기를 수집하기 시작했다.[90] 이는 일본 연구팀의 최종 목표인 모델 생물을 확립해, 일본과 미국에서 말레이사상충 충체를 확보하고 연구실 내에 유지할 수 있도록 하는 필수적인 과정이었다. 일본 연구팀은 제주도에서 이루어진 기존의 역학조사를 토대로 감염량이 높은 가구를 선정해 일주일간 모기만 수집했다. 수집한 모기들은 2주일 후에 해부해 사상충의 유충을 수집했다. 하루에 모기 100여 마리를 수집하면 모기 한 마리에서 유충 약 10마리를 얻을 수 있었다.[91] 이렇게 얻어진 약 600마리의 미세사상충을 나가사키에서 데려온 고양이 세 마리에 약 60~70마리씩 나누어 접종했다. 접종 3개월 후부터 매주 진행된 검사에서 고양이 세 마리 모두 성공적으로 감염되었음이 확인되었다.[92] 고양이를 말레이사상충의 모델 동물로서 확립한 것이다.

1975년 발간된 미일 의과학 협력 사업보고서는 1970~75년까지 사상충 분야에서 이루어진 주요 연구로서 한일 공동 연구진의 제주도 연구를 소개했다.[93] 이 연구의 주요 성과는 크게 역학·병리·치료 분야에서 이루어졌다. 역학적으로는 제주와 경북 내륙의 매개체를 비교해 두 곳의 매

말아 달라는 부탁을 받았다고 구술하기도 했다. 현재선 인터뷰 2019/10/23.

개 모기가 다르다는 것을 확인함으로써, 유사한 지리 권역에서 다른 역학적 특성의 사상충이 유행할 수 있음을 증명한 것이었다. 병리 부분에서는 DEC 투약 과정에서 림프관염, 섬망을 동반한 고열 등 기존에 잘 기록되지 않았던 부작용이 다수 등장하는 것을 확인했다. 이는 부작용 관리에도 중요할 뿐만 아니라, 병리학적으로는 사상충의 역학적 특성에 따라 숙주 내에 주로 분포하는 곳이 다를 수 있음을 시사했다. 치료 부분에서는 말레이사상충의 경우 DEC를 투약했을 때 부작용이 최대 75%에 이를 정도로 매우 흔하다는 사실을 확인했다. 앞서도 말했듯이 말레이사상충의 부작용 비율은 기존 일본에서 경험했던 반크롭트사상충과 매우 다른 양상을 보였는데, 이는 추후 다른 아시아 지역에서 말레이사상충 대상 사업을 진행할 경우 부작용을 중요한 요소로 고려해야 한다는 점을 의미했다.

기존에 국제적으로 활용되던 투약 지침은 일본처럼 대규모 투약 사업이 진행된 반크롭트사상충의 경험을 바탕으로 하고 있었다. 반크롭트사상충의 경우 DEC 투약에 따른 부작용은 미세사상충의 농도에 비례했으며, 미세사상충 억제 효과를 보려면 최종 투약량이 몸무게 1킬로그램당 72밀리그램에 달해야 했다. 그러나 제주도 연구에서 발견된 말레이사상충의 특징은 DEC의 부작용이 약물 농도에 따라 달라진다는 점이었다. 이는 말레이사상충의 부작용을 관리하려면 약물을 저농도로 장시간 투약하거나, 전체 투약량을 조절할 필요가 있음을 의미했다. 서병설 연구팀의 주도로 투약 집단을 3개로 나누어 기존의 킬로그램당 72밀리그램, 투약량을 절반으로 줄인 36밀리그램, 그리고 최저 0.5밀리그램으로 투약을 시작해 점진적으로 투약량을 늘려 가는 방식을 시험했다. 이 시험은 저농도 투약에서도 기존의 투약 방법과 동일한 미세사상충 감소 효과가 나타났음을 보여 주었다. 그뿐만 아니라 고열과 같은 주요 부작용의 지속 기간도 종전 4~5일에서 1~2일로 짧아졌다.[94]

1980년 미일 의과학 협력 사업보고서는 주요 성과 중 하나로 말레이사상충 고양이 모델 확립을 들면서, 특히 미국 측의 연구를 활성화하는 중요한 역할을 했다고 기록했다.[95] 고양이 모델이 확립되기 전에는 사상충을 실험실 내에서 지속적으로 배양하기 어려웠다. 하지만 상대적으로 수급이 용이하고, 체격이 커 다량의 사상충을 보유할 수 있는 고양이는 이상적인 모델이 되었다. 즉 미국과 같이 사상충이 존재하지 않는 지역에서도 안정적으로 사상충을 키워 실험할 수 있는 환경이 마련된 것이다. 1975년 보고서까지는 미국에서 출간된 사상충 관련 문헌들이 상대적으로 적었으나, 1980년 보고서에서는 일본과 대등한 분량의 연구들이 수록되었다. 실험동물 모델이 확립되자, 사상충을 다양한 매개 모기들에 노출하는 실험이나 숙주 내 기생충의 분포와 병리의 관계 연구, 형태적으로 유사한 다른 사상충종들과의 형태 및 면역 비교 연구 등 다양한 연구가 진행될 수 있었다.

이처럼 고양이라는 모델 숙주가 확립되자 일본과 미국 내에서 말레이사상충 연구가 지속적으로 활발하게 이루어질 수 있었다.[96] 가타미네 교수는 제주도에서 확보한 실험동물과 말레이사상충으로 일본 본토에서 말레이사상충 연구를 지속했다. 1975년에는 실험동물 체내에서 말레이사상충의 이동 경로와 기생 부위에 대한 연구로 일본학술진흥회에서 690만 엔의 추가 연구비를 확보했다.[97] 이때 다른 사상충과의 비교 연구도 함께 이루어졌다. 말레이사상충과 팔란기사상충[+]은 숙주와 병리가

[+] 팔란기사상충*Brugia pahangi*은 말레이시아 등 동남아시아 지역의 고양이나 야생동물에서 흔히 발견되는 림프사상충이다. 고양이에서 손쉽게 배양할 수 있기 때문에 인간 말레이사상충이 고양이에서 배양될 수 있다는 사실이 알려지기 전까지는 연구용으로 많이 사용되었다. 일본 연구진이 제주도에서 말레이사상충의 숙주로 고양이를 택한 것 역시 과거

매우 다르지만 현미경을 통한 관찰에서는 매우 유사하게 나타난다. 따라서 실험실에서 유지하기 용이한 팔란기사상충을 말레이사상충과 비교해 인간 사상충증의 모델 생물로서 적합한지를 확인하는 연구도 함께 진행되었다.[98] 제주도에서 채집한 말레이사상충의 염색체를 팔란기사상충과 비교 연구한 것 역시 이런 시도의 일환이었다.[99]

말레이사상충과, 모델 생물로서의 고양이를 통해 일어난 초국적 이동은 나가사키 대학 기생충학자인 아오키 요시키의 사례에서 살펴볼 수 있다.[✦] 당시 미일 공동 연구 사업의 모델 생물 확립 분야를 담당하던 캘리포니아 대학교 로스앤젤레스UCLA의 로렌스 애쉬 연구팀은 제주도에서 확립된 고양이-사상충 모델에 많은 관심을 보였다.[✦✦] 나가사키 대학 연구팀에서 고양이를 통한 모델 생물 확립에 주도적인 역할을 담당했던 아오키는 이 연구 결과를 바탕으로 미국 애쉬 연구팀에 방문 연구자로 초청받았다. 나가사키에서 제주도로 공수된 후 사상충 유충에 감염된 세 마리의 고양이 중 2번 고양이도 그와 함께 캘리포니아 대학으로 이주했다.[100]

팔란기사상충에 쉽게 감염된다는 사실이 알려져 있었기 때문이다. Sasa, *Human Filariasis: a Global Survey of Epidemiology and Control,* pp. 736-737.

✦ 앞서 나가사키 대학 연구진은 1962년 오키나와에서 볼리비아로 이주하는 주민들을 대상으로 시차에 따른 사상충 정기 출현성의 변화를 살펴본 바 있었다. 배를 타고 이주하는 주민들 가운데 사상충에 감염된 6명의 환자들을 대상으로 6개 시간대에서 2시간마다 혈액을 채취해 정기 출현성에 변화가 있는지를 살펴보았다. Chokei Yoshida, "Studies on Filariasis in the Ryukyu Islands. II. Shift of Micro-filarial Cycle Observed on the Emigrants from Okinawa to Bolivia," *Endemic Diseases Bulletin of Nagasaki University* 8(3), 1966, pp. 127-35.

✦✦ 영미권 연구자들에게도 고양이-사상충 실험동물 모델은 1950년대부터 알려져 있었으나 대부분의 연구는 말레이시아 등에서 활동하는 영국 연구자들에 의해 이루어졌다. Sasa, *Human Filariasis: a Global Survey of Epidemiology and Control,* pp. 737-738.

당시 캘리포니아 연구진들은 설치류를 활용한 모델 생물 확립에는 성공했으나 몇 가지 문제가 있었다. 설치류가 너무 작아서 사상충이 성체로 성장하기 어려웠고, 이에 따라 사상충증에서 가장 중요한 병리학적 변화인 림프절의 손상 과정을 관찰하기 어려웠다.[101] 사상충의 성체는 사람에게서도 얻기 어려웠기 때문에 성체로 성장시킬 수 있는 실험동물의 확보는 중요한 문제였다.✦ 이에 아오키가 미국으로 출발하기에 앞서 고양이가 먼저 비행기를 타고 미국으로 향했다. 고양이-사상충 모델을 미국으로 이주시키는 과정에서 정기 출현성의 변화를 살펴보기 위해서였다. 아시아의 시간 주기에 맞추어 야간 정기 출현성을 보이는 사상충이 시차가 정반대인 미국에서는 어떤 변화를 보이는지, 또한 변화를 보인다면 어떤 요인에 의해 이런 현상이 나타나는지를 확인하려는 것이었다.[102] 미국으로 이동한 고양이 체내에서 사상충은 빠르게 미국 현지 시간에 적응해 곧 미국 시간으로 야간에 정기 출현성을 나타내기 시작했다.[103]

제주도 사상충 연구가 미일 의과학 협력 사업을 통해 국제적인 관심을 받음에 따라 관련 연구자들은 국제 기생충 관리 네트워크로 진출할 수 있게 되었다. 서병설은 1979년부터 1988년까지 세계보건기구 열대병 특별계획TDR 사상충증 자문위원에 임명되었다.[104] 1960년대 극동 아시아 지역의 세계보건기구 사상충 전문가 대표는 도쿄 대학의 사사 마나부가 맡고 있었다. 하지만 제주도 사업을 통해 기초적인 역학조사부터 투약 지침, 매개체 관리, 모델 생물의 확립 등 말레이사상충 관리에 필요한 포

✦ 성체는 림프절 내에서 살기 때문에 채혈 검사를 통해 얻을 수 있는 것은 유충인 미세사상충뿐이다. 성체를 얻기 위해서는 생검biopsy이나 부검을 시행해야 했는데, 사람들의 협조를 얻기가 쉽지 않았다.

괄적인 현재적 지식이 생산되면서 서병설, 가타미네 등 후속 연구자들이 국제 무대로 빠르게 진출했다.

이렇게 제주도의 공동 연구 사업을 바탕으로 생산된 지식은 세계보건기구의 사상충 전문가 보고서Technical Report Series나 현장에서 관리 사업을 수행하는 활동가들에게 배포된 지침서 등 국제적인 지침에도 영향을 주었다. 1962년부터 1992년까지 총 5회에 걸쳐 발간된 세계보건기구 사상충 전문가 보고서 가운데 2차(1967년), 3차(1974년)에는 사사 마나부 교수가, 4차(1984년)에는 서병설 교수가 전문가 패널로 참여했다. 사사 마나부를 통해 일본의 경험이 본격적으로 반영되기 시작한 두 번째 보고서에서는 DEC의 총 투여 용량을 규정했다. 또한 DEC 투약 이후 흔히 나타나는 부작용이었던 메스꺼움을 줄이기 위해 먼저 식사를 제공한 뒤 약을 투여한 사업 방식 등 일본의 직접적인 경험이 많이 담겼다.[✦] 또한 하치조코지마의 경험을 바탕으로 말레이사상충 치료 시 DEC 부작용이 높을 수 있음을 강조했지만 이에 대한 구체적인 해결 방안은 제시되지 않았다. 제주도 사업의 경험 이후 발간된 3차 보고서에서는 말레이사상충에 대한 투여 용량을 반크롭트사상충에 대한 용량보다 낮게 설정했고, 부작용과 그에 대한 대응 부분이 크게 강화되었다.[✦✦]

서병설이 참가한 4차 보고서에서는 제주도의 경험을 바탕으로, 유

✦ 1967년 지침에서는 일본의 전국 단위 관리 사업에 사용되었던 것처럼 구연산염 DECDEC Citrate를 총 72㎎/㎏ 투약하는 것을 권고했다. WHO, "Lymphatic Filariasis," *Second report of the WHO Expert Committee on Filariasis*(WHO, 1967), p. 43.

✦✦ 1974년에는 반크롭트사상충에 대해서는 종전과 동일하게 구연산염 DEC를 총 72㎎/㎏ 투여하고, 말레이사상충에 대해서는 절반 정도로 낮아진 30~40㎎/㎏을 투약하는 것을 권고했다. WHO, "Lymphatic Filariasis," *Third report of the WHO Expert Committee on Filariasis*(WHO, 1974), p. 43.

행 양상에 따라 집단 투약 방식을 다르게 설정할 것이 권고되었다.[105] 제주도의 사상충 연구 사업으로 확인된 결과 가운데 국제적으로 가장 큰 영향을 미친 것은 말레이사상충에 대한 저용량 투약 방침이었다. 서병설 연구팀은 통상 용량의 절반인 몸무게 1킬로그램당 36밀리그램의 DEC를 복용시키는 방법, 혹은 최초 0.5밀리그램 투약으로 시작해 1.0, 2.0, 4.0, 6.0밀리그램으로 증량하는 방법을 고안했다.[106] 제주도에서의 연구는 감량 요법이 통상적인 투약 요법과 비교해 비슷한 효과를 나타낸다는 것을 확인했다.[107] 또한 말레이사상충의 경우 지역별 유행 양상에 따라 투약 지침이나 범위가 조정될 수 있음을 명시해, 고유행 지역에서는 감염 여부와 관계없이 전체 투약을, 저유행 지역에서는 검사 후 감염이 확인된 사람에게만 투약하도록 권고하는 방침으로 변경되었다. 이는 말레이사상충의 경우 집단 투약 과정에서 심각한 부작용이 발생해 지역 주민들의 투약 순응도가 낮아질 수 있다는 경험에서 비롯된 것이었다.[108]

이후 전문가 보고서를 바탕으로 만들어진 세계보건기구의 사상충 관리 현장 매뉴얼에는 일본과 제주도의 경험이 반영되었다.[109] 핵심적인 관리 사업 및 진단 검사의 내용은 제 3, 4차 전문가 보고서를 주로 참고했으며, 역학조사 및 투약 관리 보고서 양식은 사사 마나부가 제시한 예시를 그대로 사용했다.[110] 주민들에게 직접 기생충을 보여 주어 설득하는 보건교육 방식, 선행 검사를 통해 지역별 주기성을 연구하는 방식은 제주도와 일본의 사상충 관리 사업에서 시행했던 방법들이었다.

기생충을 길들이다

제주도는 일본 기생충학자들뿐만 아니라 한국 기생충학자들에게도

서귀포 풍토병연구소에서 기생충 검사를 진행 중인 임한종과 가타미네. 제주 사상충 조사
사업을 통해 새로운 세대의 연구자들이 배출될 수 있었으며, 국가와 세대를 넘어 학술적
교류가 이루어졌다.

제주도 사상충 한일 공동 연구 사업, 1970~72년

외국과 같은 공간이었으며, 말레이사상충이라는 낯선 기생충과 조우할 수 있는 장이었다. 이질적인 환경에서 언어적·문화적 장벽을 지역 주민들의 협조와 지식을 통해 해소해 나가는 과정은 추후 해외 활동에서 겪게 될 경험을 기생충학자들에게 미리 제공해 주기도 했다. 제주도에 서식하는 말레이사상충의 존재는 일본 기생충학자들과 한국 기생충학자들을 하나의 네트워크로 묶고, 이를 다시 제주 지역 주민들과 연결했다.

다른 한편 제주도 사상충증에 대한 한일 공동 연구 사업이 가능했던 데에는 당시 기술협력과 원조가 확대되고 있던 지정학적 배경이 작동했다. 베트남전이 확전되어 미국에서 아시아 열대 질환에 대한 관심이 환기됨에 따라 새로운 물적·지적 자원들이 한국과 일본의 네트워크에 동원될 수 있었다. 미국과 일본, 일본과 한국에서 각각 형성된 초국적 연구, 사업 네트워크는 제주도에서 교차하며 말레이사상충 관리에 대한 지역적 지식을 주민들과 함께 생산했다. 이렇게 제주도의 한일 사상충 공동 연구 사업을 통해 지역적으로 생산된 지식들은 다시금 미일 의과학 협력 사업을 통해 국제 연구 사회에서 순환되었다.

연구자들의 초국적 이동은 새로운 생태적 공간, 즉 숙주를 찾아 떠나는 기생충과 닮아 있다. 제주도의 사상충 연구는 병원이나 실험실처럼 제한되고 통제된 공간이 아닌, 현장의 연구 활동이 어떻게 실행되는지를 보여 준다. 기생충처럼 실험실에서 잘 길들여지지지domesticated 않는 대상을 연구하기 위해 연구자들은 실험실의 경계를 대학 밖으로 확장해야만 했다. 이 과정에서 새로운 생태적 공간 및 사람들과 충돌이 일어나는데, 이로 말미암아 현장 연구와 실험실 연구, 그리고 해당 기생충을 박멸하기 위한 실천적 활동을 병행하는 고유한 문화가 형성됐다. 또한 기생충을 실험실로 길들이는 과정은, 연구자들이 기생충의 고유한 생활사에 길들여지는 과정이기도 했다. 앞에서도 말했듯이 1976년 일본 연구진은 제주도의 말레이사상충을 고양이에 감염시켜 실험실에서 계대 배양하는 데 성공했다. 덕분에 제주도에서 박멸된 사상충은 현재에도 나가사키 대학 열대의학연구소에서 배양 중이며, 실험실이라는 새로운 생태계에 성공적으로 정착해 살아가고 있다.[111]

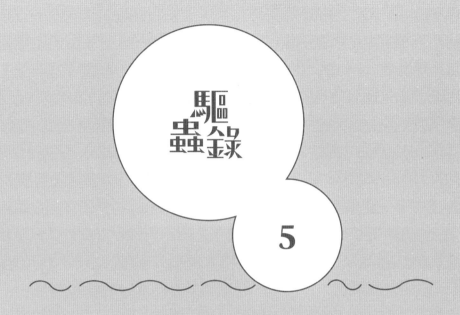

구충 기술의 국산화:
프라지콴텔과 간흡충

✦ 이 장은 박정제·정준호, "1970-1980년대 한국 구충제 생산 기술 형성과 활용: 프라지콴텔 국산화와 간흡충 관리 사업," 『의사학』 30(2), 2021에 기초하고 있다.

코메 섬에서 집단 투약 사업을 할 때는 프라지콴텔praziquantel이라는 약을 사용했다. 1970년대 개발된 이 약은 흡충류 치료에 사용할 수 있는 안전하고 효과적인 약품으로 잘 알려져 있었다. 종종 정부 측에서 투약 사업을 진행할 때 약품 부족분을 우리에게 요청하곤 했는데, 그러면서 꼭 묻는 질문 중 하나가 프라지콴텔의 브랜드였다. 프라지콴텔은 특허가 만료되었기 때문에 독일과 한국, 중국 등에 위치한 다양한 제약 회사에서 생산 중이었다. 그중 한국의 신풍제약에서 생산된 약품이 상대적으로 가격이 저렴하고 품질이 좋아 인기가 많았다. 탄자니아의 경우, 과거 중국에서 수입한 프라지콴텔에서 이성체isomer가 제대로 분리되지 않아 간독성으로 청소년이 사망한 일이 있어 특히 브랜드를 까다롭게 따졌다.

한국에서 국산화된 프라지콴텔은 세계적으로도 영향을 미쳤다. 1990년대부터 2000년대 사이 프라지콴텔 가격은 90% 이상 하락해 2008년을 기준으로 약품 가격이 0.07달러까지 낮아졌다. 가격 인하에 따른 접근성 향상은 집단적인 투약을 전제로 하는 대규모 주혈흡충증 관리 사업을 가능하게 한 기반이 되었다.[1] 세계보건기구 보고서는 1990년대 프라지콴텔 가격 하락의 주요 원인을, 신공정 도입과 정부의 적극적인 특허권 보호를 통해 약품 가격을 인하한 한국에서 찾았다. 이를 기반으로 신풍제약의 프라지콴텔이 압도적인 가격 경쟁력을 확보했으며, 이후 국제적인 공급망을 갖추어 전 세계적인 약품 가격 하락을 주도했다는 것이다.[2] 프라지콴텔 국산화가 1990년대 이후 해외의 기생충 관리 사업에 영향을 미칠 수 있게 되었음을 고려할 때, 이 사례는 한국 질병 관리 사업을 국제적 맥락에 위치시킬 수 있는 연결 고리 중 하나로 볼 수 있을 것이다.

프라지콴텔의 발견

1972년 독일 제약 회사 바이엘Bayer과 머크는 공동 연구[*]를 통해, 동물 마취제 후보 물질로 개발하고 있던 피라지노이소퀴놀린pyrazino-isoquinoline 유도체가 가축의 흡충류와 조충류의 감염을 치료하는 데 효과가 있음을 발견했다.[3] 이와 관련해 여러 후보 물질 중 가장 구충 효과가 높았던 프라지콴텔이 최종 원료 물질로 선정되었으며, 곧이어 구충 범위와 용법이 여러 국가의 학자들에 의해 연구되었다. 1977년에는 독일 연구팀이 쥐 모델에서 프라지콴텔이 주혈흡충 감염에 효과를 보이는 것을 확인했고, 같은 해에 칠레에서는 인간의 조충류 감염증 치료에도 효과를 보인다는 것을 밝혔다.[4]

1970년대 후반 바이엘은 흡충류를, 머크는 조충류의 적응에 대한 연구를 진행하고 있었다.[5] 흡충 분야에서는 전 세계적으로 가장 많은 감

---

[*] 당시 머크와 바이엘은 연구 개발비를 효율적으로 사용하기 위해 약품 후보 물질을 공유하는 협약을 맺고 있었다. 인간 대상 약품을 주로 개발했던 머크와 동물 대상 약품에 집중했던 바이엘이 서로에게 적합하지 않은 후보 물질을 상대방에게 넘겨주는 방식이었다. 머크가 개발한 피라지노이소퀴놀린 유도체는 초기에 인간 대상 마취제로 개발되었으나 기존 마취제보다 투여량이 높아 바이엘로 넘겨졌다. 1975년, 이와 연관된 400개의 화합물 가운데 구충에 가장 효과적이었던 프라지콴텔[2-cyclohexylcarbonyl (1,2,3,6,7,11b) hexahydro-4H-pyrazino (2,1-a) isoquinolin-4- one]이 최종 약품 원료 물질로 선정되었다. Michael Reich et al., *International Strategies for Tropical Disease Treatments: Experiences with Praziquantel* (WHO, 1998), pp. 14-16.

염자와 사망자를 발생시키고 있었던 주혈흡충에 초점을 맞추었으며, 이를 위해 세계보건기구와 함께 다국적-다기관 임상 시험을 시행했다.[6] 조충류 연구를 담당한 머크는 학회 등을 통해 각국의 기생충 학자와 접촉해 프라지콴텔을 배포하며 임상 연구를 독려했다.

한국에서는 고려대학교 의과대학 기생충학교실의 임한종을 중심으로 초창기 프라지콴텔 적응증 연구가 진행되었다. 임한종은 1960년대부터 한국에서 다양한 간흡충 치료제의 임상 연구를 담당하고 있었다. 대표적으로 1966년에는 수의용 약제로 개발되었던 독일 휁스트Hoechst 제약의 헤톨Hetol을 이용해 간흡충 치료에 성공한 경험이 있으며 이 연구 결과는 독일의 기생충 학회지에도 발표되었다.[7] 이후 1968년 9월, 이란에서 열린 제8회 열대의학 및 말라리아 국제학회ICTMM에 참석한 임한종에게, 바이엘의 학술부장은 새로 개발한 니클로포란Niclofolan의 간흡충 치료 효과 연구를 부탁했다.[*] 또 임한종은 1974년에 독일 제3차 기생충학총회ICOPA에서 흡충류 화학요법에 대한 분과 의장을 맡으며 국제적으로 이름을 알리게 되었다.[8] 이처럼 임한종은 1960년대부터 한국의 주요 구충제 임상 연구자로 독일의 제약 회사들과 관계를 맺어 오고 있었다.

1977년 3월 머크는 멕시코 아카풀코에서 프라지콴텔 개발 회의를 열고, 임한종을 포함해 조충류가 유행하던 중남미의 연구자들을 다수 초

---

[*] 헤톨은 치료 효과는 높았으나 1967년 빈혈과 같은 심각한 부작용이 발생할 수 있다는 점이 독성 실험에서 밝혀져 생산이 중단되었다. 니클로포란 역시 흡충류에 대한 다른 치료제가 없을 때 일부 사용되었으나, 독성이 강하고 부작용 비율이 높아 널리 사용되지 않았다. Sung-Tae Hong et al., "A Case Of Niclofolan (Bilevon (R)) Intoxication," *Korean Journal of Parasitology* 20(1), 1982, pp. 49-52; 임한종, 『중랑천에서 빅토리아 호 코메 섬까지』(한비미디어, 2013), 67-68쪽.

청했다. 당시 이 모임이 초점을 맞추고 있던 질병은 낭미충증⁺이었다. 머크는 모임에 참석한 연구자들에게 프라지콴텔을 제공하며 실험을 권장했다. 동시에 회사 측에서 의료 사고를 책임질 수 없으며 실험을 강요하는 것도 아님을 강조했다.[9] 뇌유구낭미충증의 경우 구충제 투약으로 단시간에 많은 기생충이 사멸하면 염증 반응으로 뇌압이 상승하거나 쇼크가 오는 등 투약 부작용 위험이 높았기 때문이다.

임한종은 고대병원에서 스테로이드 제제인 덱사메타손과 프라지콴텔을 동시에 사용해 뇌 낭미충증을 치료하는 데 성공했다.[10] 조충류 치료에 성공한 것은 고무적이었으나 프라지콴텔을 집단적으로 사용하는 데는 제약이 있었다. 뇌유구낭미충증의 경우 대변으로 충란이 잘 나타나지 않기 때문에 컴퓨터 단층촬영 등 당시에는 고가였던 진단 장비가 필요했고, 부작용을 관리하기 위해 입원 관찰도 해야 했다. 이처럼 진단과 치료가 어려웠던 촌충에 비해, 당시 한국의 기생충 유행 양상에서 약 200만 명이 감염되어 있는 것으로 추정되는 간흡충증은 좀 더 시급한 문제로 간주되었다.

1979년 임한종 연구팀이 뇌유구낭미충증 환자 162명을 대상으로 투약 효과를 확인한 논문이 발표되어 기존 흡충류 치료제와 달리 중대한 부작용 없이 2일간 투약할 경우 100%의 치료율을 나타낸다는 점을 확인

⁺ 낭미충증은 유구조충(돼지촌충)의 알이나 유충에 의해 일어나는 감염 증상을 말한다. 주로 돼지에 기생하는 촌충인 유구조충은 충란을 섭취하는 경우 장벽을 통과해 혈류를 타고 뇌, 근육 등에 기생하며, 일종의 주머니인 포낭을 형성한다. 뇌와 같은 주요 장기에 포낭을 형성하면 주변 조직을 짓눌러 심각한 손상이 발생할 수 있으며 시력장애, 간질 발작 등의 증상이 일어날 수 있다. Han-Jong Rim et al., "Therapeutic Trial of Praziquantel (Embay 8440; Biltricide®) on the Dermal and Cerebral Human Cysticercosis," *The Korean Journal of Parasitology* 20(2), 1982, p. 169.

했다.[11] 효과적인 치료 약품이 없어 접근하지 못했던 흡충류와 조충류에 효과를 보이는 원료가 개발되었다는 소식은 한국의 제약업계에도 빠르게 전파되었다. 특히 1975년 메벤다졸 합성 및 국산화에 성공해 구충제 생산 분야에서 입지를 다져 온 신풍제약은 신제품 확보에 큰 관심을 보였다. 1979년 신풍제약 회장인 장용택은 임한종을 직접 찾아와 당시 머크에서 시험용으로 제공했던 프라지콴텔을 받을 수 있는지 문의했다. 임한종은 한편으로는 특허 관련 문제로 "바이엘에서 이 사실을 알면 어떻게 나올지 몰라 내심 불안"해 하면서도 40정을 신풍제약에 전달해 주었다.[12]

프라지콴텔 제조 기술을 역설계하다

1979년 한국의 중소 제약 업체였던 신풍제약은 임한종을 통해 프라지콴텔을 입수할 수 있었지만 기존 독일의 공법을 활용해 제조하기는 쉽지 않았다. 3장에서 이야기했듯 당시 한국의 특허법은 원료 물질의 동일 여부에 따라 특허를 적용하는 원료 특허는 적용하지 않았지만, 생산 제법이 동일할 경우 특허권 침해로 인정하는 제법 특허를 적용하고 있었다. 그리고 1980년 1월 26일, 바이엘은 독일에서 개발한 제법의 특허를 이미 한국에 등록해 놓은 상태였다.[13] 신풍제약에 약품을 제공한 뒤 특허권 침해가 발생할 것을 우려한 임한종은 바이엘 측에 한국 내에서 프라지콴텔이 제조될 경우 어떤 문제가 일어날지 직접 문의하기도 했다.[14]

하지만 바이엘은 한국에서 기존의 생산 공정을 재현하거나 개선하기란 불가능하리라 확신하고 있었다. 당시 독일 제조법은 중간물질을 약 섭씨 100도 100기압의 고온 고압에서 촉매 수소 환원을 통해 합성하는 방법이었다. 이는 한국 제약 업체의 설비 수준으로는 안전 및 장치 문제로 실시하기 어려운 공정이었을 뿐만 아니라, 해당 공정에 필요한 고압 수소 이온 환원 기계 역시 특허로 보호되고 있는 고가의 장비였다.[15] 이 때문에 해당 기계를 생산하는 업체를 철저히 통제하고 있던 바이엘은 한 국 내에서 생산이 불가능할 것이라 생각했고, 신풍제약 연구팀 역시 초기 에는 국내 생산이 어렵다고 판단했다.[16]

신풍제약의 장용택은 국내 생산을 가능하게 하기 위해, 이전에 종합 구충제인 메벤다졸의 공정 국산화를 함께 연구한 바 있는 KIST 응용화학 연구실장 김충섭을 찾았다. 프라지콴텔의 제법 개발에는 크게 세 가지 난 점이 있었다. 첫째는 기존의 제조 방법에서 핵심적인 이소퀴놀린isoquino-line 중간체를 구할 수 없었다는 것이다. 또한 바이엘의 제법 특허에서 제 시하고 있는 중간물질과 촉매들은 모두 고가의 재료로 중소 업체가 활용 하기 어려운 것들이었다. 두 번째는 기존의 공정이었던 고온 고압하에서 의 수소 환원 반응이 국내 설비에서는 어렵다는 것이었고, 마지막으로 이 런 제조 공법이 국내에 이미 제법 특허로 등록되어 있어서 동일한 방법으 로 제조할 수 없다는 점이었다.[17]

프라지콴텔의 제법 공정을 개발하는 데에서 주요 전략은 핵심적인 중간체를 대체할 새로운 유도체를 개발하는 것이었다. 김충섭은 기존에 메벤다졸 등 다양한 약제의 역합성에 성공한 경험을 바탕으로 프라지콴 텔 역시 새로운 공법을 개발하고자 했다. 최종 화합물을 바탕으로 해 그 구조를 "퍼즐처럼 분해한 후 단계별로 최종 화합물로 맞추어 가는 방법" 이었다. 1981년 9월, 김충섭은 신풍제약과 연구 계약을 맺고 본격적인 연구에 착수했다.[18] 이 연구는 1982년 과학기술처의 특정연구개발사업✦

✦ 특정연구개발사업은 1980년대 핵심 과학기술 정책 중 하나로, 공공 기술과 산업 기술을

으로 지정되어 총 개발비 3000만 원 중 신풍제약이 약 3분의 1을, 정부가 나머지를 융자 형태로 지원했다.[19]

수십 차례 반복 실험을 거쳐 약 5개월 만인 1982년 2월, 김충섭 연구팀은 실험실에서 중간물질을 합성하는 데 성공했다.[20] 프라지콴텔의 핵심 구조는 두 개의 벤젠 고리, 즉 이소퀴놀린환과 피라지노pyrazino환이 서로 붙어 있는 구조이다. 기존의 공정은 이소퀴놀린환과 피라지노환을 각각 합성해 결합시키는 방식이었으나, 김충섭은 중간체를 기반으로 해 두 고리가 동시에 형성되도록 하는 반응을 고안했다. 이 중간체는 저가의 간단한 기초 물질을 바탕으로 실온 조건에서 합성할 수 있었으며, 염산과 같은 강산 조건하에서 쉽게 고리화가 이루어져 원하는 유도체(1,2,3,4-테트라하이드로이소퀴놀린)를 95% 이상의 수율로 얻어낼 수 있었다.[21] 김충섭 연구팀이 개발한 새로운 프라지콴텔의 제조 공법은 기존 7~8단계의 반응 과정을 4단계의 간단한 방법으로 압축한 것이었으며, 더 저렴하고 대량생산이 가능한 방식이었다.[22]

실험실에서 원료 합성에 성공한 이후 새로운 제법은 KIST의 김충섭 팀인 김충섭·김충협·이남진의 이름으로 두 개의 특허가 출원되었다. 첫 번째 특허는 1982년 7월 8일자로 출원되었으며 1984년 7월 4일 등록되었고, 두 번째 특허는 1983년 5월 31일에 출원되어 1985년 11월 13일 등록되었다.[23] 김충섭 연구팀이 개발한 기술은 신풍제약으로 이전되었다. 이 기간 동안 바이엘 사에서는 경영진 6명을 한국으로 파견해 생산을

사용 대상에 따라 정부와 민간 주도로 구분하고 기술 개발 단계에 따라 대학, 정부 출연 연구소, 기업이 역할을 분담하는 방식이었다. 기존에 주로 정부 출연 연구소에 집중되어 있던 정부의 연구 개발 지원을 산업계와 학계로 확대하기 위한 방안으로, 이를 통해 1980년대 기업과 대학의 연구 개발 능력이 크게 향상했다(신향숙 2015, 530-531).

이소퀴놀린환   피라지노환

프라지콴텔의 화학 구조. 크게 왼쪽의 이소퀴놀린환과 오른쪽의 피라지노환으로 구성된다.

저지하고자 했으며, 이 과정에서 특허 논쟁으로 말미암아 약품 개발이 약 반 년가량 지연되었다. 하지만 김충섭이 개발한 프라지콴텔의 새로운 제법이 독창적인 것으로 인정받아 별도의 제법 특허로 승인되자 바이엘 사는 신풍제약의 프라지콴텔 생산을 더는 막을 수 없게 되었다.[24]

이후 신풍제약은 1982년 10월부터 자사 연구실에서 공업화를 위한 연구를 진행했다.[25] 신풍제약은 연구를 시작한 후 불과 약 2~3개월 만에 공업화에 성공했는데, 이는 김충섭이 개발한 새로운 제법이 기존 제법보다 훨씬 용이한 방식임을 의미했다.[26] 신풍제약은 1983년 3월부터 부평에 위치한 공장에서 대량생산을 시작할 수 있도록 준비하는 한편, 프라지콴텔 원료 및 완제 의약품 품목 허가와 보호 요청을 제기했다.[27] 이에 바이엘 사는 1983년 초 자사의 특허권을 내세워 외무부를 통해 프라지콴텔의 시장 보호에 대한 협조를 요청했으며, 이에 외무부는 3월 17일 보사부에 협력을 요청하는 의견을 전달하기도 했다.[28]

1983년 3월 4일부터 보건사회부 중앙약사심의위원회에서 보호 대상 의약품 심사 소분과위원회를 개최해 신풍제약의 프라지콴텔 보호의약품 지정에 대한 심사가 시작되었다.[29] 심사 위원으로는 당시 약무국장을 맡고 있던 이창기, 서울대 약학대학의 정원근 교수와 해당 제법 개발자인 김충섭 등 총 6명이 위촉되었다. 심사 과정에서는 다음과 같은 조건들이 제시되었다. 먼저 임상적 증거에 따른 치료 효과의 우수성을 확보할 수 있어야 했다. 두 번째로, 제조 공정에 대한 신청 사항이 실사 결과와 일치해야 했다. 더불어 예상 수요에 맞출 수 있는 생산능력을 인정받아야 했고, 개발비와 시설 투자비 등 투자 규모에서 현저한 투자가 인정되어야 했다. 또한 한국생산성본부로부터 인증받은 원가 계산서를 바탕으로 국제 판매 가격과 대비해 적정한 가격에 공급할 수 있는지를 증명해야 했다.[30]

이를 위해 위원회는 기초 자료 일체를 신풍제약으로부터 제공받았으며, 4월 18일부터 30일까지는 위원 및 국립보건원과 합동으로 생산 시설 실사를 진행했다.[31] 단순 시설 및 장비 조사뿐만 아니라 제조 공정, 원료 의약품의 분량, 수득률, 생산능력 등 전반적인 사항을 확인했으며, 신풍제약 연구원 2명을 실사 기간 동안 차출해 최종 제품 10킬로그램 분량이 만들어지는 과정 전체를 살펴보았다.[32]

2주일이나 들여 실사를 진행한 배경에는 내·외부적 요인이 모두 작용했다. 외부적으로는 프라지콴텔 제조에 대한 특허를 보유하고 있던 머크와 바이엘 등 해외 제약 업체의 압력이 계속되었기 때문이다. 이 약품이 기존 특허가 인정하고 있는 것과 완전히 다른 제법이며, 독창성을 인정해 보호 대상 의약품으로 지정할 만한 정당한 근거가 있다는 점을 보여 주기 위해서라도 꼼꼼한 심사는 필수적이었다.[33] 내부적으로는 1975년 시작된 보호 대상 의약품 지정 제도가 사실상 유명무실해졌다는 지적이 있었기 때문이다.

1981년 감사원 감사에 따르면 보호 대상 의약품 중 다수는 원료 의약품(신약)의 개발 의욕을 고취하자는 취지와 달리, 해외 기술을 그대로 들여와 생산만 국내에서 담당하는 경우가 많았다. 이미 존재하는 기술이므로 여러 업체가 동시에 보호 대상 의약품을 생산하는 경우도 생겼으며, 국내 제약 업체를 육성하기 위해 국내 소비 분량에 대해 특정 업체에 독점권을 부여하는 대신 여러 업체에 소규모 생산을 허가해 주었는데, 그 결과 과당 경쟁이나 중복 투자 문제가 심각했다.[34] 따라서 기존 제도로는 국내에서 독창적인 생산기술을 확보해 국제 경쟁력을 키우기가 어렵다는 우려가 제기되었고, 이에 따라 철저한 실사 조사가 시행되었다.

위원회의 조사에 따르면 국내 수요는 1982년 220킬로그램에서 1983년 1000킬로그램, 1985년에는 1500킬로그램으로, 국외 수출 역시 1983년 3000킬로그램에서 1985년 3500킬로그램으로 늘어날 것으로 예측되었다.[35] 이에 따른 외화 절감 효과 역시 클 것으로 예상되었는데, 1982년 환율 기준으로 프라지콴텔의 수입 가격은 1킬로그램당 238만4130원이었지만 신풍제약의 생산 원가는 99만7522원으로 수입가와 비교해 절반 이상 낮았다. 또한 기타 제반 경비를 포함한 판매 예상 가격 역시 140만 원으로 월등히 낮았다.[36] 당시 한국에서 생산되고 있던 바이엘의 프라지콴텔 국내 판매 가격은 킬로그램당 173만 원이었다. 신풍제약의 연간 실생산 가능 수량인 8000킬로그램을 생산했을 때 이에 따른 외화 절감액은 연간 1295만4000달러로 예상되었으며, 1500킬로그램 정도로 예측된 국내 수요를 초과한 생산분을 수출할 경우 추가적인 외화 획득도 기대할 수 있었다.[37]

기술 면에서는 국내에서 구입하기 쉬운 저가의 화학물질들을 활용할 수 있었고, 종전에 7~8단계에 이르던 공정을 4개로 줄였다는 점이 인정되었다. 제조 공정의 단순화로 생산 설비 투자액 역시 바이엘의 3억6800만 원에서, 개발비 3500만 원을 포함해 1억8500만 원으로 감소함에 따라 공업화에 용이하다는 점이 '독창적인 신기술'로 인정되었다.[38] 임상적 효과에 대해서는 위원회가 보완을 요구해 1983년 5월까지 서울대학교 풍토병연구소, 고려대학교 열대풍토병연구소, 연세대학교 열대의학연구소에 각각 용역 연구를 맡겼다.[39] 충란이 완전히 배출되지 않는 충란음전률은 1일 투약의 경우 86.4%, 2일 투약의 경우 100%로 나타났으며, 충란 감소율도 97.9%에서 100%의 높은 치료 효과를 보이는 것으로 확인되었다.

제시된 자료들과 실사 결과를 토대로 1983년 7월 5일 보사부는 고시 83-27호로 1983년 7월 9일부터 1988년 7월 8일까지 신풍제약 프라지콴텔(제품명 디스토시드Distocide)을 보호의약품으로 지정했다.[40] 프라지콴텔이 받은 5년간의 보호조치는 당시 신약 보호조치가 강화된 이후 가장 긴 것이었으며, 이 기간 동안 동일 품목에 대해 국내의 제조 및 수입이 금지되었다.[41] 다만 기존에 완제 의약품을 판매하고 있던 한국 바이엘의 경우에는 2년간 자가소비용으로 수입 및 생산을 허가하는 유예기간을 두었다.[42] 신풍제약의 디스토시드는 1983년 7월 11일에 발매되었으며, 수출을 통해 연간 약 400만 달러의 수입 대체 효과 및 한 해 300만 달러의 수출 증대 효과가 있을 것으로 기대했다.[43]

한편 바이엘은 KIST의 김충섭이 프라지콴텔의 새로운 제법을 개발한 이후에도 신풍제약과 지속적인 갈등 관계에 있었다. 신풍제약에서 프라지콴텔 원료 시험 생산이 이루어진 이후, 바이엘 사의 화학 담당 전문가들이 고려대학교의 임한종을 방문해 그에게 신풍제약의 프라지콴텔 샘플을 얻어 달라고 부탁하기도 했다.[44] 디스토시드가 별도의 제법 특허로 인정받아 보사부에 의해 보호의약품으로 지정되면서, 그동안 한국에 프라지콴텔 원료를 수출하던 바이엘은 한국 시장에서 입지가 크게 좁아졌다. 이에 바이엘은 수십만 달러에 달하는 거액까지 제시하며 신풍제약 측에 기술이전을 요청했으나 장용택은 "제조 방법을 폐기하면 하였지 팔지 않겠다고 완강히" 거절했다.[45]

프라지콴텔의 제법 개발을 계기로 김충섭은 1983년 각종 과학상을 수상했다. 1983년 7월 19일 김충섭은 제1회 정진기 언론문화재단 과학기술상 대상 수상자로 선정되어 500만 원의 상금을 받았다.[46] 이어서 같은 해 8월에는 한국과학기술원KAIST에서 과학자상과 함께, 과학계에서 당시 최고액이었던 4350만 원의 포상금을 받았다.[47] 나아가 1983년 11월 22일 기술진흥확대회의에서는 전두환 대통령으로부터 국민훈장 동백장을 받았으며, 1983년도 과학기술유공자 61명 중 한 명으로 선정되어 대덕연구단지에서 표창장과 대통령 격려금을 받았다.[48]

김충섭이 동백장을 받은 1983년 제3회 기술진흥확대회의에, 신풍제약 대표인 장용택도 제약 기업의 기술개발 성공 사례를 보고하기 위해 참여했다. 장용택은 프라지콴텔 공정 국산화의 경제적 효과 및 약의 효능을 위주로 설명했으며, 이후 전두환과 장용택은 약의 가격과 효능 및 부작용에 대해 짧게 문답했다. 장용택은 당시 전두환이 외화 절약 및 수출 증대 효과에 관심을 갖고 크게 만족해 치하했다고 회고했다.[49]

프라지콴텔 제법 개발이 권력의 최상층에까지 주목받은 이유는, 이것이 당시 전두환 정부에서 추진하고 있던 기술 드라이브 정책과 부합했기 때문이다. 전두환 정부는 정권의 정당성을 확보하고 기존 박정희 정부와의 정책적 차별성을 보여 주기 위해, 1970년대 추진된 수출 드라이브 정책을 양적 팽창에 집중한 정책이라고 비판했다. 그리고 1980년대에는 기술의 질적 향상을 통해 국제 경쟁력을 강화하고 산업구조를 고도화할 필요가 있다고 주장했는데, 여기서 비롯된 것이 기술 드라이브 정책이었다.[50] 이를 뒷받침하기 위해 만들어진 것이 기술진흥확대회의다. 이 회의에는 대통령을 포함한 전 각료와 산업계, 학계, 과학기술계 대표자들이 참석해 기술 개발 대책을 논의하고 기술 개발 성공 사례와 해외 동향을 논의했다.[51]

김충섭과 장용택이 참석한 1983년 11월 22일 제3회 회의의 주제는 "신기술 투자의 활성화 대책"으로, 기술 드라이브 정책을 통해 국내에서 개발된 기술 가운데 상업화에 성공한 사례들이 보고되었다.[52] 그중에서도 신풍제약의 성공 사례는, 기업과 정부 출연 연구 기관이 국가 연구개발 사업을 기반으로 선진적 기술을 개발하고, 나아가 공업화까지 성공해 수출을 증대시킬 수 있었다는 점에서, 제5공화국 정부의 과학기술 정책 핵심 전략이었던 기술 드라이브 정책과 적절히 맞아떨어지는 것이었다.[53] 기술 선진화의 단계를 넘어 개발 직후 상용화에 성공하고 수출까지 가능한 사례는 상위 정책 결정자들의 주목을 받기에 충분했다.

이처럼 신풍제약의 디스토시드가 한국 정부의 적극적인 지지를 바탕으로 안정적인 생산 체계를 마련함에 따라, 시장에서 입지가 좁아진 바이엘 사는 적극적인 홍보 활동을 통해 자사 약품의 정당성을 확보하고자 했다. 바이엘 사는 임한종에게 한국에서 인체 흡충류 감염에 대한 국제 심포지엄을 개최하자고 제의했다. 이에 1983년 10월 19일에서 21일까지 3일간, 고려대학교 열대풍토병연구소 주관하에 동북 및 동남아시아에서 인체 흡충류 감염을 주제로 하는 국제 심포지엄이 경주 보문단지에서 개최되었다. 모든 경비는 바이엘이 제공했다. 이 심포지엄에는 독일·영국·프랑스·태국·필리핀·인도·인도네시아 등 42개국 연구자들과 세계보건기구의 관계자들까지 참석했다. 바이엘 사는 이 기간 동안 신문을 활용해 자사가 생산 중인 프라지콴텔(제품명 빌트리시드Biltricide)의 우수성을 대중에게 적극 홍보했으며, 심포지엄에서는 유럽이나 미국 등 각국에 바이엘 사의 제품이 우수하므로 신풍의 제품을 사용하지 말 것을 권유했다.[54]

심포지엄 이후에도 바이엘은 주요 선진국 제약 기업 특허 담당자들과 국제특허대표협회 대표단을 구성해 경제기획원·상공부·특허청 등을 방문, 물질특허의 도입을 촉구했다.[55] 프라지콴텔과 같은 신기술이 제법 변경을 통해 한국과 같은 개발도상국에서도 생산할 수 있게 되자, 기존에 물질특허를 인정하고 있던 서독·일본·미국 등 선진국 정부들은 한국에도 물질특허 제도를 도입하도록 요청했다. 특히 1980년대 들어 지적재산권 보호에 대한 관심이 높아짐에 따라 선진국 정부들의 압력도 더욱 거세졌다.[56] 이런 압력 속에서 1983년의 1단계 의약품 수입 자유화 조치를 시작으로 한국 의약품 시장은 점진적으로 개방되어, 1984년 7월 1일 수입자유화 3단계에서는 메벤다졸 등 기존에 보호 대상 의약품에 속해 있던 약품들까지 수입 개방 품목에 포함되었다.[57]

특히 1985년 10월 미국이 한국의 지적재산권 침해 사례에 대해 슈

퍼 301조를 발동해 광범위한 무역 보복 조치를 시행하고, 1986년 8월 한미 간에 지적재산권 양해 각서가 체결되면서, 한국의 특허 제도에도 대대적인 변화가 일어났다. 그렇게 특허법이 개정되면서 1987년에 물질특허가 도입되었고 의약품 수입 역시 전면 개방되었다. 하지만 제약 산업과 특허 제도의 급격한 변화 속에서 신풍 프라지콴텔은 계속해서 수입 금지 품목으로 보호받았으며, 제법 특허 역시 1997년까지 유지되었다.[58] 이처럼 외부 압력에도 프라지콴텔 생산이 한국 정부의 보호를 받을 수 있었던 것은, 이것이 당시 한국 과학기술 정책의 성공 사례로 인정받았다는 사실과 함께, 안정적인 국내 생산을 통해 간흡충 관리 사업을 진행해야 하는 국내의 현실적 목표가 존재했음을 보여 준다.

프라지콴텔과 간흡충 관리 사업

프라지콴텔이 개발되기 전까지 사용된 간흡충 치료제들은 대부분 인체 독성이 높거나 치료 효과가 낮아 집단 투약에 적용하기 어려웠다. 이처럼 치료 방법이 제한적이었기 때문에 간흡충 관리 사업 또한 감염 원인을 회피하는 방법 이상으로는 전개되기 어려웠다. 1971년 제1차 기생충 감염률 실태 조사에서 전 국민의 4.6%가 간흡충에 감염되었음이 밝혀졌다.[59] 민물고기를 중간숙주로 하는 간흡충의 특성 때문에 주요 하천을 중심으로 유병률이 높게 나타났다. "낙동강 연안의 어느 부락에는 간디스토마 환자가 많아 남자의 수명이 짧기 때문에 딸을 시집보내지 않았다." 라고 할 정도였다.[60] 이미 1962년부터 한국 정부는 843만5000달러 규모의 유엔 특별기금SUNFED 사용 계획 중 간디스토마 박멸 사업에 50만 2000달러를 배정할 정도로 간흡충 문제의 심각성을 인지하고 있었다.

1960년대 전라북도에 설치된 디스토마 예방 선전물.

하지만 당시에는 간흡충 박멸 사업을 위한 기초 조사 자료조차 없는 상황에서 유엔 특별기금의 원조를 기대하기 힘들다는 부흥부의 판단에 따라 본격적인 사업이 이루어지지는 못했다.[61]

효과적인 치료제나 관리 방법이 제한된 상황에서 보사부는 주로 중간숙주와 주민들의 접촉을 줄이는 계몽 운동에 초점을 맞추었다. 보사부는 재건국민운동 각 지부를 통해 민물고기를 날것으로 먹지 말 것을 알렸고, 1962년 8월 15일부터 12월 31일까지는 서울시장 및 각 도지사에게 민물고기 회를 파는 각종 음식점을 단속하라는 지시를 하달하기도 했다.[62] 1964년 12월 15일에는 국회 보건사회위원장인 정헌조가 국회 본회의에 참여해 그동안 방치되어 왔던 '망국병'인 폐·간 디스토마 방역 대책 촉구에 대한 건의안을 제출했고, 이 건의안은 이의 없이 채택되었다.[63]

1964년 한국에서 간흡충 문제에 대한 관심이 갑자기 높아진 것은, 회충 사례와 마찬가지로 한국인의 몸속에 있는 기생충이 외부로 드러난 경험이 계기가 되었다. 1964년 12월 노동청에서는 2차 서독 파견 광부 응모자 2500명을 대상으로 신체검사를 실시했다. 이 중 64%가 불합격 판정을 받았는데, 질병이 원인이었던 482명(22%) 가운데 간디스토마가 339명, 폐디스토마가 143명에 달했다. 이에 이찬우 노동청장은 "국민 보건에 획기적인 대책이 서야 하겠다"고 요구했다.[64] 이런 사회적 요구에 따라 1967년 정희섭 보사부 장관은 새해 소신으로 제시한 네 가지 사업 중 하나로 간흡충증을 포함했다.[65] 이후 보사부는 민물고기 회를 판매하는 식당을 단속하던 기존 정책을 강화해 기생충 숙주인 담수어 등의 생식을 금지하는 규정을 <기생충질환예방법>에 포함해 법제화했고, 관련 법규를 위반하는 업소에 대해서는 허가를 취소하는 등 강력한 행정 조치를 취하도록 했다.[66]

1968년 보사부는 서울대학교 의과대학 서병설, 연세대학교 의과대학 소진탁을 중심으로 조사 평가반을 편성해 전국의 13개 표본 지역에서 간흡충증 실태 조사를 실시했다. 이 조사에서 밝혀진 바에 따르면 당시 전 국민의 15%인 약 450만 명이 폐흡충과 간흡충에 감염되어 있는 것으로 파악되었다.[67] 1973년부터는 기생충박멸협회가 보사부의 요청을 받아 한국 간흡충증 실태 조사를 시행했다. 1976년까지 이어진 조사 사업은 간흡충 박멸 대책의 기초 자료를 얻기 위한 것이었다. 그러므로 채변을 통해 지역 주민들의 간흡충증 감염 실태를 위주로 조사했던 이전의 조사 사업과는 달리 제1 중간숙주 및 제2 중간숙주를 포획해 감염률을 확인하는 매개체 연구도 광범위하게 실시했다.[68]

조사 대상 지역이었던 한강·낙동강·만경강·영산강·섬진강·금강 유역에서 거주민들의 간흡충란 보유율은 40%였으며, 특히 김해 지역이 가장 높았다. 조사에서 나타난 감염 양상은 남성이 여성보다 약 2배 높았으며, 연령이 증가할수록 대체로 감염률 또한 증가했다. 이는 인구 집단별 민물고기 생식 습관의 차이를 반영하는 것이었다.[69] 하지만 이런 기초 조사 사업에도 불구하고 실질적인 간흡충 관리 사업은, 기존의 장내기생충 박멸 사업과 같은 인구 단위의 집단 투약으로 이어지지는 못했다. 프라지콴텔이 개발되기 전까지 사업에 이용할 수 있는 적절한 흡충용 구충제가 없었기 때문이다. 따라서 간흡충 관리 사업은 보건소를 중심으로 한 예방계몽 사업과 중환자를 대상으로 한 치료 사업에 머물렀다.

프라지콴텔이 간흡충 치료에 효과가 있다는 사실이 확인된 직후 한국의 기생충 관리 사업 참여자들은 "약효가 증명된 이상 정부는 빨리 이 약품을 수입해 환자에게 투약해야 할 것"이라 촉구했다.[70] 이에 따라 보사부는 예산을 확보해 프라지콴텔을 수입하고 1982년부터 간흡충 치료 시범 사업을 시행했다. 기협과 보사부는 기존 조사에서 간흡충 감염률이 높았던 지역 가운데 5개 면을 선정해 주민 2만8813명을 대상으로 조사를 실시하고, 총 2958명에게 투약했다.[71] 집단 투약 사업에서 환자들은 감염 정도에 따라 경감염자, 중간 감염자, 중감염자, 위중 감염자로 구분해 투약 횟수도 1회에서 3회로 차이를 두었다.

집단 투약 결과 치유율은 92.3%, 충란 감소율은 98.2%로 조사되면서 프라지콴텔은 집단 투약에도 효과적으로 적용될 수 있는 것으로 드러났다.[72] 이는 이후 감염 강도, 혹은 정책적 목표에 따라 각기 다른 집단 투약 지침을 제시할 수 있는 근거가 되었다.[+] 시범 사업보고서는 집단 투약에서 나타난 프라지콴텔의 뛰어난 임상적 효과와 경미한 부작용을 근거로 해, 프라지콴텔을 이용한 간흡충 감염의 집단치료 체제를 갖출 것을 건의했다.[73]

한편 약품의 효과와는 별개로 가격이 문제가 됐다. 1980년 프라지콴텔이 바이엘을 통해 상품명 빌트리시드로 한국에 정식 출시된 첫해에만 8억7000만 원의 생산 실적을 올렸다.[74] 하지만 당시 판매 가격은 8정당 3만 원으로 이는 1983년 한국 평균 공장 노동자 월급의 9분의 1에 해당해 가격 접근성이 낮았다.[75] 원료 1킬로그램당 2200달러라는 높은 가격은 다수를 대상으로 하는 대규모 사업에서 높은 장벽이었다. 당시 금액으로 1인당 치료에 소요되는 비용이 1만5000원 이상으로 예측되었으며, 이로 인해 무상 치료가 아닌 일부 보조 혹은 융자 형식으로 사업을 진행하는 방식도 검토되었다.[76]

[+] 보고서에서는 간흡충의 유행을 최소한으로 유지하며 장기적으로 관리하는 것으로 설정할 경우 1년 혹은 2년에 1회, 40mg/1kg을 1회 투여하고, 개개인의 완전한 치료를 집단 관리의 목표로 하며 치료 사업의 간격을 5-10년으로 설정할 경우 30mg/kg으로 2회 투여할 것을 권고했다. 한국기생충박멸협회, 『1982년도 간흡충 감염자치료 시범사업 결과보고서』(보건사회부, 1982), 35-36쪽.

한국뿐만 아니라 흡충류 감염이 중요한 보건 문제로 다뤄지던 여러 국가에서 프라지콴텔 구매를 희망함에 따라 전 세계적인 수요가 급증하고 있었다. 당시 머크와 바이엘에서 채택한 고온 고압의 제법 방식은 대량생산에 한계가 있었으므로 안정적인 공급이 어려웠다. 그 결과 바이엘의 빌트리시드를 이용한 한국 간흡충 관리 사업은 시범 사업에 그쳤다.

올림픽과 간흡충

1973년 1차 오일쇼크 이후 산유국들은 축적한 오일 머니를 기반으로 도로, 항만, 공항 등 사회 간접 시설에 대한 투자를 크게 확대했다. 한국 정부는 원유 대금 지급을 위한 달러를 건설 시장에서 찾아오자는 발상으로, 확대되는 중동 건설 시장에 적극적으로 진출했다. 그렇게 1973년 삼환기업이 사우디아라비아에서 고속도로 공사를 수주한 이래, 한국 기업들은 1985년까지 700억 달러를 벌어들였다. 인력도 크게 늘어 1980년대에 들어 중동에 파견된 노동자는 전체 해외 진출 인력의 80%에 달했다. 인원수로는 1980년 12만535명에서 1982년 15만1583명까지로 정점에 달했다.[77] 주로 서독과 같은 선진국에서 중동으로 한국인 노동자들의 주요 파견 지역이 옮겨지면서 이들이 마주하는 질병의 양상도 변화했다. 이에 보사부는 '열대풍토병관리대책'을 수립하고 전담 병원 설립을 계획했다.[78]

1987년 보건사회부의 의뢰로 서병설이 펴낸 『열대풍토병』 교과서에는 이전까지 흔히 기생충 관리 사업 지침서에서 다루어졌던 회충 같은 토양 매개성 기생충 대신 황열, 페스트, 주혈흡충, 리슈마니아 등 낯선 열대 기생충들이 포함되었다. 특히 서병설은 "유사 이래 처음 있을 1988년 올림픽이란 국제적 대행사는 비교적 짧은 기한이기는 하지만 세계 각지 광범위한 지역으로부터의 하나의 큰 인구 이동이란 시각에서 볼 때 마땅히 열대풍토병의 국가적 관리 대책이 수립"되어야 한다고 강조했다. 기생충 질환의 유행을 한국이라는 일국적 관점에서 벗어나 초국적 관점에서 바라보기 시작한 것이다.

이처럼 1980년대 초에 간흡충 관리 사업에 대한 관심이 환기된 것은 프라지콴텔이라는 효과적인 약품의 개발과 함께 대외적으로 한국의 풍토병이 효과적으로 관리되고 있음을 보여 줄 필요가 생겼기 때문이다. 특히 1986년 서울 아시안게임과 1988년 올림픽 개최를 위해서도 기생충성 질환과 같은 '후진국성' 질환의 억제는 한국의 대외적인 위상을 높이는 데 필수적인 과제가 되었다.

김충섭은 프라지콴텔 제법 개발이 가져다줄 효과 중 하나로 한국이 "기생충 왕국이란 누명"을 벗음으로써 "86년 아시안게임과 88올림픽에 외국 관광객을 유치하는 데도 도움"이 될 것이라고 언급했다.[79] 마찬가지로 보사부에서 1984년부터 본격적으로 시행한 간흡충 감염자 무료 투약 사업 역시 "88올림픽 때까지는 간디스토마를 완전 퇴치"한다는 목표를 가지고 있었다.[80]

올림픽은 기생충 질환뿐만 아니라 한국의 풍토병 전반에 대한 관심을 환기했다. 그 대표적인 사례 중 하나가 간염 문제였다. 대한의사협회 간염대책위원장은 보건사회부와 의협이 전국적인 간염 퇴치 사업을 벌이려는 취지가 "아시안게임이나 88올림픽 때 외국인에게서 간염오염왕국이라는 오명을 벗자는 뜻"[81]이라고 주장했다. 특히 그는 기생충박멸협회의 사례를 들며 기생충과 같이 특정 질병에 초점을 맞춘 '독립협회'의 창설이 성공적인 사업 전개에 필요하다고 강조했다. 이는 이미 1980년대 초에 이르면 기협 활동이 하나의 성공 사례로 안착했음을 보여 주고 있었다.

한편 내부적으로는 기술 드라이브 정책의 홍보 수단으로 신풍 프라지콴텔의 개발 사례를 활용하고자 했던 전두환 정권의 의도가 있었다. 전두환은 '신풍제약의 프라지콴텔을 소모하기 위해서' 간흡충 관리 사업을 실시할 것을 관련 부처의 장관에게 지시했으며, 이로 인해 간흡충 집중 관리 사업은 일사천리로 진행될 수 있었다.[82]

신풍제약의 디스토시드가 종전 빌트리시드의 60%밖에 안 되는 낮은 가격에 국내 수요를 충당할 수 있을 만큼 안정적으로 공급됨에 따라 간흡충 관리 사업도 다시 활발하게 진행되었다. 1984년부터 시작된 간흡충 집중 관리 사업에서 기협은 가검물 검사를 담당했고, 가검물 수집과 투약 치료는 감염자가 거주하는 지역의 관할 보건소에서 이루어졌다. 모든 과정은 무상으로 진행되었으며, 사업의 재정은 1984년부터 1986년까지 3년간은 국고에서, 그 이후는 지방자치단체의 보조금으로 충당되었다.[83] 1984년부터 1990년까지 7년간 전국 1161개 지역에서 1780회의 사업이 실시되었고, 검사자의 수는 7년간 총 300만 명으로서, 농촌인구의 40%를 대상으로 검사와 투약이 이루어졌다. 이 기간 동안 투약 대상 인원은 총 8만7920명이었다.[84] 이후 1991년 진행된 사업 평가 조사에 따르면 표본으로 선정된 120개 지역에서, 충란 양성률이 1984년 11.9%에서 1991년 1.6%로 낮아졌다. 같은 기간에 감염 강도 역시 중감염과 위중 감염자가 11.9%에서 3.6%로 감소했다.[85] 간흡충 유행의 급격한 감소는 전적으로 프라지콴텔을 이용한 치료 사업 때문만은 아니었다. 보고서는 치료 사업 이외에 간흡충증이 감소한 원인으로, 하천 오염으로 인해 제1 중간숙주인 왜우렁의 서식처가 줄고 주된 제2 중간숙주인 잉어과 어류가 감소하는 등 생태적 요인 역시 크게 작용했다고 분석했다.[86]

프라지콴텔을 후식으로

오랜 기간 "이미 습관이 되어 지금도 잉어회를 먹지 않고는 못 견"[87]디는 주민들의 생활 습관을 보건교육과 계몽·홍보 사업을 통해 바꾸는 일 또한 쉽지 않았다. 실제로 당시 시행된 보건교육의 효과는 그다지 높지 않았던 것으로 평가되었다. 오히려 예방 계몽 사업이 "실제보다 과장되고 협박적이어서 마치 생선회를 먹으면 곧 죽는 듯"이 해 효과를 거두기 어려웠다고 분석했다. 나아가 민물고기 생식을 줄이기 위해서는 "세대가 바뀌기를 기다리고", "농촌 생활이 더욱 바빠지고 다양하여져 민물 생선회에 관심이 덜 가게 해야 할 것"이라며 보건교육 자체의 효과에 대해서도 회의적인 시각을 보였다.[88] 또한 1970년대 한국 기생충 관리 사업은 회충·구충·편충 등 토양 매개선충에 초점을 맞추고 있었기 때문에, 기술적 한계로 집단검진, 집단 구충의 대상이 되기 어려웠던 간흡충은 상대적으로 사업의 우선순위가 낮아졌다. 결과적으로 간흡충 감염률은 1970년대에서 1980년대에 이르기까지 크게 줄지 않았다.

보건교육을 통해 간흡충증과 그 합병증이 기생충 감염으로 일어난다는 사실이 대중에게 널리 알려졌음에도 불구하고 민물 생선회의 생식과 충란 감염률이 1980년대까지 감소하지 않았던 주된 이유는 간흡충증의 초기 감염 증상이 없거나 경미한 경우가 많았고, 만성 증상 역시 감염량이 축적된 5~20년 이후에나 알 수 있었기 때문이다. 따라서 지역 주민들은 민물고기 생식의 해악을 모르거나, 알더라도 무시하는 경우가 많았다.[89] 보고서에서는 프라지콴텔 치료 이후, 감염자들이 "숙명으로 알고 지내던"[90] 피로감, 소화불량, 상복부 동통 등이 사라지자 자신의 증상이 민물고기 생식에 따른 것임을 깨닫게 되어 조사 및 투약 사업의 교육적 효과가 크다고 분석했다. 또한 과거 간흡충 유행지의 70% 이상에서 재감염이 감소한 것을 그 근거로 들었다.

하지만 간흡충 유행 지역의 주민 모두가 정부와 기생충 전문가들이 기대하는 방식으로 행동하지는 않았다. 오히려 프라지콴텔의 도입 덕분에 간흡충증이 난치병에서 약 몇 알만 먹으면 쉽게 치료할 수 있는 병이 되면서, 간흡충증에 대한 대중의 인식도 달라졌다. 특히 낚시꾼들 사이에서는 민물고기 회를 먹고 나중에 약을 먹어서 치료하면 된다는 인식이 팽배해졌다. 심지어 일부 횟집에서는 프라지콴텔을 상비해 두고 민물고기를 먹는 손님들에게 후식으로 나누어 주기도 했다.[91] 춘천과 서울 등지에서는 간흡충 유충이 없다고 알려진 이스라엘잉어 횟집이 늘어나는 등 민물고기 회 섭취는 계속해서 주요 식문화로 남아 있었다.[92] 한편 신풍제약 역시 신문광고에서 "회 이젠 안심하고 드세요"라는 문구를 사용하며 이런 대중의 행동을 부추겼다.

다른 토양 매개성 선충처럼 간흡충도 구충제로 쉽게 치료할 수 있다는 인식은 기생충에 노출되는 생활 습관을 바꾸지 않게 했다. 일부 지역의 경우에는 투약 집단이 비투약 집단보다 충란 양성률이 오히려 높게 나타나기도 했다. 고려대학교 의과대학 기생충학교실의 주경환은 김해시에서 집단치료를 받은 사람의 감염 양성률이 66.2%로, 비투약군의 양성률 33.7%에 비해 약 2배가량 높게 나왔다는 결과를 발표했다.[93] 즉 치료약에 대한 대중의 과신이, 기생충 관리 사업 담당자들이 원치 않는 방향으로 대중의 행동 양식을 바꿨다. 심지어 치료약인 프라지콴텔의 존재는 '민물고기 회를 먹어도 된다'는 대중의 인식을 전보다 더 바꾸기 어려운 것으로 만들었다. 이런 인식과 구충제의 남용을 최소화하기 위해 기생충 관리 담당자들은 지식을 통제하는 방법을 택하기까지 했다. 예를 들어 1980년에는 민물 생선회의 섭취 전후로 프라지콴텔을 투약하면 간흡충을 예방할 가능성이 높다는 결과가 학계에 보고되었다.[*] 하지만 기생충

관리 담당자들은 이 지식을 전문가 집단 내에서만 공유하고 일반인에게
는 전달하지 않기로 결정했다.[94]

프라지콴텔을 둘러싼 다양한 해석들

프라지콴텔의 사례는 하나의 기술을 둘러싸고 다양한 이해관계자들
이 서로 다르게 해석할 수 있음을 보여 준다. 국가는 정책 홍보의 도구로,
기생충학자들은 새로운 사업의 기회로, 대중은 기존의 식습관을 고수할
수 있는 보조제로 각기 다른 의미를 부여하고 활용했다.

1970~80년대 한국은 해외 원조를 받는 나라인 동시에 산업화를 통
해 선진국을 추격하는 후발주자라는 이중적 지위에 놓여 있었다. 따라서
한국 정부는 국가주의적 태도 위에 서구의 지나친 개입에서 벗어나고자
하는 본질적 긴장 관계에 있었다.[95] 이런 긴장은 지정학적 변화뿐만 아니
라 한국의 기술이 서구권에 근접하면서 더욱 공개적으로 표출되었다. 한
국 프라지콴텔의 국산화와 특허 갈등은 이런 한국의 과학기술 추격 전략
이 성공적으로 진행되는 과정에서 발생한 것이었다. 또한 1965년 한일
국교 정상화는 한국이 기술적 측면에서 개발도상국으로 이행하는 데 중
요한 역할을 했다. 1966년부터 1978년까지 외자도입 현황을 보면 미국
은 주로 공공차관과 상업차관이 주를 이루었으며, 일본은 기술도입 부분
에서 높은 비중을 보였다.[+][+] 1960~70년대 한일 기생충 협력 사업 당시

+ 당시 이런 실험 결과는 보유 숙주의 감수성 차이 때문이었으며, 프라지콴텔은 간흡충
감염에 예방 효과가 없음이 추후 밝혀졌다. 홍성태 인터뷰 2019/12/11.

++ 기술도입 실적은 1966~72년 사이 일본으로부터 250건, 미국 75건이었으며,

이루어진 집단 구충 사업과 이를 바탕으로 한 구충제 임상 시험의 기반은 이후 프라지콴텔을 도입하는 과정에서도 국내 사업에 이를 빠르게 정착시킬 수 있는 기반이 되었다.

이처럼 기존 한국 기생충 관리 사업을 통해 형성된 제약 회사와 연구자, 기생충학자의 네트워크는 새롭게 도입된 기술이 빠르게 국산화될 수 있도록 했다. 국경을 넘나들며 활동하던 임한종은 프라지콴텔 개발 직후 이를 입수해 한국에 들여왔다. 당시 일어난 국제적 특허 논쟁과 같은 거시적인 제약에도 불구하고, 한국 정부의 강력한 기술 드라이브 정책에 따라 프라지콴텔 생산기술은 성공적으로 국산화되어 안정적인 생산 시설을 확보할 수 있었다. 이와 동시에 프라지콴텔은 국가정책의 성공 사례로 인정되어, 이를 둘러싼 네트워크가 최상위 정책 결정자에게까지 도달한 뒤 한국에 손쉽게 보급될 수 있는 기반이 마련되었다.

2013년 발표된 제8차 전국 장내기생충 감염 조사 결과에 따르면 간흡충 양성률은 1.86%로 여전히 약 93만 명 이상이 감염된 것으로 나났다.[96] 이는 전체 장내기생충 가운데 가장 높은 비율로, 간흡충 관리 사업이 토양 매개성 선충 관리 사업에 비해 충분한 효과를 거두지 못했음을 의미한다. 프라지콴텔 제조 기술은 한국에 성공적으로 정착했으나, 실제로 기술이 현장에서 구현될 때 그 최종 소비자인 대중의 이해는 좀 더 복합적이었다. 기생충 관리 사업 담당자들은 '간흡충 감염률 감소를 통한 건강 증진'을 최선의 목표로 삼았으나, 모든 대중이 이런 사업 목표를 동일하게 수용하지는 않았다. 앞에서도 말했듯이, 낚시꾼들은 프라지콴텔

1973-78년 사이에는 일본으로부터 484건, 미국 191건이었다. 홍성주 외, 『현대 한국의 과학기술정책』(들녘, 2017), 78-79쪽.

을 '민물고기 회를 간흡충증 걱정 없이 먹게 해주는 약'으로 인식해 자신들만의 '변용'을 이루어 냈다.

　국내에서 이루어진 간흡충 관리 사업은 유병률 감소라는 측면에서는 제한적인 성과를 거두었으나, 새로운 치료제를 대규모로 적용하는 이런 경험은 이후 기생충학자 및 활동가들의 국제적 활동에 기반이 되었다. 프라지콴텔은 약품 접근성이라는 기술적인 한계 때문에 시도하지 못했던 대규모 간흡충 관리 사업을 가능하게 했다. 이를 통해 기생충학자들은 간흡충의 집단 관리 사업을 위한 프라지콴텔의 최적 용법을 얻어낼 수 있었다. 이 경험을 바탕으로 얻은 노하우는 이후 해외에서 프라지콴텔을 기반으로 국제적인 기생충 관리 사업을 진행하는 데에도 중요한 역할을 했다.

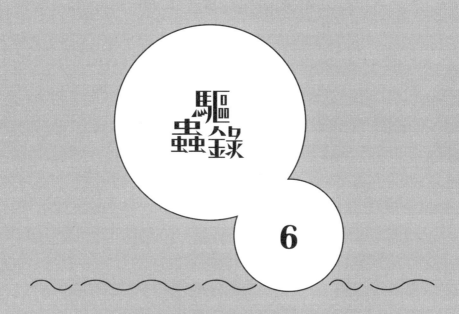

기생충에게는 국경이 없다

2019년 1월, 한국국제협력단에서 지원하는 주혈흡충 퇴치 사업의 타당성을 조사하기 위해 수단을 방문했을 때, 수단은 민주화 항쟁의 열기에 휩싸여 있었다. 1993년부터 장기간 군부독재를 이어온 오마르 알 바시르 정권이 끝을 맞이하고 있었던 것이다. 군부에서는 시위대의 집결을 방해하기 위해 언론통제와 검열을 강화하고 있었기 때문에, 사람들은 페이스북이나 트위터 등의 SNS를 이용해 시위 장소를 공유하고 기습적인 시위를 벌이곤 했다. 하지만 공항에서 숙소까지 차를 타고 지나는 시내는 군부와 시위대의 격돌이 극렬해지고 있다는 사실을 믿을 수 없을 만큼 한적했다. 현지 사업 책임자는 길모퉁이마다 핸드폰을 들고 서있는 사람들이 모두 비밀경찰이라고 귀띔해 주었다.

한국 정부는 2008년부터 한국건강관리협회와 함께 수단 남부 나일강 일대의 주혈흡충 유행 지역에서 기생충 관리 사업을 수행하고 있었다. 벌써 10여 년에 걸쳐 이어져 온 이 사업은 한국국제협력단에서 수행하는 질병 관리 사업에서도 가장 오래된 사업 중 하나였다. 이번 타당성 조사의 목적은 연속 사업의 필요성과 함께 현재의 조사 및 투약 사업을 전국 단위로 확대할 가능성을 확인하는 것이었다. 하지만 수단 군부의 시위 진압이 점점 강경해졌고, 진압군의 발포로 시위대에서 사망자도 발생하고 있었기 때문에 조사단의 활동은 일단 수도인 하르툼 지역으로만 한정되었다. 실제 기생충 관리 사업이 진행되고 있는 현장을 방문하지 못하는 것은 아쉬웠지만 일단은 안전이 최우선이었다.

그렇게 관련 기관들을 인터뷰하던 중 흥미로운 곳을 방문했다. 바로 수단에 설립된 신풍제약 공장이었다. 앞서 언급했다시피 신풍제약은 한국에서 메벤다졸이나 프라지콴텔을 국산화하고 다양한 구충제를 생산한 회사다. 한국의 제약 회사가 한국 교민이나 기업들도 거의 진출해 있지 않은 수단에 오게 된 이유는 무엇이었을까.

한국 기생충 관리 사업의 성공으로 상당수의 토양 매개성 선충이 사라지자 국내 사업으로는 연속성을 확보할 수 없는 상황에서, 연구자들과 활동가들은 기생충을 찾아 해외로 이동하게 되었다. 이는 당시 국제사회에서 새로운 원조국으로 떠오르고 있던 한국의 지정학적 위치에도 영향을 미쳤다. 더불어 1970년대 중반부터 성장한 한국 과학기술 기반의 발전은 국내에 전달된 치료 기술들을 전용해 국산화할 수 있도록 했으며, 한국 기생충학자들이 기존에는 경험할 수 없었던 새로운 공간과 기생충들을 다룰 수 있게 되었다. 1960년대 후반부터 1980년대까지 축적된 경험과 기술들은 향후 새로운 환경에서 기생충 사업을 전개할 수 있는 바탕을 마련했다.

하지만 앞에서도 밝혔듯이, 주혈흡충의 매개 동물인 달팽이가 한국에 서식하지 않기 때문에 한국 연구자들이 국내에서 주혈흡충과 관련된 지식을 얻기는 쉽지 않았다. 1970년대 아시아기생충관리기구의 활동 등을 통해 국제 사업에 대한 감각을 습득했다 하더라도, 이 시기에 초점을 맞추었던 기생충은 회충과 같은 토양 매개성 선충이었고, 이는 별도의 매개체 없이 주로 오염된 채소나 음식물을 통해 전파된다. 그에 반해 주혈흡충은 달팽이와 같은 중간숙주가 필요하며, 유충이 서식하는 물과 접촉해 감염되는, 매우 다른 생태를 보인다. 따라서 주혈흡충 관리에 필요한 지식 역시 이질적일 수밖에 없다. 그렇다면 한국의 기생충학자들이 낯선 아프리카에서, 그만큼 낯선 주혈흡충을, 그것도 광범위하게 관리하는 사업을 성공적으로 수행할 수 있었던 원천은 어디에서 찾을 수 있을까?

소외 열대 질환의 탄생

제2차 세계대전 종전 이후, 1947년 인도와 파키스탄의 독립을 시작으로 1960년대까지 아시아와 아프리카 식민지들이 대부분 독립해 주권 국가를 이루는 탈식민지화가 진행되었다. 그에 따라 제국주의와 긴밀하게 연계해 통치 수단의 일부로 발전해 왔던 열대 의학과 기생충학에 대한 관심도 줄어들었다. 이 시기에 들어 주요 기생충 질환의 원인, 매개체, 치료제 등의 지식들은 대부분 알려졌고 새로운 발견의 시대는 이미 저물어 학술적인 관심조차 점차 사그라들었다. 같은 시기 생물학 분야에서는 유전학과 분자세포생물학 등 생명공학의 혁명적인 발전이 일어나고 있었으나, 기생충학은 그런 발전에 뒤처져 있었다.[1]

하지만 1970년대 중반에 들어 열대의 질병에 대한 관심이 되살아나기 시작했다. 먼저 1974년 세계보건기구 총회에서는 중저소득 국가에서 유행하는 전염병, 특히 기생충 질환에 대한 연구가 매우 부족하다는 점을 인지하고, 이를 위한 특별 연구팀을 꾸리기로 결정했다.[2] '열대병 연구 및 훈련 특별 계획 사업'으로 명명된 이 계획은 1975년 발족해 열대 지역 국가들의 기생충 질환 관리 사업을 지원하고 연구 역량을 강화하는 역할을 맡았다.

같은 시기 미국에서도 유사한 계획이 추진되고 있었다. 주혈흡충을 연구하던 의사 케네스 워렌은 기생충 연구가 최신 생명공학의 발전에 비해 너무나 낙후되었다는 점에 불만을 가지고 있었다. 1977년 그는 미국의 대표적인 민간 자선단체인 록펠러 재단을 설득해 전 세계를 아우르는 열대 질환 연구자 네트워크를 구축할 것을 제안했다. 이를 위해 그는 대소외 질병Great Neglected Diseases이라는 용어를 고안했다.[3] 전 세계적으로 높은 감염률을 보이지만 연구자 수가 제한적이고 재정 지원이 낮은 질병들을 일컫는 말이었다. 이 용어는 추후 소외 열대 질환Neglected Tropical Disease으로 바뀌어 지금까지 사용되고 있다.

1970년대 후반 열대의 기생충 질환에 대응하기 위한 네트워크들이 조직되면서 관련된 대규모 박멸 사업들도 재개되었다. 이 시기 시작된 서아프리카의 강변사상충onchocerciasis 박멸 사업, 아프리카 중남부의 수면병 관리 사업 등이 그 대표적인 사례였다. 또한 큰 관심을 받은 기생충 관리 사업 중 하나는 수단을 포함한 나일강 일대의 주혈흡충 관리 사업이었다.

포럼제주
국제적 시야의 확보

1960년대 후반부터 일본의 기생충학자들은 에티오피아와 가나 등 일부 아프리카 국가의 연구소들과 협약을 맺고 기생충 연구 관련 공동 연구를 진행해 왔다. 이는 일본에서 대부분의 주요 기생충 질환이 사라지면서 해외의 연구 자원을 확보하기 위한 노력의 일환이었다. 점진적으로 확대되어 가던 해외 협력 사업은 한국과 타이완에서의 성공을 기점으로 폭발적으로 증가하기 시작했다. 1980년대에 그 연구 범위는 동남아시아, 남아메리카, 아프리카 전역으로까지 확대되었다.[4]

1970년대 이후 한국의 기생충 박멸 사업은 외부의 특별한 원조 없이도 자체적으로 수행할 수 있는 단계에 올라섰다. 이에 따라 일본의 직접적인 원조는 끝을 맺었지만, 앞서 형성된 한일 연구자들의 관계는 국제 학회 등을 통해 계속 이어졌다. 하지만 1990년대에 들어 한국에서도 주요 기생충이 박멸 단계에 접어들면서 새로운 연구 자원에 대한 필요가 대두되었다. 이제는 한국이 회충 표본을 수입해야 할 처지에 놓이게 된 것이다.

그 과정에서 해외 연구 사업에 대한 관심을 지속적으로 환기해 주었던 것이 바로 1995년 시작된 '포럼제주'였다. 1994년 10월 튀르키예에서 열린 제8차 국제기생충학회에서, 1970년대 제주도의 한일 공동 사상충 연구 사업에 참여했던 다다 이사오는 임한종에게 한일 기생충학자들 간의 교류 활성화를 제안했다. 과거 제주도에서 한일 학자들이 그랬던 것처럼, 젊은 학자들을 위해 교류의 장을 만들 필요가 있다는 것이었다.

이에 공감한 두 사람은 1970년대부터 제주도에서 시작된 양국 간의 친선 관계를 되살린다는 의미에서 이 모임을 '포럼제주'라고 이름 지었다.[5] 제주도에서 첫 번째 모임을 가진 이후 포럼제주는 한일 기생충학자들의 학술 및 친선 교류의 장이 되었으며, 학술적 주제뿐만 아니라 당시 여러 기생충학자들이 참여하던 국제 개발 사업에 대한 관심을 촉구하는 역할을 담당하기도 했다.[6]

제1회부터 포럼제주는 국제 협력 사업을 염두에 두고 있었다. 마찬가지로 1970년대 제주도 사상충 조사 사업에 참가했던 나가사키 대학 기생충학교실의 아오키 요시키는 일본에서 진행 중인 다양한 기생충 관련 기술협력 사업들을 소개했다. 2000년에 열린 제6회 포럼제주에서 아오키는 아시아 기생충 관리 사업을 위해 한국과 일본 공동의 노력이 필요하다는 제안서를 발표했다.[7]

포럼제주 조직위원회의 이름으로 발표된 이 제안서에는 한국과 일본이 국제 기생충 관리 사업에서 갖는 강점들이 제시되었다. 첫째, 제주에서 이루어진 말레이사상충 관리 사업의 성공은 한국과 일본 학자들이 협업을 통해 관리 사업을 성공적으로 수행할 수 있다는 점을 보여 주었다. 둘째, 한국과 일본은 사상충, 토양 매개성 선충 등 다양한 기생충을 관리한 경험을 가지고 있다. 한국의 경우 주혈흡충에 대한 경험은 없었지만 일본의 노하우를 공유할 수 있었다. 셋째, 한국과 일본은 기생충 관리 사업을 성공적으로 수행했으나, 이는 오히려 기생충 감염증 전반에 대한 무관심으로 이어졌다. 젊은 과학자들이나 의사들은 기생충 분야에 큰 관심이 없었다. 하지만 국제적인 기생충 관리 사업에 진출하면 젊은 기생충학자들을 키워 낼 수 있는 중요한 기회가 마련될 것으로 기대되었다. 넷째, 2000년대 들어 일본의 제약 회사들은 구충제 생산을 완전히 중단했다. 하지만 한국은 여러 제약 업체에서 여전히 구충제를 생산하고 있었으며, 신풍제약의 경우 프라지콴텔을 계속해서 생산·보급하고 있었다. 한일 공동 사업은 이런 저렴하고 효과적인 약품의 공급과 배포를 촉진시킬 수 있는 기회로 생각되었다.

당시 아오키는 해외에서 수행하던 흡충류 관리 사업에 필요한 프라지콴텔을 구입하기 위해 임한종에게 신풍제약을 소개해 줄 것을 요청하기도 했다.[8] 포럼제주에서 제안된 것처럼 1990년대 이후 한국의 기생충 관리 사업은 아시아에 적용할 수 있는 현재적 지식과 기술을 가진 사례로 부상하게 되었다. 특히 프라지콴텔을 중심으로 한 기술 역량은 한국 기생충 관리 사업 참여자들이 국제사회로 진출하는 중요한 교두보를 제공했다.

비록 예산 등 현실적인 문제들로 말미암아 아시아기생충관리기구에 대한 참여와 통합 사업의 경험이 1980년대에 바로 시작되지는 못했지만, 1990년대 이후에는 기생충 관리 해외 원조 사업으로 이어지게 되었다. 한국건강관리협회는 1995년 중국과의 협력을 시작으로, 2000년대에는 라오스·몽골·캄보디아·수단에서 기생충 관리 사업을 지원했다.[9] 사업의 내용을 보면 ① 기생충 검사 장비, 기자재, 구충제 지원, ② 기생충 관리 프로그램 운영을 위한 기술 전수 및 인프라 구축, ③ 한국 전문가의 파견과 현지 관계자의 한국 연수를 통한 기술 전수 및 학술 교류를 주축으로 하고 있다.

기생충 관리 사업은 하나의 기술 집합체로서 20세기 후반 기술협력을 통해 국제적 영향력을 확대하고자 한 한국의 정책적 요구와 맞물려 빠르게 다른 개발도상국으로 확산되었다. 이 과정에서 단지 기생충 관리뿐만 아니라 가족계획과 같은 다양한 보건 의료 네트워크들도 중첩되었다. 이어 프라지콴텔을 중심으로 한국에서 전용된 기술들이 새로운 초국적 기생충 관리 네트워크를 재생산하고 있다.

새로운 기생충과의 조우

치료제가 있다고 해서 기생충 관리 사업을 진행할 수는 없다. 기생충 관리 사업에는 진단, 치료, 매개체 관리, 교육 등 다양한 요소들이 포함되므로, 해당 기생충과 생태에 대한 깊은 이해가 필요하다. 하지만 한국 학자들이 한국에 존재하지 않는 주혈흡충에 대한 지식을 습득하기 위해서는 별도의 경로가 필요했다. 그 계기가 되어 준 것이 1990년대 중반부터 시작된 중국과의 교류였다.

중국에서는 옛날부터 중간숙주인 물달팽이가 서식하는 양쯔 강 유역을 중심으로 주혈흡충이 만연해 있었다. 주혈흡충은 방광암이나 간부전 등 심각한 합병증을 일으키기 때문에, 주혈흡충이 분포하는 국가들은 이를 심각한 국민 보건의 문제로 인식해 왔다. 마오쩌둥은 주혈흡충을 '역병의 신'으로 부르고 그 앞에서는 화타조차 무력하다며 주혈흡충이 미치는 피해를 표현하기도 했다.[10] 중국은 1950년대부터 매개체인 달팽이를 제거하는 방식으로 주혈흡충에 대응해 왔다. 물과 접촉하면 감염의 위험이 있기 때문에 사람들은 젓가락을 들고 강변에서 달팽이를 잡았으며, 이런 집중적인 대중 동원은 일부 성공을 거두었다.

하지만 1980년대 들어 이런 방식은 한계에 다다랐고, 12개 유행 지역 중 4개 지역에서는 주혈흡충을 박멸할 수 있었지만 나머지 지역에서는 실패했다. 1991년 중국에서 시작된 주혈흡충증 관리를 위한 제8차 5개년 계획에서는 기존의 사업과는 다르게 프라지콴텔을 바탕으로 한 집단 투약이 도입되었다.[11] 이때 사업에 쓰일 프라지콴텔을 구입하기 위해 세계은행 차관이 도입되었는데, 이를 통해 중국 정부는 1992년 4월 유행 지역 투약용 구충제 구입을 위해 630만 달러 규모의 국제 입찰을 시행했다. 여기에서 신풍제약의 프라지콴텔이 좋은 품질과 저렴한 가격을 바탕으로 낙찰되어 수출 계약을 맺었다.[12] 1993년 당시 환자용과 물소 치료용을 합해서 약 2400만 정이 소비될 정도로 중국이 세계 최대의 프라지콴텔 소비국이었다는 점을 고려한다면, 당시 개발도상국의 중소 제약 기업이 선정된 것은 이례적이었다.[13]

곧 중국은 새로운 주혈흡충 관리 사업 시행에 발맞추어 1992년 11월 베이징에서 주혈흡충증 국제 심포지엄을 개최했다. 여기에 한국 기생충학자인 임한종이 참여했다. 이 심포지엄에서 임한종은 중국 정부가 진행한 공개 입찰에서 신풍제약이 낙찰되었음을 알게 되었다. 때마침 한중 수교가 체결되고 국교가 정상화된 시기였다.

임한종은 앞서 구충제 연구 과정에서 맺어진 신풍제약 장용택 회장과의 네트워크를 통해 기생충 유행지를 견학할 수 있도록 중국 정부에 요청했다. 이 시기 한국의 기생충 관리 사업은 간흡충과 같은 일부 특수한 사례를 제외하면 이미 거의 종결되어 가던 시점이었다. 회충과 같은 토양 매개성 선충은 국내에서 찾아보기 어려워지고 있었으나, 한국의 기생충학자들은 일본 학자들처럼 해외의 연구 공간을 적극적으로 개척해 나가지는 못하고 있었다. 이런 상황에서 중국이 매력적인 연구 공간으로 다가 왔다.

1993년 8월, 임한종을 포함한 한국 조사단은 신풍제약의 지원으로 중국 후베이성을 방문해 주혈흡충 등 다양한 기생충을 현지에서 어떻게 관리하고 있는지 살펴보았다. 그곳에서 조사단은 지역 연구자들이 제한 적인 자원 속에서도 다양한 노력을 기울여 왔음을 알 수 있었지만, 주혈 흡충을 제외한 회충, 구충 등 토양 매개성 기생충에 대한 적극적인 대책 은 찾아보기 어려웠다. 당시 중국은 국가 계획성 법정관리 전염병 36개 가운데 기생충 질환 6개(아메바성 이질, 흑열병, 말라리아, 주혈흡충증, 사상충 증, 단방조충증)를 선정해 관리하고 있었다.[14] 하지만 이 목록에 없는 회충 등 토양 매개성 선충과 간흡충 등 식품 매개 기생충은 관리되지 않은 탓 에 중국 전역에 만연한 상태였다. 그리고 이 부분이야말로 한국이 지난 20여 년간 전문성을 축적해 온 분야였다. 당시 한국건강관리협회(건협, 전 한국기생충박멸협회) 회장을 맡고 있던 임한종은 기관 차원의 협력 사업을 염두에 두고 있었다.[15]

하지만 이 사업이 곧바로 한국국제협력단의 공적 개발 원조 사업이 되지는 못했다. 기존 한국의 해외 원조 사업은 건축 및 시설물 확충과 같 은 하드웨어 중심의 사업이 주를 이루었으며, 전문가 파견 및 연수생 초 청 등의 인적 협력 수단을 중심으로 한 소프트웨어 사업은 크게 주목받지 못하고 있었다. 당시 외교부는 소프트웨어 사업에 투자되는 자금이 투명 하고 효율적으로 운용되지 못할 것이라고 판단해 건협과 기생충학자들 의 사업 구상을 반기지 않았다.[16] 따라서 외무부가 본격적으로 사업을 지 원하도록 만들기 위해 건협은 먼저 두 가지 과제를 해결해야 했다. 첫째, 한중 기생충 관리 사업의 성공 가능성을 보여 줄 선례를 만들고, 둘째, 중 국에서 기생충 사업을 해야 하는 내적 논리를 갖추어야 했다.[17]

임한종은 먼저 건협의 자금으로 자체 사업을 진행하기로 했다. 1995년 6월 28일부터 7월 8일까지, 당시 건협 회장 임한종을 비롯한 건협 인사들과 보건복지부 서기관 등 7명은 중국의 사업 대상 지역인 선양·옌지·베이징·난닝·상하이를 방문했다.[18] 특히 건협의 기생충학자들은 연변 조선족 자치주에서의 상황을 집중적으로 조사했다.

이런 판단에는 연구적인 측면과 사업적인 측면이 함께했다. 연구적인 측면에서는 아직 완전히 개발되지 않은 중국과 한국 본토를 비교해 같은 민족이 환경 차이에 따라 보건 지표나 건강 수준, 질병 유형에 어떤 차이가 있는지 확인하고자 했다. 사업적인 측면에서는 한중 국교 정상화 이후 연변 조선족 자치주에 한국 기업이 활발하게 자금을 투자하고 있었다는 점에 주목했다. 요컨대 "연변 조선족 자치주가 우리나라의 중국 진출에 다리 받침대가 될 것"이므로 이곳에서 사업을 시행하는 것이 적절하리라는 논리였다.[19]

사업 조율을 위한 중국 정부와의 세부 협의 과정에서는 신풍의 프라지콴텔, 디스토시드가 중요한 역할을 담당했다. 당시 프라지콴텔 집단 투약에 따른 부작용은 중국 중앙정부에서도 민감하게 생각하던 문제였다. 이에 따라 안전성이 높은 것으로 알려진 한국의 디스토시드가 채택되었으며, 부작용 발생 시 중국의 지방정부 차원에서 이를 감당하기로 했다.[20]

건협 주도로 이루어진 이 사업은 1997년 한국의 외환 위기로 해외 원조 사업이 크게 축소되는 바람에 곧바로 시행되지는 못했다. 이후 2000년에 들어서야 본격적으로 한중 기생충 감염 관리 시범 사업이 시작되었다. 사업은 2000년부터 2004년까지 중국의 경제 개발계획인 제10차 5개년 계획에 맞추어 진행되었으며, 여기에 한국은 100만 달러 규모의 자금을 지원했다. 한국의 사업단은 전문가를 파견해 검사의 정확도 관리 및 결과 분석, 혈청 진단법 기술 전수를 우선적으로 수행했다. 연 2

회 주기적으로 전문가를 파견하는 것 이외에, 중국 현지 전문가를 한국으로 초청하는 관리자 연수 프로그램과 중국의 사업 실무 요원을 초청해 교육하는 실무자 단기 연수 등도 매년 진행되었으며, 혈청검사 장비 지원 및 기술 전수, 약품 지원이 함께 이루어졌다. 사업 기간 동안 지원된 알벤다졸은 5만5000정, 프라지콴텔은 15만5000정에 달했다.[21]

헤이룽장 성에서 수행된 간흡충증 관리 시범 사업의 주된 목적은 프라지콴텔의 집단 화학요법에 있어 적정한 투약 지침을 확인하고 감염 관리의 전략을 확보하려는 것이었다.[22] 5년간 이어진 사업의 종료 후, 사업단은 구충 효과와 비용 효과적인 측면을 고려한 투약 지침을 확보할 수 있었다. 사업단은 감염률에 따라서 중감염 지역에서는 검사 없이 전원 투약하는 것이 유리했고, 중등도 감염 지역에서는 검사 후 양성자 투약이, 감염률에 무관하게 어느 지역에서든 연 1회 반복 투약이 중요하다는 사실을 밝혔다.[23]

전반적인 사업이 집단 화학요법과 그에 필요한 인력 교육에만 국한된 것은 아니었다. 사업팀은 각 성에서 적절한 방법을 활용해 홍보와 보건교육 사업을 진행했다. 건협의 전문가들은 한국에서의 경험에 비추어 치료 사업에서 재감염률을 낮추는 것이 매우 중요하다고 판단해, 재감염 예방을 위한 지침서와 비디오를 제작해 나눠 주는 한편, 현지 라디오와 텔레비전 등의 매체에 전문가를 출연시켜 교육했다.[24] 한일 협력 사업과 마찬가지로 이런 장기적인 사업은 학자들의 지속적인 교류로 이어졌다. 사업에 참여했던 한국 건협의 기생충 전문가 집단과 현지의 전문가 및 관료들은 주기적인 워크숍과 소통을 바탕으로 유기적인 공조를 이루었는데, 이를 통해 상하이 기생충병연구소 등을 비롯해 한국과 중국의 기생충학 전문가 사이에 학문적인 교류가 시작되었다. 그 결과, 사업에서 얻은 성과가 SCI급 논문 3편을 포함한 총 18편의 학술 논문으로 발표되었다.[25] 한국 기생충학자들의 연구 활동 범위가 한반도를 넘어 해외로 넓어지고 있었음을 알 수 있는 대목이다.

무엇보다 한국에서 경험할 수 없었던 새로운 기생충을 만났다는 점이 중요했다. 이 시기 중국 기생충관리 사업에 파견된 사람들은 주혈흡충 진단과 관련된 지식들을 현지 학자들에게서 습득할 수 있었다. 셀로판후층도말법을 이용한 진단 기술은 한국에서도 기생충 사업 초기부터 활용해 오고 있었으나, 특정 충란을 검진하고 그 모양을 눈에 익히는 과정은 숙련도를 필요로 했다. 충란들은 고유한 모양을 가지고 있으나, 실제 대변 안에서 관찰하는 경우 꽃가루나 기타 음식물 가루들과 잘 구분되지 않을 때가 많다. 여기에서 특징적인 지표들이나 크기 등이 구분에 사용되는데, 이를 단지 교과서에 나오는 그림만으로 습득하는 데에는 한계가 있다. 실제 구분은 대부분 대변과 그 안에 있는 충란을 여러 차례 관찰하는 실습 과정을 통해 경험적으로 습득된다.

실제 대변 샘플에서 주혈흡충 충란을 찾는 작업은 이미 20여 년 이상의 경험을 쌓은 한국의 기생충학자들에게도 처음이었다. 이렇게 기생충의 모습을 눈에 익히고, 이를 실제 검사 환경에서 판독할 수 있는 암묵지에 해당하는 지식은 중국의 기생충학자들과 교류하면서 얻어졌다. 한국 기생충학자들이 현미경 아래 보이는 이것이 주혈흡충 알이 맞는지 물어보면, 중국 측 "판정관 격인 허 선생은 시종 뿌시(아니오!)를 연발하게 되어 나중에 뿌시시엔셩(아니오 선생)이라는 별명"까지 얻었다.[26]

또한 중국에서의 활동은 기존에 한국에서 활용된 분변 검사처럼 기생충학에서의 기초적인 활동들을 지속시킬 수 있는 원동력이 되기도 했다. 연구자들은 중국에서 대변검사를 준비하며 "오랜만에 실컷 이런 일을 다시 해볼 수 있는 기회"가 되었으며, 최근 한국 의과대학 기생충학교실에서 이런 분변 검사 활동이 대폭 감소했음을 지적하기도 했다. 이는 한국에서의 기생충학 연구가, 기생충 박멸 사업이 활발하게 전개되었던 1980년대까지의 영향에서 벗어나 분자생물학이나 면역학 등 다른 연구 분야로 전환되었기 때문이다. 이런 상황에서 연구자들은 "공중 위생 상태가 이러하므로 기생충학자에게는 일할 것이 더욱 많은 것이 아닐까 하고 기쁜(?) 생각도 들었다."[27] 또한 한국에서는 기생충학 교육에 필요한 시료들을 충분히 구하기 어려웠기 때문에, 한국 기생충학자들은 "검사하고 남은 가검물(변), 참게, 붕어, 피라미 등을 보물단지인양" 챙겨 두었다.[28]

이처럼 중국에서 기생충학자들은 주혈흡충처럼 새로운 기생충과 만날 수 있었을 뿐 아니라, 다른 네트워크에서도 기존의 집단검진, 집단 구충 모델이 작동하는지를 확인할 수 있었다. 또한 감염 정도에 따라 투약 지침을 세분화하는 새로운 기법들도 개발해 냈다. 이런 대규모 해외 사업에 대한 경험은, 2000년대 후반 한국국제협력단의 보건 의료 사업 재원이 강화되면서 폭발적으로 확대되었다. 특히 주목할 부분은, 기생충학자들이 중국에서 쌓은 경험을 교두보 삼아 아프리카 등 기존에 경험해 보지 못했던 지리적·문화적 공간과 새로운 기생충을 대상으로 그들의 활동 영역을 확장할 수 있었다는 점이다. 기생충학자들은 생태적으로 고갈되고 있던 한국의 기생충에서 국제 보건이라는 새로운 관심 분야로 영역을 넓혔으며, 일국적 사업 수행에 그치는 보건 의료 담당자가 아니라 국제 원조 사업의 한 축이라는 새로운 정체성을 갖게 되었다.

블루나일 보건사업의 트라우마

수단에서 주혈흡충이 문제가 된 것은 이미 20세기 초부터였다. 1925년 청나일(블루나일) 유역에 있는 시나르 댐 건설, 게지라 관개수로의 건설과 함께 주혈흡충 유행 양상이 급변하면서 지속적인 대규모 유행이 시작되었다.✦ 수단에서 이집트까지 나일강 유역은 가장 악명 높은 주혈흡충 유행지 중 하나가 되었다.

1950년대까지 주혈흡충 관리는 주로 달팽이를 죽이는 살패제를 이용한 매개체 관리, 안티몬 화합물을 이용한 감염자 치료가 주를 이루었다. 하지만 살패제 사용은 수중 생태계에 심각한 손상을 입혔기 때문에 널리 사용되기 어려웠고, 치료제인 안티몬 화합물은 부작용이 심해 집단 투약에 적절하지 않았다. 수단 정부의 관리 노력에도 불구하고 1970년대까지 유병률은 지속적으로 상승해 학교 대상 조사에서 70% 이상을 기록했다.[29] 1997년 세계은행 보고서에 따르면 수단 내 주혈흡충 감염자는 500만 명 이상으로 추정됐으며, 전체 인구의 80% 이상이 감염 위험에 놓여 있는 것으로 보고되었다.[30]

수단에서 이루어진 주혈흡충 관리 사업 중 가장 큰 규모로 진행된 것은 1979년 세계보건기구와 수단 정부의 공동 사업으로 시작된 블루나일 보건사업BNHP이었다.[31] 이 사업은 세계에서 가장 긴 관개수로가 놓여 있는 게지라, 마나길, 라하드 지역을 대상으로 말라리아, 주혈흡충증, 설사 등 수인성 질환 전반을 관리하고자 한 통합적 관리 계획으로 수립되었다.

블루나일 보건사업은 1979년부터 1990년까지 약 1억5000만 달러의 예산을 투입해 수로 관리, 투약, 매개체 관리, 수자원 개발, 보건교육, 지역 주민 주도 보건 위원회 구성 등 싱크대 전략이라 불리는 통합적 사

✦ 게지라 관개 수로는 당시 세계 최장 길이의 수로 중 하나였다. 지표수의 분포가 급변하면서 매개체인 달팽이가 급증했고, 이에 따라 주혈흡충 감염도 크게 늘어났다. Reich et al., *International Strategies for Tropical Disease Treatments*, p. 76.

6 기생충에게는 국경이 없다

업을 수행했다. 싱크대라는 이름은 마치 싱크대에 설거지 거리를 몰아 넣는 것처럼, 당시 사용 가능한 모든 전략, 즉 집단 투약부터 매개체 관리, 보건교육, 전문 인력 훈련, 수자원 관리 및 개발 등을 한 사업 안에 모두 몰아넣는 모습에서 따왔다.

사업 당시의 지표들만 놓고 본다면 블루나일 보건 사업은 성공으로 보일지도 모른다. 주혈흡충의 유병률을 53%에서 6% 미만으로 낮추는 데 현격한 기여를 한 것으로 당시에는 평가되었기 때문이다. 말라리아 감염률 역시 사업 시작 5년 만에 30%에서 0.5%로 낮아졌다.[32] 초기 계획했던 지표들을 상당 정도 달성했으며, 수혜자 1인당 소요 예산도 높지 않은 합리적인 수준이었다. 하지만 그럼에도 불구하고 이 사업은 효과적으로 지속되지 못했다. 이는 부분적으로는 부족한 관리 체계, 민간 기업의 기부에 대한 지나친 의존, 매개체 관리에 대한 효과적인 기술 부재 등을 원인으로 꼽을 수 있다. 하지만 무엇보다 치명적이었던 것은 효과적인 관리와 행정력이 부재했다는 점이다.[33]

블루나일 보건 사업이 독특했던 것은 사용 가능한 모든 전략을 통합적으로 동원했다는 점이다. 이 사업은 주혈흡충과 말라리아, 수인성 전염병이라는 각기 다른 질병을 '물을 관리한다'는 개념하에 한 사업으로 묶었다. 또한 기생충학자들뿐만 아니라 공학자, 농학자 등의 전문가들을 참여시켜 질병 유행에 주요 환경적 원인을 제공하는 관개시설을 통합적으로 개선할 기틀을 마련하고자 했다. 이런 시도가 이론적으로는 효과적이었으나, 실제에 적용하기에는 지나치게 다양한 분야의 사람들이 지나치게 복잡한 관계를 형성하도록 만들었다.

각 분야의 전문가들은 각기 다른 부서에서 다른 예산과 조직을 가지고 활동하고 있었다. 예를 들어 관개수로를 담당하는 농림부는 세계은행 기금을, 조사와 치료를 담당하는 보건부는 일본국제협력단에서, 지역사회의 수자원 관리는 미국 국제개발처에서 기금을 받는 식이었다.[34] 사업에서 수행해야 할 요소들은 많은데 책임은 분산되어 있다 보니 여러 곳에서 잡음과 혼란들이 생겨났다. 또한 지역 사회에서 사업을 수행하는 사람들은 보고 체계가 복잡해지면서 업무 부담이 늘어났다.

불행히도, 이렇게 복잡한 관계를 효율적으로 매개해 본 경험이 사업 책임을 맡았던 과학자들에게는 없었다. 그들에게는 명확한 조직 구조나 지휘 체계가 없었으며, 회의는 비공식적으로 이루어졌다. 여기에는 과학자들이 공유하고 있었던 문화도 영향을 미쳤다. 다수의 사업 참여자들이 과학자들로 이루어졌기 때문에, 이들은 각 조직이 독립적이고 평등한 구조를 가지는 방식을 선호했다. 이는 개별 연구 집단이 각자 자신의 분야에 집중하는 연구소와 같은 조직에서는 효율적일 수 있으나, 실제 현장에서 구체적인 활동을 수행하고 결과물을 제출해야 하는 이런 사업에서는 각 조직 간의 단절을 낳았다.

또 다른 문제는, 보건 분야의 지원을 맡은 일본 정부가 지나치게 현물 지원에 관대했다는 점이었다. 사업 초기부터 일본은 민간 기업을 통해 대량의 살충제와 살패제를 무상으로 지원해 주었다. 이에 따른 문제는 크게 두 가지였다. 첫째, 너무 많은 살충제가 지원됨에 따라 수원국에서는 사업 기간 내에 원조품을 소비하기 위해 무리한 사업 일정을 수행해야 했다. 그렇게 한정된 인적 자원 내에서 특정 사업에 인력이 쏠리면서 다른 사업의 수행이 차질을 빚었다. 예를 들어 기한 내에 공여 받은 살충제를 모두 소모하기 위해 대다수의 인력이 동원되며, 정작 실제 매개체가 발생할 수 있는 환경을 개선하는 근본적인 활동은 무시되기도 했다.

둘째, 무상 원조가 지속되면서 수단 내에서 자체적으로 사업을 수행할 수 있는 동력과 재정적 지속 가능성이 개발되지 못했다. 사업에 필수적인 물품들이 완전히 무상으로 공급되면서, 자체적으로 기술을 개발하거나 그 생산 공정을 국산화하려는 시도들이 배양되지 못했다. 그런 시도가 있었더라도 무상으로 공급되는 약품들 때문에 시장성을 가지지 못했을 것이다. 1993년 군부 쿠데타로 독재 체제가 시작되고, 오사마 빈 라덴을 은닉한 혐의로 미국에 의해 테러 지원국으로 지정된 이후 수단은 서방세계로부터 강력한 경제 제재를 받아야 했다. 정치적인 이유로 원조가 끊긴 직후, 살충제와 살패제를 활용한 사업들도 급작스럽게 중단되었다.[35]

결과적으로 당시 세계보건기구 사업 중 대규모로 야심차게 시작된 사업은 이후 주요 국제 보건 사업의 실패 경험 중 하나로 남았다.[36] 사업 종료 직후 감염률은 오히려 이전보다 높아졌다. 수단 보건부에서도 블루나일 보건사업은 일종의 트라우마로 남아 있었다. 내가 만난 수단 보건부의 소외 열대 질환 관리 담당자는 2019년 현재 진행 중인 주혈흡충 관리 사업을 "또 다른 블루나일 보건 사업으로 만들지 않겠다."라고 언급하기까지 했다.[37] 사업의 지속성과 연속성이 보장되지 못할 경우 오히려 지역 사회의 신뢰를 잃고 후속 사업의 동력을 상실할 수 있다는 우려에서 나온 말이었다.

하지만 이런 수단의 대규모 주혈흡충 관리 사업은 한국의 기생충학자들과 제약 업체에게는 기회가 되었다. 1985년 수단 정부는 집단 투약 사업에 사용하기 위해 120만 달러 규모의 프라지콴텔 구입 국제 입찰을 내놓았다. 이 입찰을 신풍제약이 낙찰받았고, 수단 정부는 약품의 안정적인 공급을 위해 수단 내에 생산 공장을 세워 줄 것을 요청했다. 수단 정부는 보건 당국의 약정국장 등 실사 인원을 한국에 파견해 신풍제약의 생산 시설을 답사하고 돌아갔고, 1986년 합작 법인 설립에 합의했다. 이듬해에는 공장 건립에 착수했고, 1988년 3월에 수단에는 제너럴 메디신스 GMC라는 이름의 제약 공장이 건립되었다. 추후 한국국제협력단에 의한 주혈흡충 관리 사업이 시작되었을 때, 이 공장은 사업에 필요한 프라지콴텔의 주요 공급처가 되었다.

앞서 1980년대 미국과 일본 등의 지원으로 이루어진 대규모 주혈흡충 관리 사업이 실패로 돌아간 데에는 기술적인 이유뿐만 아니라 정치적 배경이 복잡하게 맞물려 있었지만, 이런 실패의 경험이 아직 생생하게 살아 있는 가운데 한국은 새로운 경험을 제시할 수 있어야 했다. 한국 측의 수단 주혈흡충 관리 사업은 2009년부터 2019년까지 총 세 차례에 걸친 다년도 사업이 진행되었다. 한국에 존재하지 않는 기생충을 대상으로 이 정도의 사업이 가능했던 것은 중국의 경우와 마찬가지로 이미 수단에 진출해 있었던 신풍의 GMC 역할이 컸다.[38] 수단에서 한국의 사업 제안이 우선순위를 획득할 수 있었던 것은 신풍제약을 통한 양질의 프라지콴텔을 공급받을 수 있었기 때문이기도 하다.

머크사가 세계보건기구를 통해 무상으로 프라지콴텔을 사업 지역에 공급하고 있었으나,+ 여러 문제들로 사업 일정에 맞추어 공급되지 않는 경우가 많았다. 또한 지나치게 일찍 공급될 경우 수단의 고온 기후에 약품이 변질되는 경우도 있어 이를 냉장창고에 보관해야 했는데, 이 역시 사회 기반 시설이 취약한 지역에서 간단한 문제는 아니었다. 신풍제약의 경우 현지 법인인 GMC에서 필요에 따라 프라지콴텔을 생산할 수 있었고, 이미 신풍제약이 갖추고 있는 현재 보급망을 통해 안정적인 공급이

+ 프라지콴텔을 최초로 개발했던 머크는 2007년부터 아프리카의 주혈흡충 퇴치를 위해 프라지콴텔을 세계보건기구를 통해 무상으로 기부하고 있다. 이 프로그램으로 2020년 현재까지 약 5억 정이 배포되었다. "Merck company responsibility: Schistosomiasis," https://www.merckgroup.com/ro-ro/company/responsibility/our-strategy /health/schistosomiasis.html(검색일 : 2020/06/11).

가능했다. 이는 다른 공여국에 비해 한국이 갖춘 가장 큰 장점이었다.[39]

한국 정부는 1차 한국국제협력단 빈곤퇴치기여금 사업의 일환으로 수원국의 요청을 받던 중 수단 정부의 주혈흡충 사업 요청을 받게 되었다. 당시 GMC의 활동 내역을 알고 있던 주 수단 한국 대사인 이병국 대사가 관련 제약 사업의 도움을 받을 수 있을 것으로 판단해 사업안 제출을 요청했다.[40] 제안 초기에는 보건소, 실험실 건설 등 하드웨어 중심의 사업을 고려했으나 현지 방문 이후 집단 투약 등 프로그램 위주의 소프트웨어 사업으로 진행하도록 결정되었다. 또한 한국인 전문가와 관리자들을 수단에 직접 파견하여 정기적인 모니터링과 관리를 수행하도록 하는 것이 필수적이라 생각되어 참여 가능한 단체들을 물색했다. 한국은 주혈흡충 유행 지역이 아니므로 관련 사업 경험을 가진 사람이 없었기 때문에 최초에는 질병관리본부와 접촉했다. 하지만 내부적인 사정으로 현지 관리자 파견 계약이 성사되지 못하자 과거 한국기생충박멸협회로서, 기생충 관리 사업 경험이 있는 한국건강관리협회에 사업 관리를 요청하게 되었다.[41]

당시 건협 회장은 서울대학교 의과대학 기생충학 교수였던 이순형이 맡고 있어서 사업의 중요도는 충분히 이해되었다. 사업단은 건협에서 가지고 있던 해외 기생충 관리 사업의 경험들을 바탕으로, 사업 구상 초기부터 일회적인 사업이 아닌 통합적인 소외 열대 질환 관리를 위한 체계적인 접근을 염두에 두며 국제적인 관리 사업 네트워크를 만들고자 했다.[42]

2009년부터 2011년까지 지속된 1차 사업에서는 화이트나일 주를 표본으로 삼아 주혈흡충 박멸 사업을 진행했다. 이때의 사업으로 방광주혈흡충증 유병률이 28.5%에서 13.5%로 감소했다. 더불어 사업 지역 내 검사 실험실을 설립하고 지역적 특성에 맞춘 주혈흡충 관리 매뉴얼을 개발했다. 또한 집단 투약을 통한 효과성을 극대화하기 위해 정수 시설 건설을 함께 진행했다. 2011년부터 2014년까지 진행된 2차 사업에서는 지역을 넓혀 집단검진, 집단 투약 대상자를 늘리고 정수 시설 건설을 확대했다.[43]

이런 사업 경험과 수단 내에서 확보된 인적 자원, 그리고 국제적 네트워크를 기반으로 2015년부터 2018년까지 3차 사업이 진행되었다. 2009년 사업 시작 시점에서 일차적인 목표점으로 잡았던 것은, 수단 정부가 자체적으로 주혈흡충 및 소외 열대 질환을 관리할 수 있도록 로드맵을 만들고, 수단 내부 전문가들이 자체적으로 기생충학회 등 관련 네트워크를 구축할 수 있도록 하며, 이를 기반으로 국제 기생충 관리 관련 단체들과의 협업 체계를 형성하는 것이었다. 3차 사업은 지난 10여 년간 이루어진 사업을 종합하고, 소기의 목적을 달성하기 위한 일종의 출구 전략을 염두에 두고 있었다.[44]

이를 위해 3차 사업에서 중점적으로 추진된 것은 수단 전국을 대상으로 주혈흡충 유병률을 조사하는 일이었다. 3차 사업 초기부터 원조에 참여하는 다양한 단체들을 설득해 국제적인 협력 관계 구축을 계획했고, 이런 설득 자원을 확보하기 위해 기초선 조사를 수행하기로 한 것이다. 당시 국제 기생충 관리 단체들은 영국 정부로부터의 투약 자금 지원과 머크사의 무상 프라지콴텔 지원 등 막대한 자원을 가지고 있었지만 이를 실제로 수행할 수 있는 근거 자료가 부족하다는 이유로 적극적으로 사업에 참여하지 못하고 있었다. 유병률에 대한 기초 조사가 이루어지지 않을 경우 필요한 약품의 양이나 투입되어야 할 행정력을 추산하기 어려워 투입해야 할 자원의 규모를 책정하기 어려웠기 때문이다. 또한 투약 이후 사업의 효과성을 측정하기 어렵다는 문제도 있었다.[*] 하지만 3차 사업에서 전국 단위 기초선 조사가 완료되자 이 데이터를 가지고 새로 투약 사업에 진입하려는 민간·국제기구가 확대되었다. 현재 이 조사 자료를 바탕으로 수단 정부와 주혈흡충 관리 이니셔티브, 세계보건기구는 수단 전국을 대상으로 한 집단 투약을 계획하고 있다.[45]

현재적 경험의 재생산

기존 기생충 관리 사업 네트워크를 통해 도입된 프라지콴텔 원료 물질은 한국의 기술 드라이브 정책을 배경으로 미국에서 훈련된 한국의 화학자를 통해 국산화되었다. 새로운 합성법의 등장으로 프라지콴텔의 국제 공급가격이 낮아졌고, 이는 전 세계적으로 광범위한 흡충류 관리 사업을 전개할 수 있는 배경이 되었다. 동시에 한국의 기생충학자들은 프라지콴텔을 통해 중국, 그리고 수단의 주혈흡충 관리 사업에 참여해 새로운 지역의 새로운 기생충들과 조우할 수 있었다. 1990년대 본격화된 한국의 해외 원조 사업에서 집단검진, 집단 구충 중심의 기생충 관리 사업은 한국의 고유한 경험으로 해석되었다. 이를 통해 한국국제협력단은 기존의 병원 건설 같은 하드웨어 중심 지원 사업이 아니라 사업 운영 방식을

✦ 1990년대 말 냉전 체제가 종식되면서 기존에 원조를 주던 공여국으로서의 동구권이 원조를 받는 수원국으로 부상했다. 또한 1980년대 세계은행 등 국제 원조 단체가 적극적으로 추진했던 구조 조정 프로그램들이 수원국의 지속적인 개발이나 빈곤 감소에 실패하면서 원조 피로도가 증가했다. 이에 따라 효과적인 원조를 위한 논의가 집중적으로 이루어지기 시작했다. 특히 비용 효과성을 중심으로 한 이런 논의들은 자금을 지원하는 정부나 국제단체들이 사업을 수행하는 단체들에게 효과성 측정을 의무적으로 부여하도록 했다. 결국 원조 사업의 실질적인 결과물을 측정할 수 있는 지표의 개발이 사업 계획에 필수적인 요소가 되었다. 김지영, "국제개발협력 레짐 변천사," 서울대학교 국제문제연구소 편, 『개발협력의 세계정치』(서울대학교 국제문제연구소, 2016), 135-139쪽.

전달하는 소프트웨어 중심의 보건 의료 원조 사업을 본격적으로 시도할
수 있었다. 또한 1995년 기생충 박멸 사업을 마무리한 한국의 경험은 당
시 개발도상국이 사업을 빠르게 도입하는 과정에서 필요한 현재적 경험
을 제공할 수 있었다.

프라지콴텔이라는 기술을 중심으로 일어난 일련의 사건들은 한국
정부의 정책적 지원이라는 배경에서 가능했지만, 동시에 신풍제약이라는
민간 기업의 초국적인 상업 활동에 기인한 바가 크다. 이 사례는 한국의
기생충 관리 사업 경험이 1990년대 개발도상국으로 빠르게 전파되어
자리 잡을 수 있었던 과정에는 다양한 행위자들의 얽힘이 핵심적이었음
을 보여 준다. 그리고 그 복잡하고 두터운 얽힘은 모두 기생충에서 시작
되었다.

나가며
모든 것은 기생충에서 시작되었다

　　한 기생충학자의 퇴임식에 참석한 적이 있다. 축사에서 원로 기생충학자는 그 자리에 참석한 사람들이 "기생충처럼 성공적으로 변화하고 적응하며 살아남기를" 기원했다. 그 말을 듣고 기생충을 향한 기생충학자들의 애정을 새삼 느끼는 동시에 이제는 다수의 기생충이 박멸된 한국에서 이들이 어떻게 적응하며 살아왔는지를 다시 한 번 생각해 보았다. 또한 기생충이라는 생태적 존재들의 급격한 변화가 우리에게 어떤 영향을 얼마나 미쳐 왔는지도 떠올렸다.

　　이 책에서 주목한 것은 기생충을 통해 생성되는 사회적 연결망이었다. 기생충과 같은 질병, 병원체가 인간과 대립하는 존재가 아니며, 이런 비인간 행위자들을 통해 한국을 넘어 세계로까지 확산되는 네트워크가 발생하고 있음을 보여 주고자 했다. 그리고 그것은 영국에서 에스와티니와 탄자니아로, 또 한국과 일본으로 이동했던 나의 실제 경험과도 부합한다. 기생충이 매개한 이런 연결망은 사람들과 자원들을 새로운 환경으로 이동시키는 중요한 연결 고리가 되어 주었다.

　　이런 연결 고리에서 주목하고자 했던 것은 의학과 과학기술 자체뿐 아니라 이를 실천했던 사람들의 모습이었다. 특히 여러 기록물에서 쉽게 눈에 띄는 저명한 기생충학자나 협회 회장들이 아닌 말단에서, 마을 곳곳에서 실제 사업을 수행했던 직원들과 조력자들의 모습을 드러내고 싶었다. 해방 후 한국의 개발독재 체제에서 대중 동원의 특징을 갖는 1960~80년대의 보건 의료 사업들은 상당 부분 정책적 차원이나 그 정책 결정자들을 주목하기 마련이다. 하지만 기생충 박멸 사업이 보여 주듯이, 이를 가능하게 한 것은 그 사업을 수행해 온 일선의 사람들과 그에 수반된 다양한 암묵지와 행정적 지식들이었다. 이를 통해 앞으로 한국 보건 의료 사업의 역사를 검토하는 과정에서, 그런 사업들이 실제로 어떻게 수행되었고 실천되었는지를 현장의 목소리를 통해 재구성하는 작업들이 이루어지기를 희망한다.

기생충 박멸의 역사를 서술하면서 가장 주의를 기울였던 부분은 단순히 성공의 역사로 그리지 않는 것이었다. 하지만 아주 짧은 기간에 눈부신 성공을 거둔 것이 사실이기 때문에 이와 거리를 두기가 쉽지 않았다. 사실, 기생충 박멸 사업이 성공적으로 완결된 역사가 아니라는 점은 기생충학의 역설을 통해 가장 잘 알 수 있다. 한반도에서 주요 기생충이 자취를 감추면서 기생충학과 관련 단체들은 역설적으로 변화를 요구받았기 때문이다.

1964년 설립된 한국기생충박멸협회가 1987년 일반 건강검진 등의 사업을 주축으로 하는 한국건강관리협회로 전환된 것을 시작으로,[1] 2000년대에 들어 의과대학에 개설된 많은 기생충학교실들은 감염생물학, 환경의생물학, 열대의학 등으로 명칭을 변경했다. 1959년 1월 창립한 대한기생충학회도 2012년 대한기생충열대의학회로 명칭을 변경했다. "열대 지역 봉사 및 기생충 퇴치 등 정부 공적 개발 원조 사업에 적극적으로 참여하고 있는 현실이 반영"되었다는 것이 주된 이유였다.[2]

"기생충을 죽이면, 기생충학자도 죽는다"는 한 기생충학자의 회고처럼,[3] 1969년부터 1995년 전국 단위 기생충 검진 및 투약 사업으로 누적 연인원 3억 명 이상을 동원한 한국 기생충 관리 사업의 시대는 마무리되었다. 하지만 일본의 경험을 전용해 한국의 것으로 만들었던 한국의 기생충 관리 사업은 한국 정부의 해외 원조 사업과 함께 초국적 사업으로 거듭나 열대의 개발도상국을 중심으로 한 새로운 지리적 영역으로 확대되고 있다.

그러나 다른 한편 전통적인 기생충학, 즉 현장에서의 사업을 통해 지식을 획득하고 다시 적용하는 실천적 차원의 기생충학은 한국에서 위기를 맞고 있다. 한국에서 수행할 수 있는 기생충 박멸 사업이 매우 한정적일 뿐만 아니라 해외에 적용할 기회도 아직 일본이나 다른 선진국의 기생충학에 비해 충분하다고 할 수 없는 수준이기 때문이다. 이 때문에 많은 신진 연구자들은 사업적 측면보다는 실험실에서 수행할 수 있는 분자생물학적 접근을 택하고 있다. 이런 급격한 변화로 지난 수십여 년간 한국이 쌓아 온 기생충 박멸 사업에 대한 다양한 암묵지들이 소실될 수도 있다.

물론 새로운 기생충 박멸 사업을 해외에서 전개하며 한국의 경험을 재현하는 과정에서도 주의할 점은 있다. 이런 사업이 해당 지역주민이나 생물자원의 착취로 이어질 수 있다는 점이다. 제주도에서 폐흡충을 연구했던 김정순이 지적했듯, 1950년대 한국에 주둔하고 있던 미군의 주요 관심은 미군의 건강이었다. 한국에서 수집된 모기 같은 다양한 생물자원의 지식은 한국으로 환류되지 않고 대부분 미국 연구자들의 학위 취득이나 미군들의 건강을 보호하는 목적으로 활용되었다.

제주도에서 이루어진 한일 공동 사상충 연구도 유사한 한계를 지니고 있었다. 해당 연구가 이후 제주도 적십자 지부 등을 통한 사상충 박멸 사업으로 이어졌고, 감염률이 크게 낮아진 것은 사실이지만 해당 연구 사업 자체가 지속성을 가지고 주민들과 관계를 맺었던 것은 아니다. 1970 년대 중반 이후 사상충이 감소하면서 제주도에 대한 연구자들의 관심도 점차 낮아졌고, 지원 금액도 줄어들면서 제주에 설립된 풍토병연구소의 활동도 거의 중단되었다. 그런 와중에 지역 주민들이 서울의 의료 자원과 접점을 가질 수 있도록 노력했던 한 기생충학자의 개인적 활동이 있었다. 조승열은 위미리 주민들이 큰 병을 앓거나 의학적 자문을 구할 때 서울에 있는 병원을 연결해 주거나 전원을 주선해 주는 등 개인적인 노력을 아끼지 않았다.

현재 한국에서 수행하고 있는 해외 기생충 관리 사업들 역시 상당 부분 학술 연구 진흥이나 진단 기술의 전수 같은 학문적·기술적 차원에 초점을 맞추고 있다. 기술과 모델의 전수, 혹은 이전이라는 일방향적 관점으로 사업을 이해하고 있는 것이다. 하지만 동아시아의 기생충 박멸 사업의 형성 과정이 보여 주듯, 사업은 지역사회의 문화적 맥락이나 생태적 환경 같은 다양한 요소들에 의해 상호 구성되어 간다. 그리고 그에 따라 변화한 사업은 궁극적으로 사회를 재구성한다.

기생충학이 영향을 미친 것은 단지 학문적 차원에 그치지 않는다. 앞서 회충에 대한 인식 변화에서 살펴보았듯 기생충은 사회 자체를 변화시켜 왔다. 그렇다면 우리는 기생충과 어떤 관계를 맺고 어떻게 얽혀 왔을까. 어떤 이들에게 기생충은 중요한 경제적 기회였으며, 어떤 이들에게는 국경을 넘어선 이동을 추동하는 원동력이었다. 이들에게 기생충은 중요한 동맹이었다. 하지만 한국 사회 전반을 보았을 때 기생충 박멸 사업에서 가장 두드러지게 나타난 정서는 '수치'였다.

일제강점기 총독부가 한반도에서 콜레라 유행을 억제하기 위해 주로 활용한 수단은 백신 접종이었다. 그들은 강제적인 호구조사를 통해 미접종자를 분류하고 경찰과 의사를 파견해 강제 접종을 실시했다. 또한 유행이 확인된 지역은 격리 조치에 들어가 접종 여부를 확인할 수 있는 주사 증명서 없이는 통행이 제한되었다.

이에 대해 동아일보 사설은 이것이 치욕, 즉 수치스러운 일임을 강조했다. 사설은 "그러나 '주의'와 '강제'란 원래 받기가 좋은 것이 아니다. 제 스스로 주의치 않고 제삼자의 주의를 받는다는 것은 일종의 치욕이다. 제 자신이 하고 싶어 하지 않고 제삼자의 강제를 받는다는 것은 일종의 유린이다."라고 표현했다.[4] 감염은 개인의 위생에 대한 불완전성을 표현하는 것이며, 이런 불완전성이 타인에 의해 지적된다는 건 치욕, 곧 수치를 의미했다. 이처럼 감염이 수치스러운 것임을 강조하는 수사는 위생의 시대가 열린 이후 계속되어 왔다.

기생충 박멸 사업 기간에 수치심을 자극하는 전략은 매우 효율적이었다. 한국이 목표로 하는 주변 국가들과의 끊임없는 비교를 통해 한국의 후진성과 낙후성을 자극해 수치심을 이끌어 내는 방식은, 강압적인 의료 개입을 충분히 정당화할 수 있었다. 이를 기반으로 이루어진 대규모 동원은 개발독재 시대의 보건 의료 사업을 특징짓는 요소 중 하나가 되었다.

한국 사회는 높은 기생충 감염률을 조국 근대화와 경제성장을 가로막는 주요 요인으로 지목하고, 기생충을 보유하고 있는 사람을 전근대적이며 후진적인 불완전한 사람으로 묘사했다. 이는 기생충 감염이라는 보편적인 질병을 빠른 시간 내에 몰아내는 건설적인 방향으로 작동했으며, 이를 통해 어느 정도 '빛나는' 역사를 만들어 내기도 했다. 그렇게 매우 성공적이었다 여겨진 이 전략은, 기생충뿐만 아니라 결핵이나 간염 등 다른 질병에 대한 대응에서도 반복적으로 나타났다.

하지만 이런 수치심의 유산에서 우리가 잊은 것은 무엇일까. 한국의 보건 의료 사업의 역사에서 나타나는 수치심의 강력한 활용과 현재 한국에서 나타나는 혐오의 감정은 무관한가. 코로나 팬데믹을 두고 세계보건기구에서 공인한 코로나-19COVID-19라는 중립적 용어 대신 '우한 폐렴'이라 이름 붙이고 재생산하는 것은 분명한 혐오 표현이다. 질병, 그리고 그와 밀접하게 연계된 비위생과 낙후성이라는 수치의 감정은 혐오를 추동하는 동력이 되었다.

이제 우리는 질병이 단지 생물학적인 것이 아니라 복잡한 사회적 배경 속에서 나타난다는 점을 잘 알고 있다. 또한 현대 사회에서 우리가 마주하는 감염병의 위협이 일국적인 현상일 수도 없음도 이해하고 있다. 비교와 우열을 통해 이루어지는 동원, 그리고 그것이 내재할 수밖에 없는 혐오가 국제적인 연대를 저해하고 있음은, 과거 한국의 '성공적'인 경험이 얼마나 '현재성'을 가질 수 있는지에 대한 질문으로 이어져야 할 것이다.

한국전쟁 직후의 폐허에서 1980년대 안정적인 기생충 관리 사업을 거쳐 국제 협력 사업을 추진하기까지, 한국 기생충 관리 사업은 폭발적인 산업화와 경제성장을 경험하며 원조 수혜국에서 공여국으로 전환한 한국 사회의 변화와 함께했다. 인간과 기생충이 한반도라는 제한된 생태적 공간을 두고 경쟁한 과정은 한국인 특유의 경험을 만들어 내며 사회를 구성했다. 그리고 이 경험은 다시 국제사회로 전파되어, 그 네트워크 속에 있던 다양한 행위자들이 국경을 넘어 이동할 수 있도록 해주었다. 제주도에서 식민지와 피식민지 과학자들이 만나 새로운 지식을 창출하고 이를 세계적인 것으로 만드는 과정은 말레이사상충을 중심으로 이루어졌다. 이처럼 기생충은 인간·지식·기술 등으로 구성된 다종다양한 네트워크를 만들어 낸, 작지만 핵심적인 구심점이었다. 기생충 박멸 사업에서 인구통제로, 그리고 국제 협력 사업으로 가지를 뻗어 온 자신의 행보를 "모든 것은 기생충에서 시작되었다."[5]라고 회고한 구니이 조지로의 말처럼, 기생충은 우리 사회의 당당한 구성원이었다.

연표

1916. 고바야시 하루지로 조선총독부의원 부임, 조선총독부 전염병 및 지방병 연구과 설치

1920. 조선총독부 조선전염병 및 지방병 조사위원회 설치

1929. 일본기생충학회 설립

1947. 미군 406 연구소, 한국과 일본에서 기생충 감염률 조사 사업 실시

1949.06. 일본 도쿄기생충예방회 설립

1950.05. 콜롬보 계획(아태경제사회개발 계획) 출범

1955. 일본기생충예방회 설립, 지부 통합

1958.04. 일본 학교보건안전법 공포, 연1회 기생충 검사 의무화

1958.11. 한국위생동물협회 발족

1959.04. 보건사회부, 기생충학회, 위생동물협회 공동 기생충 예방 기간 시행

1959.08. 보건사회부 기생충예방대책위원회 구성

1961. 타이완에서 학생 대상 기생충 검진 및 투약 시범 사업 시행

1962. 일본 국립예방위생연구소 '회충 제로 작전' 제창, 일본 정부 전국 사상충 박멸 사업
　　　시행

1962.06. 일본 해외기술협력사업단(OTCA) 설립

1963. 서울대학교 의과대학 풍토병연구소 발족

1963.10. 전주예수병원 회충 감염 아동 사망

1964.02. 한국외원단체협의회(KAVA) 회의 내 기생충 문제 심각성 언급

1964.04. 한국기생충박멸협회(기협) 설립

1964.06. 파독 광부 기생충 감염 소식 기사화

1965.02. 한국 기협 전국 시도 지부 조직 완료

1965.05. 일본기생충예방회 회장 구니이 조지로 방한, 기협 관계자들과 면담

1965.06. 한일기본조약 체결, 국교 정상화

1965.10. 한국 기협 관계자 일본기생충예방회 총회 참석

1966. 도쿄예방의학협회 설립

1966.04. 기생충질환예방법 공포(제1789호)

1966.10. 일본기생충예방회 사전조사단 방한

1967.11.30. 한국 기협 일본기생충예방회에 원조 요청서 발송

1968.04. 일본가족계획국제협력재단(JOICFP) 설립

1968.06. 일본 해외기술협력단(OTCA) 한국 시찰단 방한

1968.07. 일본 OTCA 한국 기생충박멸사업 협의서(MOU) 체결

1969.03. 일본 OTCA 지원 물자(현미경, 차량 등) 도입

1969.05. 문교부 장관, 한국기생충박멸협회 학교 기생충 검사 기관 지정. 연 2회 학생 대상
        기생충 검변 및 투약 사업 시행.

1970.03. 일본 OTCA 조사단 타이완 방문 및 의료 협력 체결

1970.04. 제주도 사상충 한일 공동 연구 사업 실시

1971.06. 타이완 난터우에서 일본 OTCA 지원으로 회충 관리 사업 시행

1971.07. 한국 제1차 전국 장내기생충 감염률 실태 조사 실시

1972. 독일 바이엘-머크 구충제 프라지콴텔 개발

1973.04. 일본만국박람회기념사업회 청사 건축 지원 협약 체결

1974. 구충제 메벤다졸 생산 국산화

1974.02. 아시아기생충관리기구(APCO) 1차 회의 개최

1975. 타이완 기생충방치회 설립

1976.03. 일본 OTCA 한국 기생충 박멸 사업 지원 종료

1977. 화성군 가정보건 시범 사업(기생충 박멸-가족계획 통합 사업)

1982.04. 한국건강관리협회 설립

1982.07. 기협 간흡충 감염자 치료 시범 사업 실시

1983.03. 한국 신풍제약 구충제 프라지콴텔 국산화 성공

1986.11. 한국기생충박멸협회가 한국건강관리협회(건협)로 통합

1988. 일본 정부 사상충 박멸 선언

1991.04. 한국국제협력단 설립

1991.08. 한국 기생충질환예방법 시행규칙 개정(1996년부터 학교 집단검사 종료 예고)

1992.08. 한중 수교 및 국교 정상화

1994.06. 한국 건협 한중 기생충 협력 사업 개시

1995.06. 한국 건협 조사단 중국 기생충 관리 대책 시찰

1996. 한국 학교 대상 기생충 집단검사 사업 종료

2000.12. 한국국제협력단 중국 기생충 관리 시범 사업 지원

2008. 세계보건기구 한국 사상충증 퇴치 인증

2009. 한국국제협력단 수단 주혈흡충 퇴치 사업, 탄자니아 소외 열대 질환 퇴치 사업 시작

주요 인물

가타미네 다이스케(片峰大助, 1915-1991): 일본 나가사키 의과대학의 기생충학 교수로
1969년부터 1973년까지 나가사키 대학 열대의학연구소 소장을 역임했다.
일본 뿐 아니라 필리핀을 포함한 동남아시아와 동부 아프리카 지역의 사상충
연구를 수행했다.

고바야시 하루지로(小林晴治郎, 1884-1969): 1909년 도쿄 제국대학 동물학과를 졸업했다. 이후
전염병연구소, 기타사토 연구소, 조선총독부의원 전염병 및 지방병
연구과에서 일했으며, 1919년부터 경성의학전문학교 교수로 활동했다.
1926년 경성제국대학 설립 당시 미생물학 교수로 임명되었으며, 이후
말라리아·폐흡충 등 다양한 중간숙주(게·모기·벼룩·파리 등)를 연구했다.

고이즈미 마코토(小泉丹, 1882-1952): 일본의 기생충학자이자 동물학자로 도쿄 제국대학
동물학과를 졸업해 타이완에서 열대 질환을 연구했다. 이후 게이오 대학
의학부 기생충학 교수로 말라리아, 뎅기열 등의 연구를 수행했다.

김정순(1935-): 서울대학교 의과대학을 졸업하고 미국 존스홉킨스 보건대학원에서 역학과
병리생물학을 전공했다. 냉방기기 오염에 의한 레지오넬라 병 유행을
역학조사를 통해 한국에서 처음 밝혀냈으며, 이후에도 다양한 질병과 건강
문제의 역학 연구를 수행했다.

김충섭(1942-): 1965년 서울대학교 약학대학을 졸업하고 델라웨어 대학교에서 1971년
유기화학 박사 학위를 받았다. 1974년 한국으로 귀국해
한국과학기술연구소에서 연구실장을 하며 구충제·항생제·소염효소제 등의
의약품 원료 국산화에 기여했다. 이후 유한양행, 제일제당 중앙연구소장을
역임했으며, 2005년까지 한국화학연구원장을 지냈다. 한국공학한림원은
그를 화학 합성 의약품의 대표 연구자로 소개하기도 했다.

다카키 하라(原隆昭) : 전 일본기생충예방회 고문이자 일본가족계획국제협력재단 이사였다. 1953년 기생충예방회에 참여해 주로 투약 및 박멸 활동에 참여했으며 이후 아시아기생충관리기구에도 참여했다.

모리시타 가오루(森下薫, 1896-1978): 도쿄 제국대학 동물학과를 졸업해 타이완에서 열대 질환을 연구한 후 타이베이 제국대학 의학부 위생학 및 기생충학 교수가 되었다. 전후에는 오사카 대학 기생충학 교수로 활동했으며, 일본기생충예방회 이사장을 역임했다.

미야지마 게이노스케(宮入慶之助, 1865-1946): 일본의 기생충학자이자 위생학자로 도쿄 제국대학 의과대학 졸업 후 독일에서 유학하고 후쿠오카 의과대학 위생학 교수가 되었다. 일본 주혈흡충의 중간숙주가 다슬기와 같은 패류라는 점을 밝혔다. 이 연구는 이후 주혈흡충과 같은 여러 흡충류의 중간숙주가 패류라는 사실을 밝히는 계기가 되었다.

사사 마나부(佐々学, 1916-2006): 도쿄 출생으로 도쿄 대학 의학부를 졸업하고, 졸업 후 전염병연구소에 들어갔으나, 곧바로 군의관으로 소집되어 해군군의학교에서 모기 연구를 담당했다. 전후 1948년 제1회 록펠러 재단 국제 유학생으로 선정되어 존스홉킨스 대학에서 유학했으며, 이후 여러 차례 교환 교수로 미국의 대학들에서 수학했다. 1958년 도쿄 대학 의학부 교수로 임용되었으며, 1977년 국립공해연구소 소장을 역임했다. 주요 업적으로 일본 열도에서 말레이사상충의 발견과 오키나와 사상충 박멸 사업이 있다.

서병설(1921-1991): 1954년 서울대학교 의과대학 기생충학 교수로 재직하면서 1977년부터 1991년까지 기협 회장을 역임했다. 아시아기생충관리기구에서 구니이 조지로와 이종진이 행정과 조직 측면을 담당했다면 서병설은 학술과 연구를 담당했다.

소진탁(1921-2016): 세브란스 의학전문학교를 졸업하고 해방 후 전북 개정농촌위생연구소에서 이영춘(초대 기생충박멸협회 회장)과 함께 농촌 위생 분야에서 활동했다. 1956년 미국 툴레인 대학에서 열대 의학을 전공했으며, 귀국 후 연세대학교 의과대학 기생충학교실을 창설했다. 농촌 지역에서의 활동 경험을 기반으로 환경 관리와 전반적인 위생의 향상에 주목했다.

요코가와 무네오(橫川宗雄, 1918-1995): 일본 지바 대학 기생충학 교수를 역임했다. 1941년 타이완 타이베이 제국대학을 졸업하고 종전 후 후생성 풍토병 관리 담당자로 일하다, 미국 존스홉킨스 대학 유학 후 지바 대학에 임용되었다. 흡충류 연구에 크게 기여했고, 그의 이름을 딴 요코가와 흡충*Metagonimus yokogawai*이 있다.

윤일선(1896-1987): 1923년 교토 제국대학 의학부를 졸업하고 1926년 경성제국대학

병리학교실 조교副手로 임명되었다. 해방 이후에는 서울대학교 병리학 교수로 부임해 초대 대학원장을 역임했다.

이순형(1936-): 서울대학교 의과대학을 졸업해 미국 툴레인 대학 보건대학원 연수 후 서울대학교 기생충학교실에 임용되었으며, 풍토병연구소장을 지냈다. 흡충류 연구에 기여했으며, 참굴큰입흡충*Gymnophalloides seoi*의 인체 감염 사례와 한국 집쥐에서 발견된 '서울주걱흡충'의 인체 기생 사례를 세계 최초로 발견해 보고했다.

이영춘(1903-1980): 1929년 세브란스 의학전문학교를 졸업한 후 일본 교토 제국대학에서 의학박사 학위를 받았다. 이후 전라북도 군산의 구마모토 농장에 진료소장으로 부임해 평생을 군산 개정 일대에서 농촌 의학과 사회사업에 헌신했다. 1948년 농촌위생연구소를 설립해 농촌 지역에 특화된 보건 의료 문제들을 연구했다. 1964년 초대 기생충박멸협회장을 역임했다.

이종진(1916-1994): 1939년 평양의전을 졸업해 1945년 경성제국대학 약리학교실에서 박사 학위를 취득했고, 1944년부터는 경성부민병원 소아과장으로 일했다. 1950년 보건부 장관 비서관을 지냈으며, 1952년 세계보건기구 장학생으로 미국 존스홉킨스 의과대학에서 보건학을 전공, 1953년 이후 보건부 의무과장, 의정국장을 거쳐 1958년 국립중앙의료원 초대 원장에 취임했다. 1960~1970년대에는 대한결핵협회 상임이사, 한국기생충박멸협회 회장, 대한가족계획협회 이사장 등을 역임했다.

임한종(1931-2021): 1957년 서울대학교 의과대학 학사를 마치고 1963년 서울대학교 의과대학 기생충학 교실에서 박사 학위를 받았다. 1973년부터 고려대학교 의과대학에서 교수직을 맡아 한국에서 유행하는 풍토병성 기생충 질환, 특히 간, 폐 및 장흡충증의 분포와 발생 기전, 치료제 개발에 관한 연구와 그 질병 퇴치에 전념했다. 1975년부터 1977년까지 대한기생충학회 회장을 역임했으며, 1998년부터 2002년까지 세계기생충학자연맹 부회장을 맡았다. 1994년부터 2000년까지 한국건강관리협회 회장을 맡아 활동했다.

조승열(1943-2019): 서울대학교 의과대학을 졸업하고 1981년까지 서울대학교 기생충학교실에 재직했다. 영국 위생열대의학대학원에서 연수한 뒤 중앙대학교 의과대학으로 자리를 옮겼다. 기생충의 혈청학적 진단 방법에 크게 기여했으며, 국내의 의학 학술지 편집 체계를 갖추는 데 중요한 역할을 했다.

폴 크레인(Paul Shields Crane, 한국명 具바울, 1919-2005): 선교사 가족에서 태어난 폴 크레인은 청소년기를 평양외국인학교에서 보냈으며, 이후 존스홉킨스 의대를 졸업하고 외과 전문의가 되었다. 1947년에는 한국에 의료 선교사로 파견되어 일제강점기 신사참배를 거부해 폐쇄되었던 전주예수병원을 재건했다.
한국전쟁 시기에는 외과의로 야전병원에서 환자 치료 및 군의관 수련을
담당했으며 이후 전주로 돌아와 1970년까지 의료 선교를 이어갔다.

참고 자료

아카이브

국가교육과정정보센터
국가기록원
국립중앙도서관 해외수집기록물
국사편찬위원회
국회기록보존소
미국 국립문서기록관리청
미국 국회도서관
일본 가족계획국제협력재단 자료실
일본 나가사키 대학교 열대의학박물관 자료실
일본 메구로 기생충 박물관 자료실
일본국제협력단 도서관
통일부 북한자료센터
한국광고총연합회 광고정보센터

인터뷰

GMC 인터뷰(2019.1.13.)
곤 야스오 인터뷰(2017.05.15.)
다다 이사오 인터뷰(2019.7.14.)
다카하시 히데유키 인터뷰(2017.05.15.)

무삽 시디크 인터뷰(2019.1.14.)
아시노 유리코 인터뷰(2017.05.16.)
아오키 요시키 인터뷰(2019.7.15.)
안상옥 인터뷰(2016.07.29.)
노보루 오가와 인터뷰(2017.05.16.)
이순형 인터뷰(2016.07.12.; 2019.7.11.)
임한종 인터뷰(2019.7.26.)
조대성 인터뷰(2019.1.13.)
조승열 인터뷰(2016.07.20.; 2016.07.22.)
채종일 인터뷰(2019.7.22.)
다카키 하라 인터뷰(2017.05.15.)
한상태 인터뷰(2016.08.17.)
현동호 인터뷰(2021.6.7.)
현재선 인터뷰(2019.10.23.; 2021.6.7.)
홍성태 인터뷰(2017.04.24.; 2019.1.7.; 2019.7.20)

기타

국가기록원. 1962. "파울 크레인(Paul Crane) 박사의 내장기생충 제거에 관한 서한에 대한 박정희 의장의 친서". 박정희대통령 친서철 제2철. 대통령비서실. 관리번호 A000007310004877.

"Berger to International Cooperation Administration." RG 469. Office of the Deputy Director for Operations (1953-61). Office of Far Eastern Operations, Entry 422, Korea Subject Files, 1950-61, 1960-61. Box 152.

"Parasitological Report, 1950." RG 338. General Correspondence, 1950-60. Eighth U.S. Army, Medical Section. Entry A1, 206. Box 1560.

Record Group 111: Records of the Office of the Chief Signal Officer, 1860-1985. Signal Corps Photographs of American Military Activity, 1754-1954 [111-SC]. NARA. 국사편찬위원회 전자사료관 제공.

Record Group 286: Records of the Agency for International Development, 1948~2003. INF 7-2; Family Planning-Publication; FY 1964~1967. NARA. 국사편찬위원회 전자사료관 제공.

사진 출처

40쪽 미국 국립문서기록관리청, RG286, HLS2 Intestinal Parasite, 국립중앙도서관
영인본, https://lod.nl.go.kr/page/CNTS-00053797556.

53쪽 한국건강관리협회 제공.

67쪽 한국건강관리협회 제공.

77쪽 朝鮮総督府編,『コレラ病防疫誌 大正8年』, 일본 국립국회도서관,
https://dl.ndl.go.jp/pid/985151/1/24.

81쪽 全羅南道警察部編,『全羅南道ニ於ケル「肺ヂストマ」ノ概況』, 국립중앙도서관
디지털자료실, https://lod.nl.go.kr/page/KUO000004141.

86쪽 미국 국립문서기록관리청, RG111, Signal Corps Photographs, 국사편찬위원회
전자사료관 영인본,
http://archive.history.go.kr/image/viewer.do?catalog_id=AUS005_06_
03V0000_171&gid=AUS005_06_03V0000.

92쪽 D. Tigertt, G. W. Hunter, III Ritchie, L. S. Ritchie, "Parasitological Studies
in the Far East I. Methods and Review of Japanese Literature,"
Japanese Journal of Medical Science and Biology Volume 5, Issue 5,
1952, pp. 357-385, https://doi.org/10.7883/yoken1952.5.357.

95쪽 한국건강관리협회 제공.

116쪽 한국건강관리협회 제공.

118쪽 대한민국역사박물관, http://www.emuseum.go.kr/detail?relicId=
PS0100202500700094400000.

124쪽 이주민(쌍천이영춘박사기념사업회 전 회장) 제공.

126쪽 보건사회부,『기생충관리』(보건사회부만성병과, 1968).

130쪽 정준호 제공.

158쪽 미국 국회도서관, https://www.loc.gov/item/80646100/1959-04-01/ed-1.

172쪽 나가사키대학 열대의학박물관 제공.

186쪽 나가사키대학 열대의학박물관 제공.

193쪽 타다 이사오 제공.

203쪽 타다 이사오 제공.

224쪽 이주민(쌍천이영춘박사기념사업회 전 회장) 제공.

미주

들어가며 : 그 많던 기생충은 어디로 갔을까?

1 요한 구스타프 드로이젠, 『역사학』(나남, 2010), 60쪽.

2 한국기생충박멸협회, 『기협이십년사』(한국기생충박멸협회, 1984), 295쪽.

3 Robert Kohler, "Drosophila: A Life in the Laboratory," *Journal of the History of Biology* 26(2)(1993), pp. 281-310.

1   사회적 행위자로서의 기생충

1 보건복지부, 『보건복지70년사 : 보건의료편(제2권)』(보건복지부, 2015), 220쪽.

2 Charles Rosenberg, "Disease in History: Frames and Framers," *The Milbank Quarterly* 67(Suppl, 1989), p. 10.

3 Charles Rosenberg, *The Cholera Years*(University of Chicago Press, 1962).

4 William McNeill, *Plagues and Peoples*(Anchor Books, 1976); 윌리엄 맥닐, 『전염병과 인류의 역사』(한울, 2019).

5 Abigail Woods et al., *Animals and the Shaping of Modern Medicine: One Health and its Histories*(Palgrave Macmillan, 2018), pp. 161-191.

6 Mark Harrison, "War on Two Fronts: The Fight against Parasites in Korea and Vietnam," *Medical History* 61(3)(2017), p. 639.

7 이순형 외, 『한국 기생충감염의 연구 및 퇴치』(대한민국학술원, 2017), 184쪽.

8 Hong Sung-Tae et al., "North Korean Medical Journals in the Galapagos," *Journal of Korean Medical Science* 33(27)(2006), pp. 177-185; 채종일 외, 『한국형 기생충관리 ODA 사업모델 개발』(한국국제보건의료재단, 2011); 김태종 외, 『2013 경제발전경험모듈화사업:

기생충 구제사업(1969-1995)』(기획재정부, 2014); 이순형 외, 『한국 기생충감염의 연구 및 퇴치』; 대한감염학회, 『한국전염병사II』(군자출판사, 2019).

9 보건복지부 제8차 전국 장내기생충 감염 실태 조사 결과 발표(2013/05/22), http://www.mohw.go.kr/react/al/sal0301vw.jsp?PAR_MENU_ID=04&MENU_ID=0403& page=269&CONT_SEQ=286642(검색일 : 2020/02/20).

10 Chai Jong-Yil, "Re-emerging Plasmodium vivax Malaria in the Republic of Korea." *The Korean Journal of Parasitology* 37(3)(1999), p. 129.

11 김태종 외, 『2013 경제발전경험모듈화사업』.

2 인롱에서 수치로 : 기생충을 보다

1 "上曰, 此是人龍, 不必陋矣," 국사편찬위원회, 『승정원일기』 67책(영조 37년 12월 14일).

2 소진탁, "기생충 그 인식의 변천," 『건강소식』 16(5), 44쪽.

3 George Hunter et al., "Parasitological Studies in the Far East VII. An Epidemiological Survey in Southern Korea," *Journal of Parasitology* 35(6)(1949), p. 41.

4 서병설, "1950-1960년대 기생충학," 의학신보 편, 『한국의학 100년사(상)』(의학출판사, 1984), pp. 454-459.

5 소진탁, "기생충 그 인식의 변천," 45쪽.

6 『동아일보』, 1961/01/01.

7 서홍관 외, "한국 장내기생충 감염의 시대적 변천과 그 요인에 대한 관찰," 『의사학』 1(1), 1992.

8 Gordon Cook et al., *Manson's Tropical Diseases, 22nd ed.*(Saunders/Elsevier, 2009), p. 1537.

9 John Melady, *Korea: Canada's Forgotten War, 2nd ed.*(Macmillan of Canada, 2011), p. 229

10 이순형, "나는 회충이다(4회)," 『건강소식』 2(12)(1974), 32-33쪽.

11 국회사무처, 『제6회 국회정기회의속기록 제33호』(국회사무처, 1950).

12 David Grove, *A History of Human Helminthology*(CABI, 1990); Larry Roberts et al. *Gerald D. Schmidt & Larry S. Roberts' Foundations of Parasitology*, 8th ed.

13 기호철 외, "조선 후기 한양 도성 내 토양 매개성 기생충 감염 원인에 대한 역사 문헌학적 고찰," 『의사학』 22(1)(2013), 95-97쪽.

14 『동아일보』, 1931/12/18.

15 소진탁, "한국인의 인체기생충학의 역사적 고찰," 의학신보 편, 『한국의학100년사(상)』(의학출판사, 1984), 454쪽.

16 여인석, "동의보감에 나타난 기생충 질환," 114-121쪽.

17 소진탁, "기생충 그 인식의 변천," 43쪽.

18 소진탁, "기생충 그 인식의 변천," 45쪽.

19 소진탁, "기생충 그 인식의 변천," 45쪽.

20 『동아일보』, 1937/06/22.

21 『동아일보』, 1938/11/21.

22 『동아일보』, 1932/12/27.

23 『동아일보』, 1937/06/22.

24 『동아일보』, 1939/04/12.

25 『동아일보』, 1937/06/22.

26 『동아일보』, 1928/04/27.

27 박윤재, "한국 농촌위생과 이영춘," 『연세의사학』 7(1)(2003), 10쪽.

28 『동아일보』, 1939/04/12.

29 『동아일보』, 1961/05/21.

30 소진탁, "한국인의 인체기생충학의 역사적 고찰," 의학신보 편,
『한국의학100년사(상)』(의학출판사, 1984), 454쪽.

31 David Crompton, "Ascaris and Ascariasis," *Advances in Parasitology* 48(2001), p.
304.

32 소진탁, 『지금까지 지내온 것』(재동문화사, 1983), 196-197쪽.

33 한국기생충박멸협회, 『기협이십년사』.

34 김근배, "생태적 약자에 드리운 인간권력의 자취," 『사회와역사』 87(2010), 121쪽.

35 소진탁, 『지금까지 지내온 것』, 198쪽.

36 이영춘, 『나의 교우록』(쌍천이영춘박사기념사업회, 2004), 141쪽. 이 책은 쌍천 이영춘 박사
기념사업회가 2004년 단행본으로 출간했으나 본래 이영춘이 1977년 일간지에 연재했던 글들을
모아 둔 것이다.

37 설대위, 『꺼지지 않는 사랑의 불씨: 예수병원 100년사』(예수병원 100주년 기념사업위원회,
1998), 71-84쪽.

38 『동아일보』, 1964/02/24.

39 카바40년사편찬위원회, 『외원사회사업기관활동사: 외국민간원조기관한국연합회
40년사』(홍익재, 1995), 59-79쪽.

40 카바40년사편찬위원회, 『외원사회사업기관활동사: 외국민간원조기관한국연합회 40년사』,
81-84쪽.

41 KAVA, *Program of KAVA Annual Conference and Discussion Outlines*(Korea
Association of Voluntary Agencies, 1964), pp. 121-122.

42 KAVA, *Proceedings of Ninth Annual KAVA Conference*(Korea Association of
Voluntary Agencies, 1965), p. 149.

43 KAVA, *Proceedings of Tenth Annual KAVA Conference: KAVA's Role in Korea's
Development*(Korea Association of Voluntary Agencies, 1966), pp. 89-90.

44 대통령비서실, "파울 크레인(Paul Crane) 박사의 내장기생충 제거에 관한 서한에 대한 박정희 의장의 친서," 국가기록원, 1962.

45 소진탁, 『지금까지 지내온 것』, 186-197쪽.

46 *The Korea Times* 1964/02/02; 1964/02/27.

47 Kavass, *Proceedings of Eleventh Annual KAVA Conference, June 14-15, 1967, Walker Hill Resort, Seoul, Korea*(Korea Association of Voluntary Agencies, 1967), p. 47.

48 소진탁, "회충 0% 운동," 『건강소식』 16(2), 1992, 6쪽.

49 "기생충," 『경향신문』, 1965/04/10.

50 "한번으로 완전 구충!," 『경향신문』, 1965/04/10.

51 『동아일보』, 1964/02/24.

52 이재홍, "연구실에 얽힌 뒷이야기," 『건강소식』 7(3)(1983), 51쪽.

53 이승원, 『사라진 직업의 역사』(자음과모음, 2021), 229-235쪽.

54 『동아일보』, 1967/08/08.

55 『경향신문』, 1976/06/22.

56 『동아일보』, 1966/04/16.

57 『동아일보』, 1965/04/10.

58 『동아일보』, 1966/04/27.

59 한국무역협회, "한국무역통계 수출입 총괄," K-Stat, http://stat.kita.net (검색일: 2020/06/25).

60 『경향신문』, 1964/01/29.

61 『동아일보』, 1964/06/05.

62 『동아일보』, 1964/06/05.

63 『조선일보』, 1965/07/25.

64 『월간조선』 2009.

65 이영석, "재독일 교민의 한국에 대한 기억," 『한국독일어문학회 2007년도 춘계 학술대회』(한국독일어문학회, 2007), 22쪽.

66 김용출, 『독일 아리랑』(에세이, 2006), 67쪽.

67 『동아일보』, 1964/02/24.

68 조정래, "한강 <396>," 『한겨레』, 1999/08/24.

69 『경향신문』, 1978/04/15.

70 『동아일보』, 『경향신문』에 실린 구충제 광고를 기준으로, 회충·구충·구충제로 검색했다. 검색 결과는 '네이버 뉴스라이브러리'의 결과를 토대로 한다(http://newslibrary.naver.com/search/searchByDate.nhn, 검색일: 2020/07/13).

71 『동아일보』, 1929/11/28.

72 『동아일보』, 1934/03/14.

73 『동아일보』, 1934/03/25.

74 『경향신문』, 1960/10/12.

75 『동아일보』, 1961/01/01.

76 "한일약품 회충약 유비론(서영춘 편)", 1971년, 한국광고총연합회 광고정보센터. http://www.adic.co.kr/ads/list/showHomeTvAd.do?ukey =69136&oid=(검색일: 2020/07/14).

77 『경향신문』, 1969/04/17.

78 김옥주 외, "1960년대 한국의 연탄가스중독의 사회사," 『의사학』 21(2)(2012), 282쪽.

79 루스 베네딕트, 『국화와 칼』(책만드는집, 2017), 129-293쪽.

80 Samuel Huntington, *American Politics: The Promise of Disharmony*(Harvard University Press, 1983), pp. 132-134.

81 마사 누스바움, 『혐오와 수치심』(민음사, 2015), 317-507쪽.

82 조정래, 『한강 2』(해냄, 2003), 48쪽.

83 『매일경제』, 1973/06/15.

84 마사 누스바움, 『혐오와 수치심』, 338-395쪽.

85 한국기생충박멸협회, 『1969 춘계 학생기생충검사통계』(한국기생충박멸협회, 1969), 12-13쪽.

3 "대변을 마치 황금처럼 생각하며": 아시아적 기생충 관리 사업의 형성

1 『사이언스온』, 2015/08/01.

2 Seo Byung-Seol et al., "Study on the Status of Helminthic Infections in Koreans." *The Korean Journal of Parasitology* 7(1), 1969, pp. 53-54; 홍성태, "국내 기생충 감염증의 현황," 『대한의사협회지』 41(7), 1998, 737-745쪽.

3 APCO, *The First Conference of the Asian Parasite Control Organization Proceedings*(Asia Parasite Control Organization, 1974), pp. 56-57.

4 남기정, "한일 국교정상화 50 년 : 갈등과 협력은 어떻게 진화하는가?," 『일본비평』 12(2015), 11-12쪽.

5 Chojiro Kunii, *It All Started from Worms*(Hoken Kaikan Foundation, 1992).

6 Michael Worboys, "The Emergence and Early Development of Parasitology."

7 Michael Worboys, "The emergence of tropical medicine: a study in the establishment of a scientific specialty," Gerard Lemaine eds., *Perspectives on the emergence of scientific disciplines*(De Gruyter Mouton, 1976), pp. 75-98.

8 Iijima Wataru, "The establishment of Japanese Colonial Medicine: Infectious and Parasitic Disease Studies in Taiwan, Manchuria, and Korea under the Japanese Rule before WWII," 『青山史学』 28(2010), pp. 77-106.

9 이종찬, "메이지 일본에서 근대적 위생의 형성 과정," 『의사학』 12(1)(2003), 43쪽.

10 최규진, "후지타 쓰구아키라의 생애를 통해 본 식민지 조선의 의학/의료/위생," 『의사학』 25(1)(2016), 47쪽.

11 Kuo Wen, "Anti-malaria Policy and Its Consequences in Colonial Taiwan," Ka-che Yip eds., *Disease, Colonialism and the State: Malaria in Modern East Asian History*(Hong Kong University Press, 2009), pp. 36-37.

12 Akihisa Setoguchi, "Control of Insect Vectors in the Japanese Empire: Transformation of the Colonial/Metropolitan Environment, 1920-1945," *East Asian Science, Technology and Society* 1(2)(2007), pp. 174-175.

13 Kaoru Morishita, "History of Development of Parasitology in Japan," Kaoru Morishita ed., *Progress of Medical Parasitology in Japan* Vol 1.(Meguro Parasitological Museum, 1964), p. 5.

14 정준호, "제국의 실험실: 일제강점기 한반도의 콜레라 백신 접종과 1926년 국제위생회의," 『한국과학사학회지』 44(1), 143-169쪽.

15 飯島渉, 『マラリアと帝国: 植民地医学と東アジアの広域秩序』(東京大学出版会, 2005), pp. 77-78.

16 조승열, "변화하는 사회에서의 기생충학의 방향," 『건강소식』 13(11), 1989, 16쪽.

17 横田穣, "小林晴治郎博士回顧錄 (4)朝鮮時代," 『目黒寄生虫館ニュース』 (1985), p. 161.

18 横田穣, "小林晴治郎博士回顧錄 (4)朝鮮時代," p. 162.

19 『동아일보』, 1927/06/15.

20 『동아일보』, 1929/05/17.

21 대한감염학회, 『한국전염병사Ⅰ』(군자출판사, 2009), 476-479쪽.

22 신규환, "지방병 연구와 식민지배," 『의사학』 18(2), 2009, 188쪽.

23 小泉丹, 『寄生虫国日本』(岩波書店, 1929), p. 7.

24 신미영, "간염왕국에서 문제 해결의 열쇠를 찾다: 1960-70년대 김정룡의 B형간염 백신 연구 활동," 『의사학』 29(2), 2020, 539쪽.

25 Morishita Kaoru, "Studies on Epidemiological Aspects of Ascariasis in Japan and Basic Knowledge Concerning its Control," Kaoru Morishita eds., *Progress of Medical Parasitology in Japan Vol 4*(Meguro Parasitological Museum, 1972), pp. 3-4.

26 第59回帝国議会, 日本法令索引, https://hourei.ndl.go.jp/#/detail?lawId= BbBSOKZ2Xx%2FUa2zBaNlvFQ%3D%3D (검색일 : 2020/07/18).

27 寄生虫病予防法 御署名原本 昭和六年 法律第五九号, 御17737100, 国立公文書館 デジタルアーカイブ, https://www.digital.archives.go.jp/DAS/meta/Detail_F00000 00000000031973 (검색일 : 2020/07/18).

28 Kagei Noburo et al., "Control of Parasitoses in Japan," Masamitsu Otsuru eds., *Progress of Medical Parasitology in Japan Vol 8*(Meguro Parasitological Museum, 2003), p. 651.

29 Morishita Kaoru, "Studies on Epidemiological Aspects of Ascariasis in Japan and Basic Knowledge Concerning its Control."

30 井上弘樹, "台湾における寄生虫症対策と日本医療協力(一九六〇年代から一九七〇年代)," 『史學雜誌』, 2016, p. 61.

31 Iijima Wataru, "The establishment of Japanese Colonial Medicine: Infectious and Parasitic Disease Studies in Taiwan, Manchuria, and Korea under the Japanese Rule before WWII."

32 Kagei Noburo et al., "Control of Parasitoses in Japan."

33 井上弘樹, "台湾における寄生虫症対策と日本医療協力, pp. 66-67.

34 서홍관 외, "한국 장내기생충 감염의 시대적 변천과 그 요인에 대한 관찰," 47쪽.

35 George Hunter et al., "Parasitological Studies in the Far East VII: An Epidemiological Survey in Southern Korea," p. 41.

36 William Tigertt et al., "Parasitological Studies in the Far East I. Methods and Review of Japanese Literature," *Japanese Journal of Medical Science and Biology* 5(5), 1952, pp. 357-385.

37 George Hunter et al., "Parasitological Studies in the Far East II. an Epidemiologic Survey in Fukui Prefecture, Honshu, Japan," *The Japanese Medical Journal* 3(6), 1950, pp. 359-360.

38 William Tigertt et al., "Parasitological Studies in the Far East I. Methods and Review of Japanese Literature," pp. 357-385.

39 George Hunter et al., "Parasitological Studies in the Far East VII. An Epidemiological Survey in Southern Korea."

40 George Hunter et al., "Parasitological Studies in the Far East II. an Epidemiologic Survey in Fukui Prefecture, Honshu, Japan," p. 361.

41 William Tigertt et al., "Parasitological Studies in the Far East I. Methods and Review of Japanese Literature."

42 William Tigertt et al., "Parasitological Studies in the Far East I. Methods and Review of Japanese Literature."

43 "Parasitological Report, 1950," RG 338, Eighth U.S. Army, Medical Section, Entry A1, 206. Box 1560, pp. 18-20.

44 김태종 외, "2013 경제발전경험모듈화사업: 기생충 구제사업(1969-1995)," 28쪽.

45 한국기생충박멸협회, 『기협이십년사』, 86-87쪽.

46 채종일 외 2011, "한국형 기생충관리 ODA 사업모델 개발," 9쪽.

47 Jin Sato, *The Rise of Asian donors: Japan's Impact on the Evolution of Emerging Donors*(Routledge, 2013), pp. 12-16.

48 박홍영, 『일본 ODA와 국제정치』(한울아카데미, 2010), 250-251쪽.

49 Adelke Ademola, "Ties Without Strings?: The Colombo Plan and the Geopolitics of

International Aid, 1950-1980," Ph. D. Dissertation(University of Toronto, 1996), pp. 174-197.

50 Sato, *The Rise of Asian donors*, pp. 164-172.

51 이원덕, "일본의 전후 배상외교에 관한 고찰," 『동북아역사논총』 22(2008), 19-21쪽.

52 조양현, "한일회담과 아시아 지역주의 : 지역주의 구상의 한일 간 상호 비대칭성," 국민대학교 일본학연구소 편, 『한일회담과 국제사회』(선인, 2010), 24-27쪽.

53 박홍영, 『일본 ODA와 국제정치』, 150-512쪽.

54 박홍영, "전후 일본 ODA 정책의 변화상 해석과 평가," 『일본연구논총』 32(2010), 250-251쪽.

55 海外技術協力事業団, 『技術協力年報』(海外技術協力事業団, 1969), p. 215.

56 海外技術協力事業団, 『技術協力年報』, pp. 215-216.

57 강종원, "국제기술협력에 대한 소고," 서울대학교 대학원 석사학위 논문(1961), 212-215쪽.

58 国井渉c, 『保健会館ものがたり下巻』(財団法人保健会館, 2008), pp. 63-64.

59 Kunii Chojiro, *It All Started from Worms*, pp. 87-89.

60 海外技術協力事業団, 『韓国の寄生虫予防運動』(海外技術協力事業団, 1971), pp. 19-20.

61 Kunii Chojiro, *It All Started from Worms*, p. 28.

62 Kunii Chojiro, *It All Started from Worms*, pp. 28-32.

63 Kunii Chojiro, "Early Days of the Japanese Parasite Control Program : Its Birth and Development," *The Second Conference of the Asian Parasite Control Organization Proceedings*(Asia Parasite Control Organization, 1975), p. 115.

64 国井渉, 『保健会館ものがたり上巻』(財団法人保健会館, 2008), p. 289.

65 Kunii Chojiro, *It All Started from Worms*, pp. 31-32

66 Wataru Kunii, *Battling with Worms: the Postwar Parasite Control Activities of Private Organization in Japan*(JOICFP, 1985), pp. 20-21.

67 Wataru Kunii, *Battling with Worms*, pp. 26-27.

68 国井渉, 『保健会館ものがたり上巻』, p. 292.

69 国井渉, 『保健会館ものがたり中巻』(財団法人保健会館, 2008), p. 292.

70 Kunii Chojiro, "Early Days of the Japanese Parasite Control Program," p. 116.

71 Kaoru Morishita, "History of Development of Parasitology in Japan," Kaoru Morishita eds., *Progress of Medical Parasitology in Japan* Vol 1.(Meguro Parasitological Museum, 1980), p. 225.

72 Kunii Chojiro, "Parasite Control Activities in Japan," p. 183.

73 Kunii Chojiro, "Parasite Control Activities in Japan," p. 183.

74 Kunii Chojiro, *It All Started from Worms*, pp. 38-40.

75 배은경, 『현대 한국의 인간 재생산 : 여성, 모성, 가족계획사업』(시간여행, 2012), 88쪽.

76 Tiana Norgren, *Abortion Before Birth Control: The Politics of Reproduction in*

Postwar Japan(Princeton University Press, 2001), pp. 83-85.

77 Kunii Chojiro, *It All Started from Worms*, p. 64.

78 곤 인터뷰, 2017/05/15.

79 곤 인터뷰, 2017/05/15.

80 Kunii Chojiro, *Humanistic Family Planning Approaches : the Integration of Family Planning and Health Goals*(UNFPA, 1983), pp. 12-14.

81 Connelly Matthew, *Fatal Misconception: the Struggle to Control World Population*(Harvard University Press, 2008), pp. 286-288.

82 Kunii Chojiro, *It All Started from Worms*, pp. 98-100.

83 Homei Aya, "Between the West and Asia," *East Asian Science, Technology and Society* 10(4), 2016, p. 446.

84 Connelly Matthew, *Fatal Misconception: the Struggle to Control World Population*, p. 312.

85 Kunii Chojiro, *It All Started from Worms*, pp. 102-103.

86 곤 인터뷰, 2017/05/15.

87 곤 인터뷰, 2017/05/15.

88 Kunii Wataru, *Battling with Worms*, p. 22.

89 Kunii Chojiro, *It All Started from Worms*, pp. 64-65.

90 "協会概要," 東京都予防医学協会, http://www.yobouigaku-tokyo.or.jp/gaiyo (검색일: 2020/06/15).

91 Kunii Chojiro, *It All Started from Worms*, pp. 44-56.

92 『寄生虫予防』, 1965/08/25.

93 이영춘, 『나의 교우록』, 142쪽.

94 国井渉C, 『保健会館ものがたり下巻』, p. 102

95 国井渉C, 『保健会館ものがたり下巻』, pp. 82-83.

96 海外技術協力事業団, 『韓国の寄生虫予防運動』, p. 17.

97 이영춘, 『나의 교우록』, 143쪽.

98 『동아일보』, 1965/07/28.

99 한상태 인터뷰, 2016/08/17; 『동아일보』, 1966/11/11; 『경향신문』, 1967/05/30.

100 소진탁, 『지금까지 지내온 것』, 199쪽.

101 한국기생충박멸협회, 『기협이십년사』, 87쪽.

102 보건신문사, 『보건계를 빛낸 주역 : 성공한 명사들의 뒷이야기』, 390쪽.

103 보건신문사, 『보건계를 빛낸 주역 : 성공한 명사들의 뒷이야기』, 388-390쪽.

104 『경향신문』, 1960/09/23.

105 대한가족계획협회, 『대한가족계획십년사』(대한가족계획협회, 1975), 57-58쪽.

106 한상태 인터뷰, 2016/08/17.

107 海外技術協力事業団,『韓国の寄生虫予防運動』, p. 22.

108 『寄生虫予防』, 1967/12/25.

109 海外技術協力事業団,『韓国の寄生虫予防運動』, p. 19.

110 国井渉,『保健会館ものがたり下巻』, p. 102.

111 海外技術協力事業団,『韓国の寄生虫予防運動』, p. 5-6.

112 海外技術協力事業団,『韓国の寄生虫予防運動』, p. 17.

113 『경향신문』 1967/01/09.

114 海外技術協力事業団,『韓国の寄生虫予防運動』, p. 21.

115 『寄生虫予防』, 1970/02/25.

116 안상옥 인터뷰, 2016/07/29.

117 한국건강관리협회,『건협사십년사』(한국건강관리협회, 2005), 262-263쪽.

118 한국건강관리협회,『건협삼십년사』(한국건강관리협회, 1995), 350-352쪽.

119 박광서, "가정보건 시범사업,"『건강소식』 4(11), 1976, 11쪽.

120 한국기생충박멸협회,『기협이십년사』, 91쪽.

121 海外技術協力事業団,『韓国の寄生虫予防運動』, p. 21.

122 보건사회부,『기생충관리』(보건사회부만성병과, 1968), 1쪽.

123 소진탁, "회충 0% 운동," 7쪽.

124 "미8군 사령부 군무 301, 농장의 최저 위생조건," RG 338, Records of U.S. Army
Operational, Tactical, and Support Organizations(World War II and Thereafter),
1917-1993, Entry A-1 269, Box 21.

125 내각기획통제관실, "국가재건최고회의연석회의회의록" 제3호(내각기획통제관실, 1962),
6쪽.

126 한국기생충박멸협회, "기생충의 피해와 그 예방,"『건강소식』 2(7), 1974, 20-23쪽.

127 최덕경,『동아시아 농업사상의 똥 생태학』(세창출판사, 2016), 330쪽.

128 김태호,『근현대 한국 쌀의 사회사』(들녘, 2017), 84쪽.

129 염정섭·소순열,『농업기술과 한국문명』(들녘, 2021), 413-415쪽.

130 김성원 외,『똥의 인문학』(역사비평사, 2021), 64-65쪽.

131 김상용·김희정, "한국의 분뇨처리 발전사(2),"『대한토목학회지』 38(1)(1990), 30-33쪽.

132 国井渉,『保健会館ものがたり上巻』, 333-336쪽.

133 WHO, *Control of Ascariasis, Report of a WHO Expert Committee*(World Health
Organization, 1967), pp. 56-65.

134 Paul Beaver, *Control of Soil-Transmitted Helminths*(WHO, 1961), pp. 24-25.

135 Cho Seung-Yull, "Parasitology in a Quickly Changing Society: Past, Present and
Future of Parasitology in Korea," *Korean Journal of Parasitology* 28(1990), pp. 7-8.

136 소진탁,『지금까지 지내온 것』, 189-190쪽.

137 서울대학교 의과대학 기생충학교실,『배우며 가르치며: 추담 서병설 교수 추모 문집』, 13쪽.

138 보건사회부, 『기생충관리』, 7-8쪽.

139 보건사회부, 『기생충관리』(보건사회부, 1969), 14-15쪽.

140 海外技術協力事業団, 『韓国の寄生虫予防運動』, p. 27.

141 한국기생충박멸협회, 『기협이십년사』, 107-111쪽.

142 오가와 인터뷰, 2017/05/16.

143 한국건강관리협회, 『한국건강관리협회 50년사』(2014), 454쪽.

144 한국기생충박멸협회, 『기협이십년사』, 242-243쪽.

145 한국기생충박멸협회, 『기협이십년사』, 216쪽.

146 海外技術協力事業団, 『韓国の寄生虫予防運動』, p. 28

147 国井渉, 『保健会館ものがたり下巻』, p. 103.

148 한국기생충박멸협회, 『기협이십년사』, 118-119쪽.

149 1960년부터 1980년까지 발간된 한국 기생충학 관련 논문 중 기생충별로 회충 77편, 사상충 47편, 간흡충 132편, 구충 42편, 편충 7편, 요충 20편이 실렸다. 주근원, 『한국기생충학논저해제』(삼정문화사, 1981).

150 1963년 기생충학 잡지 창간부터 1996년까지 집계한 바에 따르면 서병설 107편, 소진탁 30편, 임한종 70편, 이순형 172편, 조승열 94편, 채종일 140편, 홍성태 93편이었다. 이수환, "한국 기생충학분야 주요 저자들의 연구성과에 대한 SCI 인용분석 연구," 숙명여자대학교 대학원 석사 학위논문(1998), 9-10쪽.

151 박지영, "제국의 생명력: 경성제국대학 의학부 위생학예방의학교실의 인구통계 연구, 1926-1945," 서울대학교 대학원 박사 학위논문(2019), 18-20쪽.

152 서병설, "1950-1960년대 기생충학," 456쪽.

153 오정희, 『중국인 거리 「오정희」』(사피엔스21, 2012).

154 『매일경제』, 1967/08/04.

155 "Berger to International Cooperation Administration". RG 469. Office of the Deputy Director for Operations (1953-61). Office of Far Eastern Operations, Entry 422, Korea Subject Files, 1950-61, 1960-61. Box 152.

156 조기목, "기생충 약을 말한다," 『건강소식』 3(8), 1975, pp. 21-23.

157 『동아일보』, 1963/08/26.

158 『동아일보』, 1965/07/28.

159 『매일경제』, 1967/02/11.

160 『매일경제』, 1973/03/30.

161 『경향신문』, 1969/02/26.

162 강건일, 『강건일의 현대약 발견사, 1800-1980』(참과학, 2014), 340쪽.

163 『매일경제』, 1969/03/28.

164 채종일, "한국형 기생충관리 ODA 사업모델 개발," 28쪽.

165 채영복, "Mebendazole의 합성법 개발에 관한 연구"(한국과학기술연구소, 1975), 1쪽.

166 신규환, "1950-60년대 한국 제약산업과 일반의약품시장의 확대," 『의사학』 24(3), 2015, 754쪽.

167 대한약공, 『약품조합삼십년사』(대한약공, 1995), 62쪽.

168 『매일경제』, 1966/07/04.

169 대한약공, 『약품조합삼십년사』, 62쪽.

170 『약업신문』, 2018/04/13.

171 『매일경제』, 1966/07/04.

172 『동아일보』, 1973/10/06.

173 신풍제약, 『송암(松岩) 장용택 회장 회고록』(신풍제약(주), 2017), 85-89쪽.

174 신풍제약, 『송암(松岩) 장용택 회장 회고록』, 108-109쪽.

175 Heinz Mehlhorn, *Encyclopedic Reference of Parasitology*, 2nd ed.(Springer, 2001), p. 259.

176 특허공보 공고번호 75-298, 메틸-(5-벤조일-벤지미다조일)카바 메이트의 제조방법, 출원일 1975.2.25, 공고일자 1975.8.18.

177 문만용, "한국의 두뇌유출 변화와 한국과학기술연구소(KIST)의 역할," 『한국문화』 37(2006), 245-246쪽.

178 특허공보 공고번호 75-298, 메틸-(5-벤조일-벤지미다조일)카바 메이트의 제조 방법.

179 원료의약품 허가 심사사항, 의약품제조품목허가(신풍메벤다졸) 약무 1442-74311(1975), 보건사회부 약정국 약무과, 국가기록원(관리번호 BA0126767).

180 원료의약품 허가 심사사항, 의약품제조품목허가(신풍메벤다졸) 약무 1442-74311(1975), 보건사회부 약정국 약무과, 국가기록원(관리번호 BA0126767).

181 사업계획서, 의약품제조품목허가(신풍메벤다졸) 약무 1442-74311(1975), 보건사회부 약정국 약무과, 국가기록원(관리번호 BA0126767).

182 『약업신문』, 2018/04/13.

183 海外技術協力事業団, 『韓国の寄生虫予防運動』, pp. 3-11.

184 Mark Harrison et al., "War on Two Fronts: The Fight against Parasites in Korea and Vietnam," *Medical History* 61(3), 2017, pp. 420-423.

185 김명희 외, "건강검진은 어떻게 '산업'이 되었나?"(시민건강증진연구소, 2015), 4-5쪽.

186 박형종, 『어머니회연구』(익문사, 1974), 42-45쪽.

187 Kunii Chojiro, *Humanistic Family Planning Approaches*, p. 34.

188 George Cernada et al., *Knowledge into Action: the Use of Research in Taiwan's Family Planning Program*(East-West Center, 1974), pp. 2-3.

189 APCO, *The First Conference of the Asian Parasite Control Organization Proceedings*, pp. 41-42. 1960-70년대 일본과 타이완의 기생충 관리 협력 사업의 역사적 분석에 대해서는 다음을 참고할 것. 井上弘樹, "台湾における寄生虫症対策と日本医療協力(一九六〇年代から一九七〇年代)," 『史學雜誌』 125(8), 2016.

190 APCO, *The First Conference of the Asian Parasite Control Organization*

Proceedings, p. 43.

191 海外技術協力事業団, 『韓国の寄生虫予防運動』, p. 28.

192 国井長次郎, 『ロマンと現実の間―予防医学・家族計画・国際協力の30年』 (保健会館, 1979), p. 94.

193 Kunii Chojiro, *It All Started from Worms*, p. 90.

194 서병설, "배우며 가르치며 보낸 나의 반세기," 서울대학교 의과대학 기생충학교실 편, 『추담 서병설 교수 고희 기념지』(서울대학교 의과대학 기생충학교실, 1991), 34쪽.

195 보건사회부, 『국제연합세계인구회의참가보고서』(보건사회부, 1974), 98쪽.

196 Kunii Chojiro, *It All Started from Worms*, pp. 114-116.

197 APCO, *The First Conference of the Asian Parasite Control Organization Proceedings*, pp. 116-120.

198 한국기생충박멸협회, 『기협이십년사』, 145, 286쪽.

199 한국기생충박멸협회, 『기협이십년사』, 287쪽.

200 APCO, *The Second Conference of the Asian Parasite Control Organization Proceedings*, pp. 118-123.

201 APCO, *The Second Conference of the Asian Parasite Control Organization Proceedings*, p. 15.

202 한국기생충박멸협회, 『기협이십년사』, 152-153쪽.

203 김성이, "통합적 보건복지사업 : 화성군 가정보건사업사례," 『사회복지』 77(1983), 59-66쪽.

204 APCO, *Collected Papers on the Control of Soil-transmitted Helminthiases* Volume II (Asia Parasite Control Organization, 1983), pp. 371-374.

205 APCO, *The Seventh Conference of the Asian Parasite Control Organization Proceedings*(Asia Parasite Control Organization, 1980), ix-xi.

206 김지영, "국제개발협력 레짐 변천사," 서울대학교 국제문제연구소 편, 『개발협력의 세계정치』(서울대학교 국제문제연구소, 2016), 132-134쪽.

207 APCO, *Collected Papers on the Control of Soil-transmitted Helminthiases Volume VI*(Asia Parasite Control Organization, 1998), pp. 346-363.

208 하라 인터뷰, 2017/05/15.

209 오가와 인터뷰, 2017/05/16.

210 정준호·박영진·김옥주, "1960년대 한국의 회충 감염의 사회사: 사람과 함께 하는 인룡에서 수치스러운 질병으로," 『의사학』 25(2), 2016, 194-196쪽.

211 오가와 인터뷰, 2017/05/16.

212 APCO, *The First Conference of the Asian Parasite Control Organization Proceedings*, pp. 106-110.

213 APCO가 발간한 "Collected Papers on the Control of Soil-transmitted Helminthiases"는 1980년 I권을 시작으로 2001년까지 총 7권이 발간되었다.

214 Hara Takaaki, "The Asian Parasite Control Organization (APCO) and an Achievements of Parasitologists' Group," Proceedings of the 1st Congress of Federation of Asian Parasitologists(FAP) in Chiba, Japan, 2000, pp. 106-108.

215 다카하시 인터뷰, 2017/05/15; 박영수, "국제 보건의 시간 : 에티오피아에서 상상된 아시아의 근대화," 이현정·김태우 편, 『의료, 아시아의 근대성을 읽는 창』(서울대학교출판문화원, 2017), 217-224쪽.

216 조선중앙통신사, 『조선중앙년감(1956년판)』(조선중앙통신사, 1956), 472쪽.

217 조선중앙통신사, 『조선중앙년감(1958년판)』(조선중앙통신사, 1958), 138쪽.

218 라순영, 『페 디스토마』(국립출판사, 1955), 41쪽.

219 박영훈, 『인체 기생충학』(고등교육도서 출판사, 1961), 41쪽.

220 리종률, 『보건조직학』(고등교육도서출판사, 1962), 81쪽.

221 박영훈, 『인체 기생충학』, 10쪽.

222 사회과학원 역사연구소, 『조선전사 29: 과학』(백과사전출판사, 1981), 388쪽.

223 정준호·김옥주, "붉은 보건 전사 만들기: 북한 보건 의료부문의 사상투쟁, 1956-1961," 『한국과학사학회지』 40(3), 2018, 49-88쪽.

4   기생충 길들이기 : 제주도 사상충 한일 공동 연구 사업, 1970~72년

1 Isao, Tada, "Lymphatic Filariasis and its Control in Japan : The Background of Success," Tropical Medicine and Health 39(1 Suppl 2), 2011, p. 15; Hyeng-Il Cheun et al., "Successful Control of Lymphatic Filariasis in the Republic of Korea," The Korean Journal of Parasitology 47(4), 2009, p. 323.

2 Robert Kohler, "Drosophila: A Life in the Laboratory," pp. 281-310.

3 Sasa Manabu et al., "Studies on Filariasis Due to Wuchcreria malayi (Brug, 1927) Discovered from Hachijo-Koshima Island, Japan," Jikken Igaku Zasshi 22(4), 1952, p. 360.

4 小林照幸, 『フィラリア : 難病根絶に賭けた人間の記録』(TBSブリタニカ, 1994), pp. 58-60.

5 小林照幸, 『フィラリア : 難病根絶に賭けた人間の記録』, pp. 48-50.

6 佐々学, 『日本の風土病』(法政大学出版局, 1959), p. 105.

7 佐々学, 『私の歩んだ道 : 系統分類学の医学·環境科学への展開』(佐々学生誕100年記念事業実行委員会, 1982), p. 8.

8 佐々学, 『風土病との闘い』(岩波新書, 1960), p. 104.

9 Sasa Manabu, Human Filariasis: a Global Survey of Epidemiology and Control(University Park Press, 1976), pp. 35-37.

10 小林照幸, 『フィラリア : 難病根絶に賭けた人間の記録』, p. 77.

11 Hewitt et al. "Experimental Chemotherapy of Filariasis III. Effect of 1-diethylcarbamyl-4-methylpiperazine hydro-chloride against Naturally Acquired Filarial Infections in Cotton Rats and Dogs," *The Journal of Laboratory and Clinical Medicine* 32(1947), pp. 1314-1329.

12 小林照幸, 『フィラリア：難病根絶に賭けた人間の記録』, pp. 93.

13 大石勇·久米清治, "犬糸状虫症の診断に関する研究," 『日本獣医師会雑誌』 12(1), 1959, pp. 12-15.

14 Isao Tada, "Filariasis Control with Diethylcarbamazine in Three Major Endemic Areas in Japan," *Tropical Medicine and Health* 39(1 Suppl 2), p. 21.

15 아오키 인터뷰, 2019/07/15.

16 佐々学, 『自然こそわが師：医学と動物学の接点を歩んで』(東京大学出版会, 1985), pp. 22-23.

17 Sasa Manabu, *Human Filariasis: a Global Survey of Epidemiology and Control*, pp. 44-45.

18 Sasa Manabu, *Human Filariasis: a Global Survey of Epidemiology and Control*, p. 145.

19 Dwight Santiago-Stevenson et al., "Treatment of Filariasis Bancrofti with 1-diethylcarbamyl-4-methylpiperazine hydro-chloride ("Hetrazan")," *JAMA* 135(1947), pp. 708-712.

20 Hayashi Shigeo et al., "Studies on Filariasis in Hachijo-Kosima Island (2)," *Nissin Igaku* 38(1951), pp. 19-22.

21 佐々学, 『風土病との闘い』, p. 107.

22 Sasa Manabu, *Human Filariasis: a Global Survey of Epidemiology and Control*, p. 325.

23 佐々学, 『自然こそわが師：医学と動物学の接点を歩んで』, pp. 23-24.

24 佐藤八郎, "糸状虫症の治療," 森下薫 編, 『日本における寄生虫学の研究』(目黒寄生虫館, 1962), p. 93.

25 佐藤八郎, "糸状虫症の治療," p. 97.

26 Sasa Manabu, *Human Filariasis: a Global Survey of Epidemiology and Control*, p. 227.

27 Hayashi Shigeo, "Brugian Filariasis in Japan," *Tropical Medicine and Health* 39(1 Suppl 2), 2011, p. 25.

28 佐々学, "八丈小島におけるマレー糸状虫症及びその媒介蚊の地域的駆除の試み：とくにDDT粉剤のヘリコプター撒布について," 『衛生動物』 8(1), 1957, pp. 5-10.

29 森下薫, 『ある医学史の周辺：風土病を追う人と事蹟の発掘』(日本新薬, 1972), p. 23.

30 Sasa Manabu, *Human Filariasis: a Global Survey of Epidemiology and Control*, p. 497.

31 Sasa Manabu, *Human Filariasis: a Global Survey of Epidemiology and Control*, p.

418.

32 Sasa Manabu, *Human Filariasis: a Global Survey of Epidemiology and Control*, pp. 418-419.

33 小林照幸,『フィラリア：難病根絶に賭けた人間の記録』, pp. 33-42.

34 Sasa Manabu, "Pilot Experiments in the Control of Bancroftian Filariasis in Japan and Ryukyu," *Bulletin of the World Health Organization* 28(4), 1963, p. 437.

35 Otsuji Yoshihito, "History, Epidemiology and Control of Filariasis," *Tropical Medicine and Health* 39(1 Suppl 2), 2011, p. 7.

36 Kimura Eisaku et al., "Filariasis in Japan some 25 years After its Eradication," *Tropical Medicine and Health* 39(1 Suppl 2), 2011, p. 57.

37 Sasa Manabu, *Human Filariasis: a Global Survey of Epidemiology and Control*, pp. 420-421.

38 Otsuji Yoshihito, "History, Epidemiology and Control of Filariasis," p. 12.

39 Hachiro Sato, "On the Treatment of Filariasis," Kaoru Morishita eds, *Progress of Medical Parasitology* Vol.2(Meguro Parasitological Museum, 1962), pp. 101-113.

40 Sasa Manabu, *Human Filariasis: a Global Survey of Epidemiology and Control*, pp. 500-501.

41 片峰大助, "ミクロフィラリアの周期性に関する研究,"〈日本の研究〉 https://research-er.jp/projects/view/236111 (검색일 : 2020/01/20).

42 Priscilla Clapp et al., *United States-Japanese Relations, the 1970's*(Harvard University Press, 1974), pp. 122-123.

43 Sato, *The Rise of Asian donors*, pp. 71-73.

44 NIAID, *The First Five Years of the United States-Japan Cooperative Medical Science Program, 1965-1970*(US Government Printing Office, 1971), pp. 17-18.

45 NIAID, *The First Five Years of the United States-Japan Cooperative Medical Science Program, 1965-1970*, pp. 103-104.

46 片峰大助, "ミクロフィラリアの周期性に関する研究,"〈日本の研究〉, https://research-er.jp/projects/view/236111(검색일 : 2020/01/20).

47 임한종,『중랑천에서 빅토리아 호 코메 섬까지』(한비미디어, 2013), 135-138쪽.

48 Yun Il-Ssun, "Elephantiasis Due to Filaria in Korea," *Chosen Iggakai Zasshi* 7(1927), pp. 326-334.

49 Senoo Takashi, "Detection of Microfilaria Malayi brug in Korea," *Nippon Kiseichu Gakkai Kiji* 15(1943), p. 36.

50 "Parasitological Report, 1950." RG 338. General Correspondence, 1950-60. Eighth U.S. Army, Medical Section. Entry A1, 206. Box 1560, pp. 13-14.

51 Senoo Takashi and Lincicome DR, "Malayan Filariasis: Incidence and Distribution in Southern Korea," *United States Armed Forces Medical Journal* 2(10), 1951, pp.

1483-1489.

52 김봉옥, 『제주통사』(제주발전연구원 제주학연구센터, 2013), 389쪽.

53 Senoo Takashi and Lincicome, "Malayan Filariasis: Incidence and Distribution in Southern Korea," pp. 1483-1489.

54 Seo et al., "Study on the Status of Helminthic Infections in Koreans," pp. 132-141.

55 김병찬, 『삶의 선택』(토담미디어, 2005), 72-90쪽.

56 서병설 외, "한국의 사상충증에 관한 역학적 연구," 『기생충학잡지』 3(3), 1965, 67-73쪽.

57 서병설 외, "Diethylcarbamazine Citrate의 사상충증 집단치료에 관한 연구," 『대한내과학회지』 11(12), 1968, 799-805쪽.

58 김정순, 『한국인의 질병 발생 및 관리 양상과 보건문제 : 현지역학조사의 연구 자료와 체험을 바탕으로』(신광출판사, 2017), 17-18쪽.

59 Kim Joung Soon, "Mass chemotherapy in the control of paragonimiasis." *The Korean Journal of Parasitology* 7(1), 1969, pp. 6-7.

60 Yokogawa Muneo, "Paragonimus and paragonimiasis," Kaoru Morishita eds., *Progress of Medical Parasitology in Japan* Vol 1(Meguro Parasitological Museum, 1964), pp. 126-127.

61 김정순, 『한국인의 질병 발생 및 관리 양상과 보건문제』, 161쪽.

62 Walter La Casse et al., *Mosquito Fauna of Japan and Korea*(8th US Army, 1950).

63 김정순, 『한국인의 질병 발생 및 관리 양상과 보건문제』, 186-187쪽.

64 Katamine Daisuke et al., "Filariasis," *Japanese Journal of Tropical Medicine* 11(1), 1970, p. 60.

65 이순형 인터뷰, 2019/07/11.

66 NIAID, *The First Five Years of the United States-Japan Cooperative Medical Science Program, 1965-1970*, p. 108.

67 아오키 인터뷰, 2019/07/15.

68 현재선 인터뷰, 2019/10/23.

69 임한종 인터뷰, 2019/07/26.

70 좌혜경, 『제주해녀와 일본의 아마』(민속원, 2005), 257-258쪽.

71 현재선 인터뷰, 2019/10/23.

72 이순형 인터뷰, 2019/07/11.

73 현재선 인터뷰, 2019/10/23.

74 현동호 인터뷰, 2021/6/7.

75 Seo, "Malayan Filariasis in Korea," p. 22.

76 현재선 인터뷰, 2021/06/07.

77 현재선 인터뷰, 2019/10/23.

78 현재선 인터뷰, 2019/10/23.

79 다다 인터뷰, 2019/07/14; 현재선 인터뷰, 2019/10/23.

80 Sasa Manabu, *Human Filariasis: a Global Survey of Epidemiology and Control*, p. 347.

81 임한종, 『중랑천에서 빅토리아 호 코메 섬까지』, 194쪽.

82 현재선 인터뷰, 2021/06/07.

83 이순형 인터뷰, 2019/07/11.

84 현재선 인터뷰, 2019/10/23.

85 다다 인터뷰, 2019/07/14.

86 현재선 인터뷰, 2019/10/23.

87 Seo, "Studies on Filariasis in Korea: Status Survey and Chemotherapy in Cheju-do," *Seoul Journal of Medicine* 17, 1976, pp. 83-95.

88 Katamine Daisuke et al., "Filariasis," pp. 7-9.

89 NIAID, *The Second Five Years of the United States-Japan Cooperative Medical Science Program, 1970-1975*(US Government Printing Office, 1976), p. 128.

90 아오키 인터뷰, 2019/07/15.

91 아오키 인터뷰, 2019/07/15.

92 Nakajima Yasuo and Yoshiki Aoki, "Studies on Malayan Filariasis in Che-ju Is., Korea. 4 Experimental Transmission of Brugia malayi(Che-ju strain) to Domestic Cats," *Japanese Journal of Tropical Medicine and Hygiene* 4(3), 1976, p. 4.

93 NIAID, *The Second Five Years of the United States-Japan Cooperative Medical Science Program, 1970-1975*, pp. 100-106.

94 Seo et al., "Effectiveness of Diethylcarbamazine in the Mass Treatment of Malayan Filariasis with Low Dosage Schedule." *The Korean Journal of Parasitology* 11(2), 1973, pp. 61-69.

95 NIAID, *The Third Five Years of the United States-Japan Cooperative Medical Science Program, 1975-1980*(US Government Printing Office, 1981), pp. 143-146.

96 Nakajima Yasuo and Yoshiki Aoki, "Studies on Malayan Filariasis in Che-ju Is., Korea. 4 Experimental Transmission of Brugia malayi(Che-ju strain) to Domestic Cats," pp. 163-177.

97 片峰大助, "Brugia malayi, B.pahangiの諸種実験動物体内での移行経路と成虫の寄生部位に関する研究,"〈日本の研究〉, https://research-er.jp/projects/view/835153 (검색일 : 2020/01/20).

98 Aoki et al., "Studies on Malayan Filariasis in Cheju Is. Korea. 3. Microfilarial surface architecture of Brugia malayi in Comparison with that of Brugia phangi," *Japanese Journal of Tropical Medicine and Hygiene* 4(1976), pp. 129-137.

99 Sakaguchi Yuji et al., "Chromosomes of Two Species of Filarial Worms, Brugia pahangi and Brugia malayi (Filariidae: Nematoda)," *Chromosome Information Service*

32(1982), pp. 11-14.

100 아오키 인터뷰, 2019/07/15.

101 Sakamoto Makoto, "Changes of Lymphatic System in Cats Experimentally Infected with Brugian Filariasis," *Tropical Medicine* 22(1980), pp. 223-236.

102 아오키 인터뷰, 2019/07/15.

103 小林照幸, 『フィラリア : 難病根絶に賭けた人間の記録』, p. 173.

104 서병설, "배우며 가르치며 보낸 나의 반세기," 22쪽.

105 서병설, "배우며 가르치며 보낸 나의 반세기," 22쪽.

106 Seo et al., "Effectiveness of Diethylcarbamazine in the Mass Treatment of Malayan Filariasis with Low Dosage Schedule," p. 61.

107 Seo et al., "Effectiveness of Diethylcarbamazine in the Mass Treatment of Malayan Filariasis with Low Dosage Schedule," p. 68.

108 WHO, *Lymphatic filariasis: Fourth report of the WHO Expert Committee on Filariasis(World Health Organization*, 1984), pp. 21-29.

109 WHO, *Control of Lymphatic Filariasis: A Manual for Health Personnel(World Health Organization*, 1987).

110 Sasa Manabu, *Human Filariasis: a Global Survey of Epidemiology and Control*, p. 680

111 長崎大学熱帯医学研究所 寄生虫学分野, 研究活動-糸状虫症, http://www.tm.nagasaki-u.ac.jp/parasitology/html/filaria.html (검색일 : 2020/07/17).

5   구충 기술의 국산화 : 프라지콴텔과 간흡충

1 Alan Fenwick et al., "The Schistosomiasis Control Initiative(SCI): Rationale, Development and Implementation from 2002-2008," *Parasitology* 136(13), 2009, p. 1720.

2 Michael Reich et al., *International Strategies for Tropical Disease Treatments: Experiences with Praziquantel*(World Health Organization, 1998), pp. 1-5.

3 Chai Jong-Yil, "Praziquantel Treatment in Trematode and Cestode Infections: an Update." *Infection & Chemotherapy* 45(1), 2013, pp. 32-43.

4 Rudolf Gönnert et al., "Praziquantel, a New Broad-spectrum Antischistosomal Agent." *Zeitschrift für Parasitenkunde* 52(2), 1977, pp. 129-150.

5 임한종, 『중랑천에서 빅토리아 호 코메 섬까지』, 212쪽.

6 Rudolf Gönnert et al., "Praziquantel, a New Broad-spectrum Antischistosomal Agent." *Zeitschrift für Parasitenkunde* 52(2), 1977, pp. 16-18.

7 『동아일보』, 1966/09/14.

8 임한종, 『중랑천에서 빅토리아 호 코메 섬까지』, 81-82쪽.

9 임한종, 『중랑천에서 빅토리아 호 코메 섬까지』, 83쪽.

10 Han-Jong Rim et al., "Therapeutic Effects of Praziquantel (Embay 8440) Against Taenia solium Infection" The Korean Journal of Parasitology 17(1), 1979, pp. 67-72.

11 임한종 외, "간흡충증에 대한 Praziquantel(Embay 8440)의 치료효과에 대한 연구," 『고려대의대잡지』 16(3), 1979, 459-470쪽.

12 임한종, 『중랑천에서 빅토리아 호 코메 섬까지』, 213쪽.

13 "참고자료," 의약품제조품목허가(신풍프라지콴텔) 약무 1442-41964(1983), 보건사회부 약정국 약무과, 국가기록원(관리번호 BA0128485).

14 임한종, 『중랑천에서 빅토리아 호 코메 섬까지』, 213쪽.

15 김충섭 외, "1,2,3,4-Tetrahydroisoquinoline 유도체의 합성에 관한 연구," 과학기술처(1983), 20-29쪽.

16 임한종, 『중랑천에서 빅토리아 호 코메 섬까지』, 214쪽.

17 김충섭 외, "1,2,3,4-Tetrahydroisoquinoline 유도체의 합성에 관한 연구," 3-5쪽.

18 김충섭, "나의 연구를 꽃피운 신풍제약," 신풍제약 편, 『송암 장용택 회장 회고록』(신풍제약, 2017), 378쪽.

19 Mi2chael Reich et al., International Strategies for Tropical Disease Treatments: Experiences with Praziquantel, pp. 47-48.

20 김충섭, "나의 연구를 꽃피운 신풍제약," 378쪽.

21 김충섭 외, "1,2,3,4-Tetrahydroisoquinoline 유도체의 합성에 관한 연구," 31-51쪽.

22 『경향신문』, 1983/11/24.

23 특허출원 1982-0003036, 1984; 특허출원 1983-0002418, 1985.

24 『경향신문』, 1983/11/24.

25 『매일경제』, 1983/04/29.

26 『매일경제』, 1983/07/19.

27 신풍제약, 『송암(松岩) 장용택 회장 회고록』, 138쪽.

28 『매일경제』, 1983/07/26.

29 회의결과보고, 의약품제조품목허가(신풍프라지콴텔) 약무 1442-41964(1983), 보건사회부 약정국 약무과, 국가기록원. (관리번호 BA0128485)

30 회의록 1983.3.4.(15:00), 의약품제조품목허가(신풍프라지콴텔), 약무 1442-41964(1983), 보건사회부 약정국 약무과. 국가기록원(관리번호 BA0128485).

31 생산공정동 실사지시, 의약품제조품목허가(신풍프라지콴텔), 약무 1442-41964(1983), 보건사회부 약정국 약무과, 국가기록원(관리번호 BA0128485).

32 생산공정동 실사지시, 의약품제조품목허가(신풍프라지콴텔), 약무 1442-41964(1983), 보건사회부 약정국 약무과, 국가기록원(관리번호 BA0128485).

33 회의록 1983.3.4.(15:00), 의약품제조품목허가(신풍프라지콴텔), 약무 1442-41964(1983), 보건사회부 약정국 약무과, 국가기록원(관리번호 BA0128485).

34 프라지콴텔의 보호지정 신청검토 참고자료, 의약품제조품목허가(신풍프라지콴텔), 약무 1442-41964(1983), 보건사회부 약정국 약무과, 국가기록원(관리번호 BA0128485).

35 생산규모 및 능력, 의약품제조품목허가(신풍프라지콴텔), 약무 1442-41964(1983), 보건사회부 약정국 약무과, 국가기록원(관리번호 BA0128485).

36 원가계산서, 의약품제조품목허가(신풍프라지콴텔), 약무 1442-41964(1983), 보건사회부 약정국 약무과, 국가기록원(관리번호 BA0128485).

37 사업계획서, 의약품제조품목허가(신풍프라지콴텔), 약무 1442-41964(1983), 보건사회부 약정국 약무과, 국가기록원(관리번호 BA0128485).

38 기술성, 의약품제조품목허가(신풍프라지콴텔), 약무 1442-41964(1983), 보건사회부 약정국 약무과, 국가기록원(관리번호 BA0128485).

39 보완자료제출, 의약품제조품목허가(신풍프라지콴텔), 약무 1442-41964(1983), 보건사회부 약정국 약무과, 국가기록원(관리번호 BA0128485)

40 보건사회부, "보호의약품지정(보건사회부고시 제83-27호)," 『관보』 제9486호(1983.7.9.), 11쪽.

41 『매일경제』, 1983/07/26.

42 보건사회부, "보호의약품지정(보건사회부고시 제83-27호)," 『관보』 제9486호(1983.7.9.), 11쪽.

43 Michael Reich et al., *International Strategies for Tropical Disease Treatments: Experiences with Praziquantel*, p. 46.

44 임한종, 『중랑천에서 빅토리아 호 코메 섬까지』, 215쪽.

45 신풍제약, 『송암(松岩) 장용택 회장 회고록』, 140-141쪽.

46 『매일경제』, 1983/07/20.

47 『경향신문』, 1983/08/06.

48 『매일경제』, 1983/11/22; 『경향신문』, 1984/01/23.

49 신풍제약, 『송암(松岩) 장용택 회장 회고록』, 145쪽.

50 신향숙, "제5공화국의 과학 기술 정책과 박정희 시대 유산의 변용: 기술 드라이브 정책과 기술 진흥 확대 회의를 중심으로," 535-537쪽.

51 신향숙, "제5공화국의 과학 기술 정책과 박정희 시대 유산의 변용," 543-544쪽.

52 『경향신문』, 1983/11/22.

53 한국기술경영연구원, 『과학기술정책이 경제발전에 기여한 성과조사 및 과제발굴』(과학기술부, 2006), 219쪽.

54 임한종, 『중랑천에서 빅토리아 호 코메 섬까지』, 216-217쪽.

55 대한약공, 『약품조합삼십년사』, 144쪽.

56 『동아일보』, 1983/11/08.

57 대한약공, 『약품조합삼십년사』, 111쪽.

58 대한약공, 『약품조합삼십년사』, 182, 183쪽.

59 보건사회부·한국기생충박멸협회, 『제2차 한국 장내기생충 감염현황』(보건사회부, 1976),

17쪽.

60 『동아일보』, 1976/08/24.

61 『경향신문』, 1962/02/16.

62 『경향신문』, 1962/08/03.

63 『동아일보』, 1964/12/15.

64 『경향신문』, 1965/01/27.

65 『매일경제』, 1967/01/21.

66 『동아일보』, 1967/03/27.

67 『동아일보』, 1969/01/23.

68 한국기생충박멸협회, 『한국 간흡충증 실태조사 1974-1976』(한국기생충박멸협회, 1978), 13-17쪽.

69 한국기생충박멸협회, 『한국 간흡충증 실태조사 1974-1976』, 25쪽.

70 『동아일보』, 1981/03/13.

71 한국기생충박멸협회, 『1982년도 간흡충 감염자치료 시범사업 결과보고서』(보건사회부, 1982), 16-21쪽.

72 한국기생충박멸협회, 『1982년도 간흡충 감염자치료 시범사업 결과보고서』, 134-141쪽.

73 한국기생충박멸협회, 『1982년도 간흡충 감염자치료 시범사업 결과보고서』, 37-38쪽.

74 신풍제약, 『송암(松岩) 장용택 회장 회고록』, 137쪽.

75 Michael Reich et al., *International Strategies for Tropical Disease Treatments: Experiences with Praziquantel*, p. 46.

76 『동아일보』, 1981/03/13.

77 노동부, 『노동행정사1』(노동부, 2006).

78 『동아일보』, 1985/11/30.

79 『매일경제』, 1983/04/29.

80 『매일경제』, 1984/06/23.

81 『매일경제』, 1982/07/31.

82 홍성태 인터뷰, 2019/12/11.

83 보건사회부·한국건강관리협회, 『우리나라 주민 간흡충 감염 집중관리사업 평가보고(1984~1990)』(보건사회부, 1992), 5-6쪽.

84 보건사회부·한국건강관리협회, 『우리나라 주민 간흡충 감염 집중관리사업 평가보고(1984~1990)』, 38-43쪽.

85 보건사회부·한국건강관리협회, 『우리나라 주민 간흡충 감염 집중관리사업 평가보고(1984~1990)』, 22-35쪽.

86 보건사회부·한국건강관리협회, 『우리나라 주민 간흡충 감염 집중관리사업 평가보고(1984~1990)』, 39-42쪽.

87 『동아일보』, 1973/12/21.

88 한국기생충박멸협회, 『1982년도 간흡충 감염자치료 시범사업 결과보고서』, 6-7.

89 보건사회부·한국건강관리협회, 『우리나라 주민 간흡충 감염 집중관리사업 평가보고(1984~1990)』, 2쪽.

90 보건사회부·한국건강관리협회, 『우리나라 주민 간흡충 감염 집중관리사업 평가보고(1984~1990)』, 40쪽.

91 『동아일보』, 1985/01/19.

92 『동아일보』, 1985/06/19.

93 주경환 외, "집단치료사업에 따른 간흡충증의 역학적 변동에 관한 조사." 『농촌의학지역보건』 12(1), 1987, 80-93쪽.

94 보건사회부·한국건강관리협회, 『우리나라 주민 간흡충 감염 집중관리사업 평가보고(1984~1990)』, 36-37쪽.

95 홍성주 외, 『현대 한국의 과학기술정책』(들녘, 2017), 78쪽.

96 보건복지부. 제8차 전국 장내기생충 감염실태조사 결과 발표.
http://www.mohw.go.kr/react/al/sal0301vw.jsp?PAR_MENU_ID=04&MENU_ID=0403&page=269&CONT_SEQ=286642 (검색일 : 2020/05/01).

6 기생충에게는 국경이 없다

1 Conrad Keating, "Ken Warren and the Rockefeller Foundation's great neglected diseases network, 1978-1988: the transformation of tropical and global medicine," *Molecular medicine* 20(1), 2014, p. 525.

2 TDR, *Making a Difference, 30 Years of Research and Capacity Building in Tropical Diseases*(WHO, 2007), p. 5.

3 Conrad Keating, *Kenneth Warren and the Great Neglected Diseases of Mankind Programme: The Transformation of Geographical Medicine in the US and Beyond*(Springer, 2017), pp. 33-34.

4 Takatoshi Kobayakawa, "Development Assistance of Japan in Field of Parasitology," M. Otsuru eds., *Progress of Medical Parasitology in Japan* Vol 8(Meguro Parasitological Museum, 2003), pp. 594-601.

5 임한종, 『중랑천에서 빅토리아 호 코메 섬까지』, 437-438쪽.

6 아오키 인터뷰, 2019/07/15.

7 Aoki Yoshiki, "Proposal from Organizing Committee of Forum Cheju," Forum Cheju-6, Proceedings of 6th Japan-Korea Parasitologists' Seminar, November 2-3, 2000, p. 22.

8 아오키 인터뷰, 2019/07/15.

9   해외보건의료지원, 한국건강관리협회,
http://www.kahp.or.kr/cms/doc.php?tkind=4&lkind=23&mkind=68 (검색일 :
2020/06/25).

10 张志宏口述·余锡九整理,「毛泽东主席在刘庄」, 2018年2月3日,
http://daj.jiaxing.gov.cn/art/2018/12/3/art_1596823_26310705.html.

11 Michael Reich et al., *International Strategies for Tropical Disease Treatments:
Experiences with Praziquantel*, p. 90.

12 Michael Reich et al., *International Strategies for Tropical Disease Treatments:
Experiences with Praziquantel*, pp. 34-35.

13 Michael Reich et al., *International Strategies for Tropical Disease Treatments:
Experiences with Praziquantel*, p. 90.

14 한국국제협력단, 『한중 기생충 감염관리 시범사업 사전 타당성
조사결과보고서』(한국국제협력단, 1999), 14쪽.

15 임한종, 『중랑천에서 빅토리아 호 코메 섬까지』, 256-257쪽.

16 홍성태 인터뷰, 2019/12/11.

17 임한종, 『중랑천에서 빅토리아 호 코메 섬까지』, 257쪽.

18 한국국제협력단, 『한중 기생충 감염관리 시범사업 사전 타당성 조사결과보고서』, 162쪽.

19 한국국제협력단, 『한중 기생충 감염관리 시범사업 사전 타당성 조사결과보고서』,
164-165쪽.

20 한국국제협력단, 『한중 기생충 감염관리 시범사업 실시협의 보고서』(한국국제협력단,
2000), 85쪽.

21 이영하 외, "한중 기생충 감염관리 시범사업 사후평가," 『국제개발협력』 3(1), 2008, 77쪽.

22 한국국제협력단, 『한중 기생충 감염관리 시범사업 실시협의 보고서』, 141쪽.

23 Choi Minho et al., "Effect of Control Strategies on Prevalence, Incidence and
Re-infection of Clonorchiasis in Endemic Areas of China," *PLoS Neglected Tropical
Diseases* 4(2), 2010, pp. 606-609.

24 임한종, 『중랑천에서 빅토리아 호 코메 섬까지』, 178-179쪽.

25 이영하 외, "한중 기생충 감염관리 시범사업 사후평가," 81-83쪽.

26 엄기선, "중국 기생충관리 현지 조사를 마치고 - 강서성팀," 『건강소식』 21(10), 1997, 29쪽.

27 용태순, "중국 기생충관리 현지 조사를 마치고 - 안휘성팀." 『건강소식』 21(9), 1997, 30쪽.

28 윤청하, "한중기생충협력사업참관기," 『건강소식』 22(12), 1998, 30쪽.

29 한국국제협력단, 『수단 소외열대질환 퇴치 및 네트워크 구축 사업(2020-2024)
기본계획』(한국국제협력단, 2019), 21쪽.

30 Michael Reich et al., *International Strategies for Tropical Disease Treatments:
Experiences with Praziquantel*, p. 83.

31 WHO, *Blue Nile Health Project Democratic Republic of the Sudan, Report on the
Second Scientific Advisory Group Meeting, Barakat, 23-29 August 1981*(World Health

Organization, 1981), pp. 5-24.

32 Ahmed el Gaddal, "The Blue Nile Health Project: a Comprehensive Approach to the Prevention and Control of Water-associated Diseases in Irrigated Schemes of the Sudan," *The Journal of tropical medicine and hygiene* 88(2), 1985, p. 47.

33 William Jobin, *Dams and Disease: Ecological Design and Health Impacts of Large Dams, Canals and Irrigation Systems*(CRC Press, 1999), pp. 177-179.

34 WHO, *Blue Nile Health Project Democratic Republic of the Sudan*, pp. 31-32.

35 William Jobin, *Dams and Disease: Ecological Design and Health Impacts of Large Dams, Canals and Irrigation Systems*, pp. 163-165.

36 William Jobin, *Dams and Disease: Ecological Design and Health Impacts of Large Dams, Canals and Irrigation Systems*, p. 188.

37 무삽 인터뷰, 2019/01/14.

38 한국국제협력단, 『수단 소외열대질환 퇴치 및 네트워크 구축 사업(2020-2024) 기본계획』, 21쪽.

39 GMC 인터뷰, 2019/01/13.

40 조대성 인터뷰, 2019/01/13.

41 홍성태 인터뷰, 2019/1/17.

42 홍성태 인터뷰, 2019/1/17.

43 한국국제협력단, 『수단 소외열대질환 퇴치 및 네트워크 구축 사업(2020-2024) 기본계획』, 43-44쪽.

44 홍성태 인터뷰, 2019/01/17.

45 한국국제협력단, 『수단 소외열대질환 퇴치 및 네트워크 구축 사업(2020-2024) 기본계획』, 49쪽.

나가며 : 모든 것은 기생충에서 시작되었다

1 협회연혁.
한국건강관리협회. http://www.kahp.or.kr/cms/doc.php?tkind=6&lkind=30&mkind=59&skind=39(검색일 : 2019/11/15).

2 "기생충학회 등 4개 의학회 이름 변경," 『연합뉴스』. 2012/12/19.

3 아오키 인터뷰, 2019/07/15.

4 "보는대로 듯는대로 생각나는대로 망중한인," 『동아일보』, 1926/09/14.

5 Kunii Chojiro, *It All Started from Worms*.

찾아보기